GW00786583

VENT DE SOLEIL

Pierre Jakez Hélias est né au bourg de Pouldreuzic, sur la baie d'Audierne, entre la pointe de Penmarc'h et la pointe du Raz. Ses parents sont ouvriers agricoles, cultivateurs sans terre. La seule langue utilisée hors de l'école est le breton.

Boursier au lycée de Quimper, étudiant à Rennes, enseigne les humanités classiques dans divers établissements publics de l'académie sans jamais vouloir en sortir. Professeur agrégé de lettres à l'Ecole Normale du Finistère, chargé de cours de celtique à l'Université de Bretagne Occidentale. Actuellement en retraite.

Enfant, il a été élevé au sens propre du terme par ses deux grands-pères, conteurs impénitents l'un et l'autre, le premier fort connu pour son répertoire traditionnel et ses inventions humoristiques, le second atteignant au surréalisme en suivant la pente habituelle de son esprit. En breton, bien sûr !

A la Libération, après avoir été rédacteur en chef de l'hebdomadaire Vent d'Ouest, *organe du Mouvement de Libération Nationale, il est chargé d'assurer à la radio les émissions en breton à l'intention des auditeurs de basse Bretagne. Il écrit des centaines de dialogues illustrant les traits les plus originaux de la vie quotidienne des bretonnants; il promène son magnétophone dans les fermes et les bourgs, recueillant une masse de documentation de toute sorte et se familiarisant avec les divers dialectes de sa langue maternelle. De petites compagnies d'amateurs représentent dans les campagnes et même dans les villes de la zone bretonnante ses sketches radiophoniques les plus célèbres.*

Président de la Commission Nationale de Folklore à la Ligue de l'Enseignement, Pierre Jakez Hélias dirige pendant plus de vingt ans des stages régionaux et nationaux de civilisation populaire à travers la France. Il fait paraître de nombreux livrets d'études et de contes et deux grands recueils de synthèse : Le Pays bigouden *et* Vivre en Cornouaille. *Enfin, deux livres de poèmes :* Manoir secret *(1965, Prix Bretagne) et* La Pierre Noire *(1974), rassemblent, en édition bilingues, l'essentiel de son inspiration poétique bretonnante. Auteur de l'immense succès :* Le Cheval d'Orgueil *(1975) et des romans :* L'Herbe d'Or *(1982) et* La Colline des Solitudes *(1984), Pierre Jakez Hélias a également beaucoup écrit pour le théâtre – quatre de ses pièces ont été jouées en tournées par le Centre Dramatique de l'Ouest. Le théâtre complet a paru en trois tomes aux Editions Galilée. Plusieurs dramatiques à FR3. On*

(Suite au verso.)

*lui doit aussi des recueils de poésie (*Manoir secret, La Pierre
Noire, Le Passe-Vie)*, de nombreuses chansons en deux lan-
gues, une* Cantate du Bout du Monde*, une opérette en breton
(*Le Cavalier du Printemps)*, etc.*

Ne cherchez pas sa tombe au fond des baies les plus sauvages
de la Bretagne. Elle n'y est pas. Il n'a voulu laisser aucune
trace. On l'appelait « Vent de Soleil ».
De Porz-Kuz à Hong Kong, de Hong Kong à New York, de New
York à Lisbonne, il en avait fait du chemin, ce « Vent de
Soleil » ! Mais que pouvait-il donc chercher, à travers ces
déplacements incessants, ces rencontres, ces entreprises, ces
lectures, ces combats, ces femmes aimées si tendrement, si
pudiquement, et tout ce qu'on serait tenté d'appeler ses « vingt
mille lieues sur les terres » ? Pourquoi ce manoir secret, si bien
caché aux regards ? Et pourquoi cet empire financier, constitué
comme en se jouant, sans aucune ambition à satisfaire ? D'où
lui venait cette faculté surprenante d'adaptation à tous les
milieux, à tous les êtres ? Et cette façon qui était la sienne de
disparaître ainsi, brusquement, corps et biens, ce *goût de la
disparition* qui l'a possédé jusqu'au dernier jour ?
Voulait-il *savoir* ou *connaître* ? C'est toute la question. « Je ne
laisserai pas de Mémoires », disait-il. En dessinant ce portrait
d'un conquérant imaginaire, déjà mythique de son vivant,
Pierre Jakez Hélias nous rappelle que les grands aventuriers
n'ont pas disparu de notre planète banalisée. Ils sont seulement
devenus plus secrets. Les grandes aventures sont intérieures.
Vous reviendrez un jour, capitaine Nemo !

PIERRE JAKEZ HÉLIAS

Vent de Soleil

ROMAN

DE FALLOIS

DU MÊME AUTEUR

DEVIS D'UN TEMPS PERDU *(chroniques bilingues)*,
Emgleo Breiz, Brest 1966.

LE PAYS BIGOUDEN, *éd. de la Cité*, Brest 1972.

VIVRE EN CORNOUAILLE, *éd. de la Cité*, Brest 1973.

COIFFES DE BRETAGNE — COSTUMES DE BRETAGNE —
DANSES DE BRETAGNE — LE SAVOIR-VIVRE — LOGIS ET MÉNAGES —
LÉGENDES DE LA MER — CONTES BRETONS,
Jos Le Doaré, Châteaulin.

LE CHEVAL D'ORGUEIL, *collection Terre Humaine*, Plon, 1975.

LE CHEVAL D'ORGUEIL, suivi de CHRONIQUES D'UN TEMPS PERDU,
édition de luxe, Plon, 1976.

COMMENT UN BRETON DEVINT ROI D'ANGLETERRE, G.P., 1976.

LES AUTRES ET LES MIENS, Plon, 1977.

AU PAYS DU CHEVAL D'ORGUEIL,
avec les images d'Edouard Boubat, Plon, 1980.

L'HERBE D'OR, *roman*, Julliard, 1982.

LA COLLINE DES SOLITUDES, *roman*, Julliard, 1984.

CONTES DU VRAI ET DU SEMBLANT, Julliard, 1984.

THÉÂTRE, *Galilée, Paris.*

Tome I : Le Grand Valet — La Femme de Paille — Le Tracteur.

Tome II : Yseult Seconde — Le Roi Kado — Le Jeu de Gradlon.

Tome III : Compère Jakou et autres contes.

POÉSIE *(éd. bilingues breton-français).*

Manoir Secret (Silvaire, Paris).

La Pierre Noire (Emgleo Breiz, Brest).

Le Passe-Vie (Emgleo Breiz, Brest).

LA SAGESSE DE LA TERRE, *entretiens radiophoniques
avec Jean Markale*, Payot.

L'ESPRIT DU RIVAGE, *légendes de la mer*, Gallimard, folio-Junior.

PIERRE PÉRON, *peintre de la Marine*, éd. de la Cité, Brest.

MIDI À MA PORTE *(Chroniques)*, Éditions Ouest France, 1988.

© Éditions de Fallois, 1988.

Je ne laisserai pas de Mémoires.

CHAPITRE PREMIER

MORT A LA TORCHE

La nuit achevait de tomber quand la longue voiture noire se présenta au bout du chemin de terre avec une impressionnante lenteur. En silence ou presque. Il n'y avait plus guère que de l'herbe sous les roues et le moteur n'émettait plus qu'un souffle. Les phares puissants firent sortir de l'ombre la façade blanchie à la chaux de ce qui semblait être une simple maison paysanne, deux pièces au sol, deux mansardes sous le toit et une crèche de la même maçonnerie accolée au pignon ouest. Si crue était cette lumière de projecteurs qu'on aurait eu l'impression de découvrir un décor de théâtre si l'on n'avait perçu derrière, très distinctement, une rumeur atlantique brisée par le choc sourd de vagues s'écrasant à intervalles réguliers contre une côte rocheuse. Il s'agissait bien d'une vraie maison, établie au sommet d'un promontoire de granit que la marée montante attaquait à la base, inlassablement.

Celui qui était au volant prit son temps avant d'arrêter le moteur. Il ébaucha le geste d'ouvrir la portière puis ramena sa main sur son genou. Il ne descendrait qu'après avoir, en homme de précaution et pour sa future gouverne, jugé du spectacle qui s'offrait à lui. Les heures qui allaient suivre, croyait-il, exigeraient de lui beaucoup plus de prudence qu'il n'en avait déployé depuis des années. Quand on veut découvrir certaines choses, il faut faire le siège de ceux qui pourraient savoir et ceux-là se laissent d'autant moins facilement arracher des confidences qu'ils ignorent eux-mêmes où ils vont et quelquefois d'où ils viennent.

Quel spectacle? Debout contre la façade, immobiles, rangés à égale distance les uns des autres, se détachaient cinq personnages visiblement en attente de son arrivée. Trois hommes et deux femmes. Il eut un demi-sourire en pensant que son maître, porté sur l'humour comme il était et ironique en diable, aurait aimé cette mise en scène improvisée. Ils étaient là comme une troupe de comédiens en tournée qui se seraient présentés devant le public, selon l'usage, pour quêter ses applaudissements après le dénouement de quelque mélodrame. Ou de grandes marionnettes en chiffons, tenues par des fils invisibles devant leur castelet. Instinctivement, il leva les yeux vers le ciel nocturne pour chercher à distinguer les mains et la tête du montreur qui ne pouvait être que son maître. Mais non, ce n'était plus possible. Son maître, lui, aurait reconnu devant ses yeux des figures de jeu de massacre comme on en voit encore dans les foires, entre la voyante extra-lucide et la loterie « à tous les coups l'on gagne », pour exercer l'habileté des coqs de village et des farauds de quartier. Et il aurait éclaté de rire, son maître. Lui n'alla pas plus loin que son demi-sourire. Il ne riait jamais.

Son visage avait retrouvé tout ce qu'il fallait de gravité dans la circonstance quand il descendit enfin, la tête nue. A peine eut-il posé le pied à terre qu'il se coiffa d'une casquette de chauffeur de grande maison. Il était grand, boutonné jusqu'au

10

col, les traits impassibles comme il se doit dans le service. Il fit le tour de la voiture pour ouvrir largement la portière à son maître. Dans le grand style. Mais il ne se découvrit pas, il ne jeta pas un coup d'œil à l'intérieur. Et personne ne sortit. Sous le plafonnier allumé, la voiture semblait vide. Il lâcha la poignée de la portière et se dirigea vers l'entrée de la maison. Sans hâte, mais en jetant un ordre bref :

– Yeng! Long! J'ai besoin de vous.

Au milieu de la façade, la porte s'ouvrit aussitôt, on devait être aux aguets dans les coulisses de cette parade, attendant le signal convenu pour entrer en scène à point nommé. Parurent deux Asiatiques en tenue de maîtres d'hôtel, pantalon sombre, veston clair croisé, petit nœud dans l'alignement des sourcils, cheveux noirs plaqués. Après un profond salut de la tête, ils attendirent les ordres. Mais le chauffeur alla vers eux sans un mot. Pour les autres, toujours figés, il désigna du bras la voiture.

– Il est là, dit-il, la voix neutre.

Les cinq personnages eurent un moment d'hésitation. Ils se consultèrent du regard puis s'approchèrent du carrosse en file recueillie. Ainsi fait-on au cimetière pour les condoléances. Le premier arrivé près de la portière ouverte avança la tête à l'intérieur. C'était un petit vieillard, maigre bonhomme autour duquel flottait un costume trop grand pour lui et de médiocre confection. Il émit un curieux caquètement de poule effarée, fit entendre une voix nasillarde qui porta plus loin qu'il n'aurait voulu :

– Tu avais pourtant juré que tu serais le dernier à partir. Et moi j'étais presque sûr que tu ne partirais pas du tout. Qu'est-ce qu'il t'est arrivé?

Il était vraiment supéfait, le vieux bougre, il ne

comprenait pas. Il dégagea sa tête pour prendre les autres à témoin plutôt que pour les interroger.

– Qu'est-ce qu'il lui est arrivé ?

Aucun des quatre autres ne s'approcha de la portière ouverte. Ils entouraient la voiture, collaient leurs visages aux vitres, essayant de se repaître du mieux qu'ils pouvaient, semblait-il, du contenu de ce corbillard de luxe.

Car il y avait un cadavre à l'intérieur. Il était étendu de tout son long sur la couchette constituée par le dossier du siège avant, qu'on avait fait basculer sur la banquette arrière. Les pieds nus gardaient des traces de sable marin jusqu'au bas du pantalon de toile retroussé à mi-mollets. L'homme portait un gros pull de laine aux manches relevées jusqu'à la saignée des coudes. Du visage, on ne voyait que le bas jusqu'à la racine du nez et l'ombre des yeux clos sous de profondes arcades. Le reste était caché sous un épais bandage qui prenait aussi le cou. Les mains seules, ramenées sur le ventre, trahissaient un vieil homme malgré un corps d'athlète et des épaules d'une impressionnante largeur. Ce n'était pas l'âge qui avait eu raison de lui, mais cette plaie à la tête qui lui était venue on ne savait d'où ni de qui ou quoi.

La présence, dans ce carrosse fastueux, de ce mort accoutré en pêcheur à pied avait de quoi surprendre. C'était pourtant lui qui en était le maître, lui qui disposait, en son vivant, de ce téléphone posé sur un accoudoir à portée de main et de ces flacons plats cuirassés d'argent qui reposaient maintenant à côté de sa tête sur la banquette arrière. Leur place ordinaire avait dû être une niche aménagée dans le siège avant, qui se trouvait maintenant sous le corps. Le maître ne téléphonerait plus à personne, il ne boirait plus jamais de fines boissons si telle était son habitude lorsqu'il siégeait dans son salon roulant.

Quand le maigre bonhomme eut libéré la portière pour aller se moucher un peu plus loin, une des deux femmes s'en approcha lentement. Les deux mains dans le dos, elle introduisit le haut de son corps à l'intérieur pour examiner de près le cadavre de pied en cap comme si elle doutait de son identité. Elle avait dû être assez jolie quinze ou vingt ans plus tôt. Maintenant, une malsaine bouffissure décelait un péché mignon qui ne pouvait être que l'abus d'alcool populaire ou mondain. D'ailleurs, avisant les flacons plats, elle ramena prestement une main pour s'emparer de l'un d'eux, dévisser le bouchon de métal et s'octroyer une bonne gorgée de liquide pour éteindre son émotion sans paraître se douter qu'elle était vue ou se moquant de l'être.

Dans la glace opposée à la portière ouverte s'encadraient les visages des deux autres hommes, le front de l'un si fortement pressé contre le verre qu'il tranchait par sa pâleur sur le reste d'une face plutôt rougeaude, le second presque de profil, une main au-dessus de l'œil gauche qui s'écarquillait pour mieux voir. A part une intense curiosité, il était impossible de savoir quels sentiments les agitaient devant ce macabre spectacle et pourtant chacun d'eux devait avoir été en compte avec ce mort, sinon pourquoi étaient-ils présents ? L'autre femme s'était appuyée des deux coudes sur le capot devant le pare-brise, les yeux fermés comme si elle ne pouvait pas supporter la vue du cadavre. Plus très jeune, celle-là non plus, mais élégante, soignée, encore capable, à première vue, de mener son jeu sous les lustres en suscitant quelques jalousies.

– Adieu, Vent de Soleil, dit la buveuse, la voix

rauque et le souffle court. Et elle s'éloigna de quelques pas, emportant le flacon d'argent en prévision de futures faiblesses.

Il n'y eut pas d'autre oraison funèbre. Le chauffeur revenait vers l'auto, suivi des deux Asiatiques portant un grand filet de pêche. Les quatre portières furent ouvertes, le corps roulé dans le filet, extrait de son catafalque improvisé avec tous les ménagements possibles. Il était encore relativement souple. Leur fardeau entre eux, les deux porteurs se dirigèrent vers la maison.

– Suivez-les, intima le chauffeur de sa voix sèche.

Il s'adressait aux cinq personnages. Le maigre bonhomme réagit aussitôt et se mit en marche, les autres le suivirent en file, la dernière étant la femme qui fermait les yeux tout à l'heure et qui avançait les mains en avant comme une somnambule. Le chauffeur laissa le temps au cortège d'arriver à la porte et d'entrer à l'intérieur qui venait de s'éclairer pauvrement. Quand ils eurent disparu, il ferma les portières, fit le tour de la voiture pour s'asseoir à son siège de conducteur, le temps d'éteindre les phares. La représentation était terminée.

La porte de la maison sitôt franchie, on se trouvait dans une pièce unique, une salle de taverne pour rouliers de campagne qui n'avait guère changé depuis le début du siècle. L'enduit des murs était le même que celui de l'extérieur, on y avait seulement ajouté du bleu de lessive. Il s'écaillait par endroits, laissant apparaître la pierre. Contre les murs de fond et de façade, quatre tables de bois nu, chacune accolée de quatre chaises à la paille usée, reposaient sur le sol de terre battue.

Sur l'une d'entre elles, un jeu de cartes fatigué dont l'accompagnement de luxe était une pièce de feutrine verte à la marque de l'apéritif le plus apprécié de la région, spécialement par les femmes. Peut-être parce qu'il portait un nom de saint, il était à peu près leur seule faiblesse boissonneuse avec le café. La même marque avait libéralement gratifié les débitants d'une horloge accrochée au-dessus de la table en question. Le pignon de droite, celui de l'est, à l'angle duquel s'ouvrait une porte donnant accès à l'arrière de la maison, était occupé jusqu'au plafond par des étagères chargées de bouteilles aux étiquettes sans couleur. Toutes parfaitement vides, les bouteilles. Devant cet étalage d'illusions régnait un large comptoir peint en bleu et recouvert d'une toile cirée, clouée sur le pourtour du plateau. L'usure de la toile témoignait que ce comptoir avait connu des jours meilleurs. Pour le moment, on n'y voyait qu'une bassine vide à l'émail éclaté par endroits, une haute lampe à pétrole sans carburant ni mèche et un vieux gilet de laine en instance de restauration si l'on en jugeait par les aiguilles à tricoter engagées dans un moignon de manche. Au centre de l'étagère du milieu, à bon entendeur salut, se pavanait dans un cadre l'image d'un coq au plumage passé avec l'avertissement en grosses lettres : « Quand ce coq chantera, crédit on vous fera. » Fallait-voir dans ce gallinacé une obscure allusion au triple reniement de saint Pierre, une invite à ne pas s'engager quand on n'est pas homme à solder son engagement et un refus de faire confiance aux bons apôtres de comptoir puisqu'un coq de papier ne chantera jamais! Un autre cadre, fixé au-dessus de la porte d'angle, étalait sur deux colonnes la Loi sur la Répression de l'Ivresse Publique en petits caractères. Ainsi s'édictaient les droits et les devoirs du commerce pratiqué en ce lieu depuis un temps où la plupart des clients ne savaient pas lire, se soûlaient à toute occasion sans vergogne et ne payaient leurs dettes qu'au retour des foires et marchés. Mais les deux notifications sauvaient les apparences, tant pour la maréchaussée, soucieuse de ne se montrer qu'aux heures de paix, que pour les assoiffés qui logeaient le diable dans leur bourse. On s'arrangeait toujours avec la Loi et le Coq quand l'arrangement était de nécessité pour la réputation du canton et sans que la conscience des uns et des autres ne fût mise à trop rude épreuve. C'était hier, donc autrefois.

Pour éclairer tout cela, pendait aux poutres du plafond une ampoule coiffée d'un abat-jour en tôle. Ménagée dans le mur du fond, une petite fenêtre à quatre carreaux recevait une forte lumière émanant d'une vaste cour gravillonnée qu'on s'étonnait de voir s'étendre derrière ce modeste logis. Y stationnait un petit car de huit ou dix places devant trois garages ouverts dans un bâtiment construit à angle droit sur la maison, celui auquel on avait accès par la porte à côté du comptoir. D'anciennes étables ou écuries sans doute. Quoi encore! Deux saignées parallèles, toujours visibles dans la terre battue de part et d'autre de l'entrée signifiaient qu'il y avait eu là deux cloisons de bois formant un couloir pour séparer la salle du débit d'une pièce à gauche, vraisemblablement l'ancienne cuisine à vivre des tenanciers. On était frappé, au premier coup d'œil, par une vaste cheminée à manteau dans laquelle flambait un feu de bûches. En dépit de ses dimensions, elle n'occupait pas le centre de la pièce. Celle-ci se prolongeait, vers l'arrière, par une sorte d'aile articulée sur le bâtiment principal et recevant la lumière par une haute fenêtre aménagée, au fond, dans une arcature où s'ouvrait, à l'origine, une double porte dont il ne restait plus que des gonds rouillés. Face à cette fenêtre était placée en bout une longue et lourde table de chêne accostée, à droite, d'une escabelle de bois blanc, à gauche d'un banc à ventre et à dossier, abondamment illustré de clous de cuivre vernis et sculpté à l'image du Saint-Sacrement. A y regarder d'un peu près, il était évident que l'ensemble de ce logis avait été remanié, au cours des temps, sans vain souci d'architecture. On pouvait se demander si la cour qui régnait derrière, entre les deux ailes, n'avait pas été d'abord la véritable entrée de l'habitation, la façade actuelle ayant été percée plus tard, dans le mode paysan, pour de nouvelles destinations. Mais surtout, l'énorme cheminée, avec son linteau massif reposant sur des blocs de granit inégaux, suggérait à elle seule qu'il avait dû y avoir là, autrefois, quelque manoir de petite noblesse tombé en ruine, dépecé et accommodé à la diable pour des usages roturiers. Le pignon à la cheminée monumentale avait résisté au temps. Et l'abattre, d'ailleurs, aurait coûté trop de peine et de dépenses, outre qu'un foyer pareil était une aubaine pour les rustres qui avaient succédé à leurs hobereaux. Ils s'étaient contentés de bâtir autour et à leurs mesures. Ainsi ce bâtiment composite témoignait-il d'une longue et obscure histoire.

Les cinq personnages du jeu étaient là depuis près de deux heures, inconnus les uns des autres, ignorant la raison de leur venue. Le petit car, conduit par l'un des deux Asiatiques, était allé les chercher dans cinq hôtels de Quimper et de la côte sud où le maître avait organisé leur hébergement de la veille. Un par un. S'ils avaient été surpris d'être amenés, par un chemin charretier où s'effaçaient même les ornières, dans ce cabaret désaffecté, au revers d'un promontoire assailli par des vagues invisibles, ils n'en avaient rien laissé paraître. Avec force courbettes, leur chauffeur les avait fait entrer, les avait priés de s'asseoir à leur convenance, puis s'était éclipsé par une porte presque invisible dans le mur, à gauche de la cheminée. Il devait être requis par d'autres tâches. « Monsieur ne tardera pas à venir, il vous prie de l'excuser, ce n'est pas encore tout à fait son heure », avait-il articulé d'une voix précieuse avant de disparaître.

Aussitôt, le vieil homme qui flottait dans un costume trop grand était allé tout droit à la table qui portait le jeu de cartes. Il s'était mis à les manipuler fébrilement. Celui-là, s'il n'était pas un joueur invétéré, devait être un familier des lieux. De temps à autre sortaient de sa bouche des séries de grognements qui se concluaient par de bruyantes expirations. Les deux autres hommes, courtoisement, avaient laissé les femmes s'emparer chacune de sa table. Ils furent bien obligés de se partager la dernière, ce qu'ils firent en s'asseyant le dos au mur, chacun de son côté, si bien qu'ils ne risquaient pas de se rencontrer du regard. L'un en coûteux blazer de yachtman – avait-il cru devoir laisser quelque part sa casquette à coiffe blanche et écusson doré? –, l'autre en costume trois pièces sévèrement ajusté, la soixantaine tous les deux et le visage impassible, ils devaient évoluer dans les mêmes milieux sans y tenir les mêmes rôles. On verrait bien.

Ils auraient pu se parler, ils ne l'avaient pas fait, retenus par ils ne savaient trop quelle prudence ou quelle appréhension. Réunis dans cette taverne d'un autre âge, ils avaient rassemblé toutes leurs forces pour attendre et se tenir sur leurs gardes. Méfiance. L'essentiel, pour eux, était de se taire jusqu'au moment où le maître, quand il daignerait faire son apparition, prendrait la parole pour expliquer ou interroger. On les sentait résignés d'avance à s'en remettre à lui pour tout ce qu'il lui plairait d'entreprendre à leur égard. Vieille habitude ? Ils attendaient sans impatience sinon sans curiosité. A un moment, l'homme au blazer avait pris sur lui de se lever, de se diriger vers la porte dérobée et de l'ouvrir, croyant peut-être qu'elle donnait sur quelque local, cuisine ou office, où se tenaient les deux serviteurs. Il avait paru surpris de ce qu'il découvrait. Après un geste de fatalisme, il avait refermé, il était retourné s'asseoir. Aucun des assistants n'avait bronché. Plus tard, la femme bouffie avait quitté sa place pour passer derrière le comptoir et inspecter les bouteilles. Il n'y avait vraiment rien à boire et depuis longtemps. Pas le moindre fond. La déception ne lui avait nullement délié la langue bien qu'elle eût témoigné, à plusieurs reprises, de vouloir parler. Elle s'était retenue au dernier moment. L'autre femme restait accoudée à sa table, la tête dans les mains. Somnolait-elle ? A plusieurs reprises, ses épaules furent secouées de frémissements violents et brefs. Alors les autres lui jetaient des regards sans expression.

Le temps passait. Soudain, la porte auprès du comptoir fut ouverte brutalement. Apparut une vieille femme, haute et maigre, la tête nue, ses cheveux gris rassemblés dans une seule tresse qu'elle ramenait d'une main sur la poitrine. Elle embrassa la scène d'un coup d'œil. A sa vue, le petit homme se dressa vivement, laissant tomber à terre deux ou trois cartes, pour regarder l'arrivante avec un sourire plutôt niais.

– Vous voilà de retour, Nest, dit-elle en breton sans quitter son air malgracieux. Je ne vous attendais que l'an prochain. Tous les deux ans, n'est-ce pas, c'est votre habitude. Et ce n'est même pas votre saison. Qu'est-ce qu'il se passe ?

– C'est lui qui m'a fait venir, dit l'autre, tout gêné, en écartant ses deux bras du corps pour signifier qu'il n'y pouvait rien.

– Celui-là, personne ne sait jamais ce qu'il veut. Voilà qu'il s'est mis en tête de tout chambouler par ici. Encore heureux qu'il m'ait laissé ma chambre là-haut. Vous ne savez pas? Il voulait m'installer dans une maison entière à Porz-Kuz, une maison avec une salle de bain et des tapis partout. Elle m'attend toujours, la maison.

Sans lâcher sa tresse, d'un geste de l'autre bras, elle balaya la pièce.

– Qui sont ceux-là?

– Je ne sais pas, dit-il. Je ne connais aucun d'entre eux. Et ils n'ont pas l'air de se connaître non plus.

– Il n'y a rien à comprendre avec ce Vent de Soleil. Il n'y a qu'à le laisser faire. Mais je n'irai pas dans sa maison. Une salle de bain, a-t-on idée?

Elle se radoucit, passa du « vous » au « tu ».

– Tu n'as plus qu'à l'attendre. Comme ces quatre-là. Il devrait être revenu. C'est même drôle. Il revient toujours à la nuit tombante. Tu viendras me voir quand tu en auras fini avec lui?

– J'irai sans faute, Mène, dit-il avec empressement. Tu sais bien que j'irai.

Elle rejeta vivement sa tresse sur le dos, se croisa les mains sur le ventre.

– Tu as toujours été un bon garçon, Nest. Sans lui...

– Il est comme il est, Mène. Il est comme personne.

Elle hocha la tête en signe d'assentiment et repartit par où elle était venue, claquant la porte sans ménagement. Aucun des autres n'avait réagi.

Le petit homme se retourna vers eux avec un sourire d'excuse. Et en français :

– C'est ma sœur, dit-il.

Il ramassa ses cartes et se rassit.

Quelques longues minutes avaient encore passé et les deux serviteurs jaunes étaient réapparus, plus cérémonieux que jamais. Et l'un d'entre eux, qui n'était pas le chauffeur du car – mystère des attributions de chacun – avait annoncé que leur hôte venait de trouver la mort accidentellement sur le rocher de la Torche, mais qu'on les priait de rester là – qui était cet « on » ? –, que rien n'était changé dans les ordres reçus. Ils s'étaient mis debout tous ensemble, s'efforçant de refréner leur émotion chacun à sa manière et y réussissant diversement. Ils s'attendaient à tout, ils nourrissaient des craintes irraisonnées. Ce coup de théâtre avait au moins l'avantage de faire avancer l'action s'il n'en était pas le dénouement. Peut-être furent-ils effleurés par le soupçon que le maître des lieux avait organisé une mise en scène à leur intention, qu'il allait reparaître tout à l'heure et s'amuser du bon tour qu'il leur avait joué. De sa part, rien ne pouvait les surprendre.

Ils reprirent leurs places, s'armèrent d'une nouvelle patience comme on fait dans la salle d'attente du docteur quand l'assistante vient avertir que l'homme de l'art a été appelé au-dehors pour une urgence, mais qu'il reprendra ses consultations. Manquait seulement la pile de revues fatiguées que l'on feuillette distraitement pour tuer le temps. Encore une petite heure et la longue voiture noire était arrivée en douceur à pleins phares. C'est alors qu'ils étaient tous sortis pour l'accueillir.

Maintenant, ils rentraient dans la maison derrière Yeng et Long qui éprouvaient un peu de mal, étant de petite taille, à transporter la grande dépouille enveloppée dans le filet. Ce Vent de Soleil, quand il était debout de son vivant, devait déjà impressionner le monde par sa stature. Ainsi étendu entre ses deux porteurs, il semblait encore plus long qu'il n'avait été haut. Les cinq suivaient un par un, mais pas de trop près. Etait-ce par révérence ou pour demeurer sur leurs gardes ? On sentait bien qu'au-delà de sa mort ils n'en avaient pas encore fini avec lui. Au point que lorsque les deux serviteurs eurent passé difficilement la porte avec leur fardeau, ils firent un petit arrêt, tous les cinq, avant de franchir eux-mêmes le seuil. Quand ce fut fait, les phares de la voiture s'éteignirent. Un instant après, le chauffeur les rejoignit à l'intérieur.

– Mettez-le sur la table, dit-il. Et dégagez-le du filet.

Ils le firent avec adresse et précaution. La table était à peine assez longue pour recevoir ce grand corps d'homme. Les mâchoires s'étaient relâchées, laissant apparaître une denture éclatante à laquelle manquait seulement la première molaire en haut à gauche. Et cette absence d'une seule dent suffisait bizarrement à donner du mort l'impression qu'il s'étonnait lui-même de l'être.

– Laissez-nous !

Une rapide inclinaison du buste et les deux serviteurs s'en furent en trottinant, toujours par la porte dérobée. Apparemment leur domaine se trouvait au-delà de cette porte.

Tel était le silence qu'on entendait bouillir, dans la vaste cheminée, la sève d'une bûche encore verte. Une négligence de l'allumeur de feu. Celui-là, quel qu'il fût, ne risquait plus de se faire réprimander par le maître. Mais par le chauffeur peut-être. Il s'était planté devant l'âtre et ses narines avaient frémi. Tous les assistants étaient restés debout, ignorant ce qui allait venir. Entendirent-ils seulement se rouvrir la porte du fond! La vieille femme que son frère avait appelée Mène s'avança presque solennellement, chaussée de cuir brillant, vers la table où gisait le défunt maître des lieux. Elle avait échangé ses vêtements noirs contre d'autres de la même couleur, mais neufs et d'aussi riche tissu qu'il convenait à sa condition paysanne. Comme on le disait dans le pays, elle s'était mise « sur ses sept meilleurs ». Plus de natte pendante et négligée, mais des cheveux strictement tirés sur lesquels était établie une coiffe blanche à l'ancienne mode qui était la sienne, de celles qu'on ne voyait plus guère. Et elle portait devant elle un drap blanc.

— Ne restez pas là, les gens. (Elle parlait cette fois en français, avec application.) Vous ne servez à rien. Vous ne savez pas préparer un mort. Surtout celui-là. Nest, tu feras monter Lucas et Léonie quand ils auront fini leur travail en bas. Les deux hommes jaunes suffiront pour s'occuper de vous tous.

Le chauffeur se retourna vers les cinq.

— Vous allez descendre, mesdames et messieurs. Vos bagages sont déjà dans vos chambres. On vous y conduira.

— Mais je n'ai plus rien à faire ici, protesta l'homme au blazer. Voulez-vous me faire reconduire en ville. J'ai des affaires qui n'attendent pas.

— Vous auriez tort de nous laisser, monsieur Hugo Van Steeren. Vos affaires les plus urgentes sont ici. Avant de les avoir tirées au clair, il vous sera difficile, sinon impossible, d'en traiter d'autres.

– Vous connaissez mon nom ? Nous nous sommes déjà rencontrés ?

– Plusieurs fois. A Hong Kong en particulier. A Lisbonne aussi.

– Je me disais bien... Le secrétaire de Zivad. Son conseiller juridique. Je ne m'attendais pas à vous trouver sous une livrée de chauffeur.

– Je suis tout ce qu'il plaît à mon patron que je sois selon le service qu'il attend de moi.

– Mais il est mort.

– Sans doute. Mon service de chauffeur est terminé. Mes autres emplois demeurent selon sa volonté expresse. Nous aurons à régler ensemble certains dossiers en cours. Vous savez de quoi il s'agit.

Il jeta un coup d'œil à sa montre.

– Le dîner sera prêt dans une heure. Vous avez juste le temps de vous préparer. Monsieur Zivad tenait à ce que l'on fût exact partout où il était.

– Pour ça oui, grommela l'homme au blazer. Il ne vous accordait pas une minute de grâce. Je l'ai appris plusieurs fois à mes dépens. Je ne suis pas le seul.

L'homme au costume trois pièces, dignement, se fit entendre :

– Il était l'exactitude même. Jamais en défaut.

– Quel nom avez-vous dit qu'il portait ? interrogea la femme bouffie.

– Monsieur Zivad. Ned M. Zivad.

– Tiens donc ! Je l'ai connu pendant des années. Il s'appelait Julien L'Hostis en ce temps-là. Qu'est-ce que vous voulez nous faire croire ?

– Il avait un nom difficile à prononcer, intervint doucement l'autre femme. Urvoas, je crois, un nom d'ici. Son prénom n'était pas banal non plus. Il était Clet Urvoas.

Et de nouveau on entendit la voix digne de l'homme au trois-pièces :

– Quand nous étions ensemble en service, il était monsieur Henri. Henri Lannuzel. Mais le marquis, notre maître, l'appelait Joseph. Comme tous les autres maîtres d'hôtel auparavant. Et comme moi-même après lui.

Nest les avait écoutés, effaré, fébrile, impatient et finalement furieux.

– Qu'est-ce que vous racontez là? De qui parlez-vous? C'est mon frère de lait, demandez-le à ma sœur, Noël Nédélec. Nous avons vécu ensemble nos vingt-cinq premières années sans jamais nous quitter. Lui, c'est Ned et moi je suis Nest, pour Ernest. Seulement ici, où nous sommes nés, chacun finit par recevoir un surnom. Le sien était Vent de Soleil pour tout le monde. Le mien, vous n'avez pas besoin de le savoir.

– Le sien, c'était le Roitelet, vous êtes contents. Tâchez maintenant de ne pas élever la voix pour troubler le repos de celui-ci qui ne s'est jamais reposé.

C'était Mène qui les rappelait à la décence. Mène assise sur le banc à dossier, le drap serré contre son giron.

– Vous avez raison, Mène, fit froidement le chauffeur. Il est temps de descendre s'ils veulent être à l'heure au dîner.

– Descendre où?

C'était le blazer qui interrogeait, agressif.

– A Porz-Kuz. C'est sous vos pieds. Vous y serez en quelques minutes.

– Eh bien, il nous faut obéir puisqu'il se plaît à jouer au maître. Il prend sa revanche on dirait.

– Monsieur Van Steeren, je ne fais que suivre les

ordres de Monsieur Ned M. Zivad. Je les suivrai jusqu'au bout. Ensuite, vous n'aurez plus à vous soucier de moi. Ni moi de vous. En bas, dans son bureau, il a laissé tout ce qu'il faut pour répondre aux questions que vous vous posez. Et j'ai téléphoné à son notaire, à l'un de ses notaires. Le plus près. Il sera là demain.

Le petit homme, Nest le Roitelet, avait déjà gagné la porte dérobée par où avaient disparu Yeng et Long. Il était éperdu de bonne volonté. Impatient peut-être aussi.

— Si vous voulez bien, monsieur, je vais passer devant. Je connais le chemin dans les moindres recoins. Il n'est pas très facile, mais vous êtes tous plus jeunes que moi, n'est-ce pas! Et il y a l'électricité partout où il faut faire attention. Suivez-moi hardiment.

Il quêtait timidement du regard l'approbation du chauffeur-secrétaire-conseiller. Celui-ci remit sa casquette.

— Comme il vous plaira, monsieur Nest. D'ailleurs, vous êtes chez vous. Et moi non.

Les autres s'approchaient déjà de la porte. L'homme au blazer voulut avoir le dernier mot.

— Mais vous, dit-il, qui commandez à tout le monde, comment vous appelle-t-on?

— Maître Louis Lestonan. C'est mon vrai nom et mon vrai titre.

— J'ai bien compris. Il faudrait pourtant que je téléphone au plus vite. A moins que ce ne soit interdit.

— Pas du tout. Vous avez le téléphone dans votre chambre et personne pour écouter ce que vous aurez à dire. Et la radio, la télévision en couleur. Si vous avez d'autres besoins, vous n'aurez qu'à sonner. Conduisez-les, monsieur Nest, s'il vous plaît.

26

La voix était encore plus froide, si possible, qu'elle ne l'avait été jusque-là. On y sentait tout juste ce qu'il fallait d'impatience pour inviter les questionneurs à s'en tenir là. Le personnage avait appris à se dominer, mais il éprouvait un peu de mal à se plier au rôle qu'il devait tenir présentement.

Cependant, le vieux Nest gardait toujours la main sur la poignée de la porte dérobée. Avant de l'ouvrir, il attendait que tous les assistants fussent rassemblés autour de lui. Il était manifestement ravi de son rôle de cicérone. Quant aux autres préoccupations qu'il pouvait avoir, il serait temps d'y songer plus tard.

– L'endroit où nous allons entrer, dit-il en affermissant sa voix, servait de fournil quand nous étions enfants. En ce temps-là, mes parents faisaient boulangerie en plus de leurs autres petits commerces. On venait chercher notre pain de loin depuis que les gens des grosses fermes avaient cessé de boulanger eux-mêmes dans leurs propres fours. Et nous avions à ravitailler les pêcheurs de Porz-Kuz en bas sans compter une bonne douzaine de rouliers qui passaient régulièrement avec leurs charrettes chargées. Il leur en fallait du pain, à ceux-là, pour leur casse-croûte. C'était mon père, le boulanger. Il est mort jeune, le pauvre homme. Mais attendez de voir le plus beau. Excusez-moi, j'allume et je passe devant.

La porte ouverte, on se trouvait dans une pièce basse, sans plafond sous le toit, qui devait apparaître, de l'extérieur, comme une étable, une laiterie ou une réserve à bois. Mais au fond se voyaient la porte du four, le pétrin à bras, une culasse de farine et les différents outils à boulanger. La surprise était de découvrir un sol recouvert de larges dalles de la dimension des pierres tombales. Sur la moitié de la surface, elles avaient été relevées contre le mur pour dégager un escalier aux marches de pierre. Un gros filin de chanvre lui servait de rampe. Nest s'y engagea jusqu'à mi-corps avant de se retourner.

– Voilà! Le promontoire sur lequel nous sommes est un bloc rocheux creusé de grottes et partagé par des fissures inégales qui communiquent entre elles plus ou moins, si bien qu'on a pu y tailler des marches et cela ne date pas d'hier, vous pouvez me croire. Pas commodes, ces passages rudimentaires. A vrai dire, quand nous étions enfants, bien des fois nous avons failli nous y coincer pour avoir voulu explorer des culs-de-sac plus étroits que nos épaules. Mais il y a bien vingt ans que mon frère Vent de…, mon frère de lait Noël Nédélec a fait élargir tout ça comme il faut. J'allume à mesure que je descends. Si quelqu'un a besoin d'aide…

Aucun des quatre autres n'eut la moindre hésitation pour s'engager derrière lui, Van Steeren le premier, puis les deux femmes et enfin l'homme au trois-pièces. Aucun ne parut s'apercevoir que le chauffeur n'avait pas suivi. Leur réserve et leur inquiétude fondues, ils avaient cessé de s'interroger, ils se laissaient aller à l'aventure. Ils avaient conscience d'être progressivement admis dans l'intimité du mort qui reposait là-haut sur la table de chêne. Peut-être allaient-ils enfin le comprendre. Ils descendaient les marches comme s'ils descendaient en lui. Tous l'avaient assez connu pour se douter qu'il avait soigneusement prévu de les faire passer par là. Pourquoi? Ils espéraient le savoir bientôt. En même temps, ils en arrivaient peu à peu à se sentir complices d'une certaine façon. Leur méfiance disparue, ils avaient envie de se parler, ils regrettaient de ne pas l'avoir fait plus tôt. Quant au mort, quelles que fussent les relations qu'ils avaient eues avec lui, les heurs ou malheurs qu'il leur avait causés de son vivant, il n'était plus que leur bien ou leur mal commun.

– Ici, sur votre gauche, vous voyez un boyau tout juste assez large pour qu'un enfant de cinq à six ans puisse y ramper sur le ventre à condition de ne pas être trop bien nourri. Après six ou sept pieds, ce boyau ouvre sur la baie. Un jour Noël Nédélec – nous l'appelions Ned pour faire plus court et il aimait ce nom-là –, Ned voulut absolument aller mettre son nez à cette sorte de hublot naturel. Comme je viens de vous le dire, nous avions déjà subi quelques désagréments dans ce genre de tentatives. Mais cette fois-là, il a bien failli mourir étouffé dans son boyau. Pas moyen d'avancer ni de reculer. Moi, j'étais avec lui, j'ai fait tout ce que j'ai pu pour le tirer par les deux pieds. Peine perdue. Alors, je suis remonté au fournil, j'ai appelé mon père à l'aide. Et mon père a réussi à tirer Ned de sa fâcheuse position au prix de fortes écorchures des coudes et de la nuque ainsi qu'au sacrifice de la chemise et d'un paletot presque neuf dont il ne resta que des loques. Après quoi, le Ned fut bon pour recevoir une de ces raclées qui font époque dans la durée d'une peau humaine. Ce n'était pas un méchant homme, mon père, mais il avait eu trop peur pour cet enfant qui n'était même pas à lui. Nous avions autour de huit ans, tous les deux. Il n'a pas crié, pas pleuré, pas gémi, pas même serré les dents. Il m'a seulement dit, quand nous sommes restés seuls : « Tu vois, Nest, je m'y suis pris trop tard pour ce trou. L'année dernière, j'aurais pu y entrer sans effort. Jamais plus je n'attendrai un jour de trop pour ce que j'ai envie de faire. »

– Il voulait toujours tout savoir, dit la voix

distinguée de l'homme au trois-pièces. Il était déraisonnable en dehors du service.

– Et en dehors des affaires, grommela Van Steeren.

Nest le Roitelet continuait à parler en descendant les marches et déjà ses paroles soulevaient un faible écho dans les entrailles du rocher.

– Vous verrez ça demain quand il fera jour. Le Porz-Kuz en bas est établi dans une étroite entaille qui s'est faite dans la côte nord du Cap et qui n'est pas la seule. Si étroite qu'elle n'est presque pas visible du large. Et de la terre non plus on ne la voit pas, on ne peut pas y descendre sans de grandes difficultés quand on ne connaît pas les sentiers et les repères. C'est pourquoi on l'appelle Porz-Kuz, le Port-Caché. Mais nous deux, Ned et Nest, nous pouvions y dévaler à ciel ouvert, les yeux clos. Attention! Nous arrivons au bas des premières marches, dans un couloir assez large, bien éclairé au ras du sol. Tout le monde est là?

– Tout le monde sauf lui, ricana Van Steeren. (Celui-là ne portait vraiment pas le factotum dans son cœur.)

– S'il est resté là-haut, dit Nest, c'est qu'il connaît le chemin. Il nous rejoindra.

La femme bouffie eut un petit rire.

– Il sait ce qu'il veut, dit-elle. Il a toujours su ce qu'il voulait. Il doit donner ses ordres. J'ai vu un téléphone derrière le comptoir. Nous sommes attendus en bas.

Le vieux Nest s'empressa d'enchaîner. Il ne voulait pas se laisser ravir le premier rôle par l'autre, là-haut. Quand cet autre-là serait de nouveau devant eux, il n'aurait plus qu'à se taire. Du moins le croyait-il.

– Le Porz-Kuz, où nous serons dans cinq minutes, a été longtemps un repaire de contrebandiers, de hors-la-loi, d'enfants perdus, de commandos à coups de main contre la flotte anglaise qui a croisé au large pendant des siècles. Et de résistants de la dernière guerre. C'est de Porz-Kuz que mon frère de lait a fait partir bien des gens vers l'Angleterre. C'est de là qu'il a lui-même appareillé plusieurs fois quand il était serré de trop près, là qu'il est revenu à ses risques et périls chaque fois qu'il lui plaisait de revenir. C'est ce qu'on m'a dit de tous côtés car lui-même ne m'en a jamais soufflé mot. Son bateau s'appelait *Vent de Soleil*, lui aussi. En breton cela se dit AVEL HEOL. On raconte au sujet de Ned des histoires incroyables mais auxquelles je crois. Moi, je n'ai été témoin de rien pendant ces années-là, j'étais prisonnier en Allemagne.

– C'était donc ça. Je me demandais bien ce qu'il avait pu faire pendant l'Occupation. Il a disparu sans laisser de traces ni donner de ses nouvelles.

La femme bouffie avait cru parler seulement pour elle à voix basse, mais telle était l'acoustique des lieux que tous les autres l'entendirent.

– Il n'a pas fait que ça, ronchonna Van Steeren.

– Il l'a quand même fait, répliqua le costume trois pièces, sévère.

Au bas du couloir s'ouvrait une grotte assez spacieuse au centre de laquelle s'amorçait un escalier tournant taillé dans le roc, protégé sur son pourtour par une rampe de fer. Le vieux Nest se régalait toujours de ce rôle de guide qu'il avait assumé de son propre chef.

– Le puits qui est là va nous amener directement au niveau de Porz-Kuz. Il y a exactement quarante-trois marches si vous voulez les compter. Certaines sont assez étroites, on n'a pas pu mieux faire. Tenez bien la rampe scellée dans le roc, ne regardez pas le vide du milieu. Moi, j'ai toujours fermé les yeux et c'est ce que je fais en ce moment. Vent de Soleil dégringolait en sifflant, les mains dans les poches. Savez-vous comment nous l'appelions, ce puits ? Le Gosier de l'Ogre. Et pourquoi ? Parce qu'il émet, à certaines heures, des graillonnements, des borborygmes, des bruits de déglutition. Il lui arrive même de tousser. A d'autres moments, on l'entend distinctement respirer.

– Curieux, dit Van Steeren. Savez-vous ce qui produit ces effets-là ?

– C'est le mouvement des marées, les vents du large qui se renforcent ou s'apaisent, qui changent de direction, les brumes, les nuages, les coups de soleil, tout ce qui se passe dehors. Actuellement, il n'y a rien à entendre parce que la mer est étale et que les vents sont tombés.

Il y avait à entendre la voix de la femme bouffie qui comptait les marches avec application :

– Trente-sept, trente-huit, trente-neuf...

La quarante-troisième marche donnait sur un chaos de rochers entassés les uns sur les autres, on aurait dit au défi de l'équilibre, les plus énormes d'entre eux formant, au-dessus de l'amoncellement, une voûte à désespérer un architecte. Parfaitement lisses, les rochers, affouillés depuis des temps et des temps par les assauts des marées hivernales.

– Aucun danger, dit le vieux Nest. On ne sait pas ce qu'il lui est arrivé, à la mer, mais elle n'est jamais revenue jusqu'ici depuis que je suis au monde. Suivez-moi. Attention à vos têtes.

Entre les blocs, il y avait un chemin de sable et de gros gravier. Il fallait quand même négocier le passage, parfois baisser le dos et plier les genoux. Ce n'était pas aussi facile que le vieux Nest avait bien voulu l'assurer. Mais les quatre étaient fortement excités par cette épreuve. Il n'était pas douteux que Vent de Soleil avait voulu expressément les faire passer par là. Ils avançaient en file indienne derrière leur guide, éclairés seulement par ce qui leur parvenait encore de la lumière électrique du puits. Mais ils eurent moins d'une vingtaine de pas à faire avant d'atteindre une percée sur un ciel fourmillant d'étoiles.

– Porz-Kuz, annonça Nest le Roitelet, et sa voix tremblait de satisfaction. Il n'y a rien ici qui ne soit à lui. Et nous sommes ses invités.

Devant eux, ils voyaient l'étroite entaille qui fendait profondément le promontoire. Comme le coup d'une hache de géant dans une souche à nœuds. Une coulée de sable en pente douce menait à l'eau étale d'un canal marin dans lequel étaient amarrés, immobiles, une luxueuse vedette à moteur et un bateau de pêche dont le baptême ne datait pas d'hier. Une cale étroite permettait d'accéder à un quai encore plus étroit, mais qui allait s'élargissant le long de la paroi rocheuse pour aboutir à un terre-plein dont une part avait été conquise par travail d'homme sur le versant le moins abrupt. Au fond du terre-plein brillaient les lumières d'une longue bâtisse à cinq fenêtres, tapie dans une échancrure naturelle. Deux autres habitations que l'on distinguait mal étaient éclairées plus en hauteur et desservies par des sentiers en lacet. Quand la vue s'était habituée, on pouvait déceler, entre ces trois lieux animés, les ruines de quelques masures depuis longtemps abandonnées. Des pans de murs et des pignons. Ainsi se présentait le repaire du personnage étrange à qui son destin n'avait pas permis de se présenter au rendez-vous par lui-même fixé.

Toujours en file indienne et dans le même ordre, la petite troupe se dirigea vers le bâtiment principal, progressant avec difficulté sur un lit de galets qui se dérobaient sous leurs pas. Et soudain, ils se trouvèrent pris dans le faisceau d'un puissant projecteur qui les éblouit. Il fut aussi brutalement coupé quand ils atteignirent les degrés de pierre permettant de monter de la grève sur le terre-plein. C'est alors qu'ils reconnurent devant eux l'homme à tout faire de Vent de Soleil, le chauffeur-secrétaire-conseiller et quoi encore, maître Louis Lestonan, flanqué de Yeng et de Long qu'il dominait de la tête et des épaules.

– Soyez les bienvenus à Porz-Kuz, dit sa voix plus froide que jamais.

Et il leur tourna le dos, imité par ses deux séides, pour les précéder dans la grande maison. L'homme au costume trois pièces s'attardait le plus qu'il pouvait pour regarder autour de lui.

CHAPITRE II

MAÎTRE LOUIS LESTONAN

– Vous n'allez pas avec eux, monsieur Louis ? C'est pour laisser Nest bavarder à son aise ? Vous êtes bon.

Mène, devant la table, dépliait son drap, l'inspectait de près pour y découvrir quelques salissures ou imperfections. Un linceul doit être impeccable, n'est-ce pas !

– Je vais les attendre en bas, dit-il en gagnant la porte d'entrée. Mais je préfère y aller par les sentiers. On descend plus vite et on a le ciel au-dessus de la tête. Le ciel est plein d'étoiles, cette nuit.

– Faites attention. N'allez pas vous casser le cou. Vous n'êtes là que depuis quatre ou cinq jours, vous n'étiez jamais venu avant, vous ne pouvez pas bien savoir. Il y a des pistes qui donnent directement sur le vide.

– Je les connais. J'ai déjà fait dix fois la montée et la descente. De jour et de nuit. Pour le plaisir. Le sport si vous préférez. Il s'était enfermé dans son bureau, il n'avait plus besoin de moi.

– Je vous ai vu, dit-elle. Mais prenez garde au Saut du Diable.

– Merci, Mène. J'en ai bouché l'accès avec deux bâtons en croix.

– Quand même.

L'instant d'après il était déjà dehors. Lampe électrique à la main, il s'élançait au fond du courtil bordant la maison, il commençait à dévaler la première pente. Elle plongeait vers la faille à travers une végétation sauvage et de maigres pins noirs en bouquets désordonnés. Pour qui n'était pas un familier des lieux, il était difficile de soupçonner que cet écran végétal masquait le versant nu d'un promontoire en abrupt sur l'anse de Porz-Kuz, le bien-nommé. Louis Lestonan en avait soigneusement marqué les repères aux endroits où l'étroite piste à travers les fourrés se divisait en deux, l'une d'entre elles donnant sur le gouffre après quelques pas. Au passage, il reconnut la croix de bâtons qui interdisait le Saut du Diable. Il se surprit à sourire. Cette vieille femme ronchonneuse de Mène lui plaisait bien et elle-même devait nourrir quelque sympathie à son égard puisqu'elle avait pris la peine de lui conseiller la prudence. Il est vrai qu'il avait la recommandation considérable de parler breton, ce qu'il avait fait sans faute à chaque fois qu'il s'était trouvé seul avec elle et qu'il venait de faire encore. La connaissance, inattendue chez un homme des villes – et fortement instruit au surplus – d'une langue populaire dont l'usage tendait de plus en plus à se réduire jusque dans les lieux mêmes où elle était naguère la seule pratiquée, cette connaissance était déjà une sorte de cousinage. Non seulement elle rendait obligatoire la bienvenue, mais elle forçait la bienveillance. Car la vieille Mène, qui avait dû apprendre le français dans son âge mûr, savait par expérience que bien des campagnards devenus notables dans les villes répugnaient à s'avouer bretonnants de naissance, croyant que cette origine était de nature à altérer l'image de marque qu'ils étaient parvenus à se faire. Il y a des manants-bourgeois comme il y a des bourgeois-gentilshommes.

Louis Lestonan, qui parlait fort correctement cinq ou six langues, avait su garder en mémoire la seule pratiquée par lui dans son enfance à quelques lieues d'ici. L'aurait-il retrouvée tout à fait s'il n'avait été aidé en cela par ce Ned M. Zivad, financier cosmopolite aux multiples états civils, revenu dans son pays d'origine pour y trouver la mort sous le sobriquet de Vent de Soleil, peut-être la seule appellation qui rendît exactement compte du personnage qu'il avait été. Le chauffeur-secré-taire-conseiller, l'homme à tout faire, avait appris au cours des années bien des choses sur celui qu'il servait. Ce qu'il lui restait à apprendre et qui serait la clef de tout le reste, c'est ici qu'il en aurait la révélation, nulle part ailleurs. Grâce aux personna-ges occupés à descendre en ce moment par le puits à Porz-Kuz. Et d'abord le vieux Nest, le frère de lait. Mais aussi la vieille Mène, la gardienne maus-sade et fidèle de ce repaire où l'aventurier ne manquait pas de revenir régulièrement et tout seul. Cette année, il avait insisté pour que Louis Lesto-nan lui tînt compagnie. Avait-il le pressentiment que c'était là son dernier retour?

Il ne fallut guère plus d'une minute au marcheur pour sortir du couvert. Devant lui s'étendait main-tenant une échine de cap sans autre végétation qu'une herbe maigre et clairsemée entre des afflue-rements de rocs. Ce n'était pas là son chemin. Il lui fallait dévaler le flanc gauche, en forte pente, recouvert d'un épais tapis d'ajoncs nains au travers duquel serpentait un véritable lacis de sentes étroi-tes, à peine la largeur de deux pieds, véritable dédale dont on ne comprenait pas la raison, à moins qu'il n'eût été tracé pour empêcher d'en sortir les imprudents qui auraient osé s'y engager sans connaître le sésame. Mais, de place en place, on distinguait de petites taches claires. C'étaient de gros galets blancs que Louis Lestonan avait pris soin de placer aux endroits où les sentes se coupaient ou se divisaient pour indiquer la direction à suivre. A défaut du fil d'Ariane, les cailloux du Petit Poucet. Et l'homme se mit à descendre avec précaution, les genoux fléchis pour ne pas se laisser entraîner hors de la piste au risque de débouler jusqu'à la grève sans pouvoir se retenir à rien. Et cependant il calculait dans sa tête le temps que mettraient les autres à descendre par le puits jusqu'au port invisible. Il ne faisait pas de doute qu'il arriverait avant eux, qu'il serait là pour les accueillir, Yeng et Long à ses ordres, comme le maître l'en avait prié.

Aux deux tiers de la pente, il dut contourner une énorme roche en surplomb. Quand il fut passé de l'autre côté, il vit briller sous lui les lumières des trois maisons de Porz-Kuz et la sente qu'il suivait s'élargit. Il ne lui restait plus qu'à se laisser aller doucement jusqu'à la grève. Il se fit la grâce d'un petit arrêt pour respirer à l'aise. La journée avait été dure. L'événement brutal qui l'avait marquée l'avait désorienté lui-même dont le constant souci était de garder la maîtrise de soi. La nuit en cours lui vaudrait-elle de mettre de l'ordre dans sa tête ? Les cinq personnages qui allaient sortir tout à l'heure du rocher et la vieille Mène là-haut voudraient-ils l'aider à démêler l'écheveau embrouillé de son propre destin ? Depuis des années, il vivait auprès d'un être énigmatique qui faisait semblant de se confier à lui, mais sans jamais aborder de près ou de loin, directement ou indirectement, des sujets qui l'eussent amené à se découvrir. Il aimait parler de littérature et d'art, surtout d'architecture, et il en remontrait facilement là-dessus à son secrétaire.

Il était féru de ballon, entendez par là de football, un terme qui lui hérissait le poil et qu'il valait mieux ne pas employer devant lui, allez donc savoir pourquoi! A tel point féru qu'il faisait arrêter sa voiture sur la route quand celle-ci longeait quelques champs sommairement pourvus de deux buts sans filets où deux villages réglaient leurs querelles de clochers par footballeurs interposés. Et il descendait, tirant d'autorité son chauffeur derrière lui, payait deux entrées et se plantait sur la touche pour vociférer à son aise, tantôt pour un camp, tantôt pour l'autre. Si sa carrure athlétique n'en avait pas imposé, il aurait bien pu se faire massacrer par les vainqueurs et les vaincus.

Il se plaisait aussi à retourner la sagesse des peuples et avec un sérieux imperturbable. Il disait par exemple : « Tel est pris qui n'osait pas prendre – Qui veut voyager loin ne ménage pas sa monture, il en change – Les plus accommodants ce sont les malhabiles – Aide-toi, le ciel ne t'aidera pas », et d'autres propositions qui laissaient rêveur Louis Lestonan tant la conduite de Vent de Soleil semblait souvent dictée par elles. Il commentait à sa manière certaines nouvelles du jour, régulièrement sur le mode sarcastique. C'était pour donner le change, mais quel change? Pour tenter de le savoir, peut-être valait-il mieux se référer aux événements majeurs de la vie politique, sociale ou économique dont il ne soufflait jamais mot bien qu'ils fussent à la première page de toutes les gazettes. Et pourtant l'homme d'affaires, le financier, le banquier qu'il était ne pouvait mener son jeu international sans suivre de près la conjoncture, comme le secrétaire-juriste ne manquait pas d'en être frappé dans son service quotidien quand il suivait son employeur à travers le monde. Mais celui-ci, chose curieuse, ne semblait accorder qu'une attention mineure aux énormes entreprises qu'il coiffait et menait d'une main de fer. Ses décisions étaient nettes et rapides, mais toujours prises d'un air ennuyé, quelquefois même excédé. Son intérêt, s'il en avait un dans la vie, était ailleurs. Où? Partout où il passait, l'attendait un appartement particulier dans un grand hôtel, une suite de deux chambres, un bureau et un salon. Le secrétaire occupait l'une des chambres et le bureau où son patron venait le rejoindre pour le travail, mais jamais il n'avait eu accès à la chambre de Ned M. Zivad. Celui-ci s'y retirait tôt le soir et en sortait tôt le matin. Il était interdit à quiconque de le déranger, « même en cas de déclaration de guerre ou d'effondrement de la Bourse » avait-il précisé une fois pour toutes et il ne plaisantait pas. Apparemment, toutes ses archives tenaient dans une malle à multiples serrures qui le suivait partout et un porte-documents en cuir fatigué dont il ne se séparait jamais. Quant au salon, à chacun de ses séjours dans telle ou telle capitale, il y recevait séparément deux ou trois visiteurs, quelquefois un seul. L'un d'eux était Van Steeren à Hong Kong. L'entrevue durait une heure, montre en main. Quand le visiteur s'en allait, le secrétaire Louis Lestonan pénétrait dans le salon pour prendre les dossiers ou les feuilles restées sur la table. A lui de les ranger et de les étudier pour son compte. Il avait la confiance absolue du banquier. Cela durait depuis sept ans.

Il y avait sept ans qu'un envoyé de Ned M. Zivad était venu le trouver à Paris où il travaillait, titulaire d'un doctorat en droit, dans un cabinet d'avocats très coté. On lui proposait d'entrer au service du financier en qualité de secrétaire particulier et expert juridique avec des appointements si considérables qu'il se fit répéter deux fois le chiffre, croyant avoir mal entendu. Il y avait des conditions qui eussent fait reculer beaucoup d'autres, mais lui agréèrent parfaitement. D'abord demeurer célibataire et se trouver, à toute heure du jour et tous les jours de l'année, à la disposition de l'employeur, étant entendu que ce dernier s'engageait à le libérer aussi souvent qu'il n'y aurait pas nécessité de service, sous réserve de pouvoir le toucher et de le faire revenir à sa convenance. Entendu aussi qu'au bout de chaque année, le secrétaire pourrait abandonner ses fonctions d'un jour à l'autre sans préavis. Il n'y aurait pas d'engagement écrit d'une part ni de l'autre, mais, en cas d'acceptation, les honoraires de chaque mois lui seraient versés d'avance. « Il y a quelques autres détails à mettre au point, ajouta l'émissaire, mais je ne suis pas mandaté pour vous en parler et d'ailleurs je ne sais pas de quoi il s'agit. Si vous êtes d'accord sur les précédents, il vous téléphonera dans les quarante-huit heures pour vous donner rendez-vous à son hôtel. Ah! J'allais oublier. Votre fonction vous obligera à vous déplacer avec lui dans les cinq parties du monde. Vous n'avez pas le mal de l'air? »

Il ne savait pas s'il l'avait, le mal de l'air, n'étant jamais monté dans un avion, mais il se savait capable de dominer n'importe quel mal si le jeu en valait la peine. Il demanda seulement à l'émissaire comment Ned M. Zivad l'avait trouvé, lui qui en était à ses premières années dans la profession et ne s'était taillé de réputation dans aucune affaire de premier plan. « Je suis autorisé à vous dire, répliqua l'autre, que Monsieur Ned M. Zivad vous suit depuis quelques années comme il le fait pour tous ceux auxquels il doit faire confiance. Il sait ce que vous valez. Vous êtes l'homme qu'il lui faut. Alors, c'est oui? » C'était oui. L'émissaire se retira sans un mot de plus. Louis Lestonan le retrouverait quelque temps plus tard à Londres. L'autre affecterait de ne pas le reconnaître, mais lui témoignerait tous les égards dus à un personnage qui tient votre fortune entre ses mains.

Le téléphone sonna dès le lendemain. Ned M. Zivad lui-même invitait Louis Lestonan à dîner, le soir même, dans un restaurant fameux, non sans ajouter qu'il lui serait égal d'aller dans tout autre lieu si son hôte avait des préférences. Il n'en avait pas. La rencontre se déroula donc à l'endroit proposé. Le jeune homme se trouva en présence d'un personnage de haute stature, auquel il donna une soixantaine d'années au plus. Il était vêtu, sans vaine recherche mais avec une élégance à la fois discrète et négligée, d'un de ces costumes coûteux et hors de saison qu'on ne s'étonne pas de voir sur les rares individus qu'aucune situation ne saurait prendre de court. Avant de tendre la main à son hôte, il l'examina de ses yeux clairs et changeants – des yeux couleur de la robe des fées dans les contes, pensa bizarrement Louis – d'un curieux regard à la fois lointain et scrutateur. Puis il passa une main dans ses cheveux épais où subsistait encore un reflet du blond doré de sa jeunesse. Il eut un sourire des lèvres sans que le reste du visage témoignât d'un quelconque intérêt. Il lui manquait la première molaire en haut à gauche. Sa poignée de main cependant manifestait une certaine chaleur.

Quand le maître d'hôtel les eut menés à leur table, ils se regardèrent encore quelques secondes avant de se parler. Louis Lestonan ne savait quelle contenance prendre et cela n'était pas sans l'irriter. En habitué aux mondanités, il faisait violence à sa réserve naturelle pour se plier aux règles qui commandent les relations en société et il avait affaire à des interlocuteurs rompus au même jeu. Mais celui qui était assis en face de lui l'intimidait au plus haut degré. Il résolut d'attaquer. Tant pis si l'accord ne se faisait pas. Il n'avait aucune envie de gagner beaucoup d'argent. A aucun prix. Il déplia la carte du menu, la regarda sans la voir.

– M. Zivad, dit-il. En breton et en un seul mot, cela veut dire orphelin.

En face de lui, une lueur amusée fit tourner les yeux gris presque au bleu. Et le financier répondit en breton, à la grande perplexité du maître d'hôtel qui attendait la commande et se retira sur la pointe des pieds, conscient que son moment n'était pas encore venu.

– Je sais. J'ai eu d'autres noms. Le premier prénom s'est perdu très vite. C'était Nédélec. Il en reste Ned. Pour ma position actuelle, Ned M. Zivad est celui qui convient le mieux. Il sonne américain et oriental à la fois, n'est-ce pas! Mais je suis totalement *emzivad*, orphelin. Comme vous, d'ailleurs, si mes renseignements sont exacts.

– Ils le sont. Je n'ai même connu ni père ni mère.

– Moi non plus. Mais au moins vous avez un état civil. Je ne suis pas sûr d'en avoir un aux lieux de ma naissance. Enfant trouvé, père et mère inconnus. Au début du siècle, vous savez... J'ai été élevé pas loin du pays où vous avez passé votre enfance. Vous, c'est la baie d'Audierne, moi celle de Douarnenez.

– C'est à cause de ces origines que...

– Un des paramètres, comme on dit. Mais il n'est pas indifférent que nous soyons orphelins tous les deux. La suite de nos relations, si relations il y a, vous fera comprendre pourquoi. Pas indifférent non plus que vous parliez breton. Mes affaires sont telles que je dois mener des négociations serrées avec des gens qui parlent cinq ou six langues, comme moi-même d'ailleurs. La moindre indiscrétion, dans un avion, un hall d'hôtel, un restaurant, où traînent des oreilles concurrentes peut faire échouer des projets dont la meilleure chance d'aboutir est de rester rigoureusement secrets. Je ne pourrai faire autrement que d'avoir avec vous, quelquefois, une brève conversation à portée de telles oreilles. Dangereux. Très peu de risques si nous parlons breton.

« Voyons. Ah! La littérature des restaurants m'étonnera toujours. Qu'est-ce qui vous ferait plaisir dans ces nourritures aux appellations exaltantes, mais obscures. Il faudrait un décodeur. Quand on vous propose des harengs pommes à l'huile, vous savez ce que c'est. Mais il faut être déjà initié pour savoir que les Demoiselles de la Baie sont de simples crevettes.

Louis Lestonan était d'accord. Il suffit à Ned M. Zivad de lever l'avant-bras sans détacher le coude de la table pour faire s'empresser vers lui le maître d'hôtel. Celui-ci ne l'avait guère quitté des yeux depuis son entrée. Si ce monsieur M. Zivad n'était pas un habitué de l'endroit, s'il ne s'était pas fait remarquer par la générosité de ses pourboires, du moins le personnel devait-il reconnaître en lui la classe qu'il fallait pour fréquenter un tel établissement. Au demeurant, il ne faisait pas l'effet d'être un gourmet sourcilleux ni un amateur aux préférences arrêtées car il s'en remit au maître d'hôtel pour lui composer un menu harmonieux et au sommelier accouru dans l'ombre du premier pour lui indiquer les vins d'accompagnement. Louis Lestonan fit chorus, heureux de se débarrasser, sans la lire, d'une somptueuse carte à donner le vertige. Ce n'était pas qu'il fût tout à fait ignare en fait de gastronomie, mais il n'était pas venu là pour déguster des mets choisis. Auprès de la décision qu'il allait devoir prendre, les recettes originales du chef de cuisine n'avaient guère d'importance. Le jeune juriste ne tarderait pas à apprendre que, dans les repas d'affaires, celui qui accorde une grande part de son attention à ce qu'il mange ou boit risque fort d'être au moins le perdant, sinon le dindon de la farce. En l'occurrence, il ne s'agissait pas d'une partie engagée entre deux joueurs du même poids, Louis Lestonan étant trop petit personnage et l'enjeu sans gravité. C'est pourquoi Ned M. Zivad allait droit au but.

– On vous a expliqué de quoi il s'agissait. J'ai besoin d'un secrétaire particulier sur lequel je puisse me reposer et qui ne me fasse jamais défaut. Des secrétaires, j'en ai dans une dizaine de pays. Ils font très bien ce qu'ils ont à faire, chacun de son côté. Mais vous, je voudrais vous avoir toujours sous la main. Mon collaborateur m'a rapporté que vous ne disiez pas non.

– Sous réserve de quelques détails que j'attends de vous.

– Voici. Vous aurez à conduire ma voiture quand je serai moi-même dedans, seul ou avec des invités. Comprenez que je désire que vous entendiez tout ce qui sera dit. Que vous l'entendiez comme chauffeur, non pas en tant que secrétaire. Beaucoup de capitaines d'industrie, de commerce ou même de finance, pourtant très habiles, sont ainsi faits qu'ils ne prêtent pas la moindre attention à un chauffeur de maître. Ils ont tort. Mais ils se méfient d'un secrétaire. Ils ont raison. Je ne vous demande pas, bien entendu, de tenir un rôle d'espion. Espionner qui ou quoi? puisque je serai toujours là moi-même. Quand je n'y serai pas, c'est un vrai chauffeur qui tiendra le volant. Vous siégerez à l'arrière en mon nom.

– Mais ne risque-t-on pas que certaines de vos relations reconnaissent le secrétaire dans le chauffeur et réciproquement?

– Faites-moi confiance. Aucun de ceux qui vous verront en chauffeur – et vous ne tiendrez que rarement le rôle – ne vous verra jamais en secrétaire. Je serai le seul.

– D'accord. C'est amusant. Et j'aime bien conduire. Aurai-je un uniforme?

– Comme il vous plaira. Vous pouvez aussi jouer au garde du corps. Vous avez la carrure qu'il faut.

Ils eurent l'un pour l'autre un sourire complice.

– Si j'ai bien compris, il faudra non seulement que je me mette au droit international, mais que je m'entraîne aux arts martiaux.

– J'ai des cabinets d'experts dans tous les pays où j'exerce mes activités. Quant aux arts martiaux, vous pourrez en faire à titre de récréation pour vous reposer la tête. J'en ai fait moi-même. Mais on n'attaque pas Ned M. Zivad. Cela coûterait trop cher. On pourrait le tuer mais il a pris de telles dispositions qu'il serait plus redoutable mort que vivant. Tant pis pour vous.

– Je me ferai une raison.

– Un dernier point. Comme secrétaire, vous serez maître Louis Lestonan, docteur en droit, comme chauffeur je vous appellerai Edmond. Ed en abrégé comme je suis Ned. Question de commodité. Cela vous gêne-t-il?

– Absolument pas, monsieur. Allons-y pour Ed.

De plus en plus amusant. Il entendait bien que l'imposition de ce prénom d'emprunt n'était pas due à cette sottise bourgeoise qui rebaptisait les domestiques sous divers prétextes dont le plus courant était la volonté de marquer les distances.

Son futur patron devait avoir des raisons qui n'étaient pas de vaine hiérarchie. Et Louis Lestonan, travesti en Edmond tout court, avait la satisfaction de sauvegarder une part de sa personnalité. A son tour, maintenant, d'émettre une importante réserve en ce qui concernait sa future collaboration et d'apaiser un scrupule qui ne cessait de le tracasser depuis que la proposition du financier lui avait été faite. Il s'éclaircit la gorge.

– Je tiens à vous avertir qu'il ne saurait être question pour moi de participer, à quelque titre que ce soit, à des opérations qui ne seraient pas légales, ni même de consentir à des actes de complaisance sous le couvert de ma qualité. Je vous le fais savoir d'avance, je suis incapable de tricher avec les lois et règlements.

Il avait atténué autant qu'il l'avait pu la signification de ce qu'il entendait par là. Après tout, il ne connaissait encore rien des affaires auxquelles se consacrait cet étonnant Ned M. Zivad. Qui l'assurait que l'autre ne se livrait pas à des trafics douteux, illicites, qu'il n'allait pas engager son secrétaire-juriste dans certaines indélicatesses? Etant sans ambition de carrière et désintéressé à l'égard de l'argent, celui-ci tenait à rester en règle avec sa conscience, à conserver sa propre estime. Naïf peut-être, mais résolu à se garder de toute dérive par rapport à sa déontologie. A bon entendeur, salut! Il fut rassuré quand il vit l'expression que prit aussitôt le visage de l'autre.

– J'attendais cela, dit M. Zivad. Et je dois dire que j'aurais été fâché de ne pas l'entendre. Je sais que les gens comme moi, les gens très riches qui sont à la tête de ce qu'on peut appeler un empire – encore que vous n'ayez aucune idée de son étendue – sont objets de suspicion et c'est normal. Soyez assuré que je ne vous demanderai rien qui puisse heurter le moindrement vos convictions. Et pendant que j'y suis, écoutez ceci, maître : je ne gagne pas toujours. Il m'est même arrivé de tout perdre, de me trouver sur le sable et de recommencer à zéro avec un emprunt de quatre sous. Il est possible que vous assistiez à ma ruine. Mais cette ruine ne sera que la mienne. Personne d'autre ne sera lésé. Quand je m'aventure, c'est moi seul qui prends le risque. Je suis aussi à l'aise dans la pauvreté que dans la richesse. Apprenez aussi – ce que peut-être vous ne savez pas – qu'il est plus facile d'amasser d'énormes fortunes en respectant les lois qu'en les violant. Etes-vous satisfait ?

– Je le suis.

– Alors c'est parfait. Il ne nous reste plus qu'à dîner puisque c'est le prétexte habituel pour des entretiens comme celui que nous venons d'avoir. Je vous recommande le canard au sang qu'on nous apportera tout à l'heure. Il n'y a qu'ici qu'ils savent le faire selon la recette d'une courtisane de la Belle Epoque. Et dites-vous bien que s'il m'arrive un jour d'en être réduit à la soupe populaire, je vous aurai réglé d'avance vos honoraires jusqu'au dernier sou. Bon appétit !

Quel homme ! Les sept ans que Louis Lestonan vécut à ses côtés le convainquirent qu'il avait affaire à un personnage hors série. Jamais il ne fut mis par lui en situation de se compromettre et jamais M. Zivad ne faillit aux assurances qu'il avait données lui-même lors de leur première entrevue. Il y eut pourtant quelques passes difficiles. A deux ou trois reprises, malgré le flair extraordinaire de cette bête à finances, on put craindre la débâcle. Mais c'était à croire que le joueur qu'il était ne pouvait s'empêcher de friser la catastrophe pour le plaisir de se redresser au moment même où ses rivaux le disaient abattu. Malgré leurs pièges les plus sournois, leurs conspirations les mieux ourdies, le « vieux » – ainsi l'appelait-on dans le cercle restreint des requins internationaux – finissait toujours par tirer son épingle du jeu. Et avec en plus les honneurs de la guerre. Sous sa froideur tempérée d'humour, son sang-froid inaltérable dans les pires difficultés, son secrétaire devinait une intense jubilation intérieure. Quant aux rapports entre les deux hommes, ils ne subirent aucune variation au cours de cette période. Et ce fut d'un commun accord qu'ils en restèrent toujours au même point. Le secrétaire ne s'adressait à son patron qu'en l'appelant monsieur et pour le patron il était Edmond ou maître Lestonan selon les circonstances. Les quelques brèves aventures féminines que Louis se permit n'apportèrent aucun trouble dans son service. Le conseiller-secrétaire-chauffeur ne profita même pas toujours des semaines de liberté que M. Zivad lui accordait lorsque lui-même avait besoin de souffler. Les deux hommes savaient toujours où ils se trouvaient l'un et l'autre. Ils évitaient toute confidence sur leur passé, s'abstenaient de toute question à ce sujet comme s'ils savaient que la moindre indiscrétion détruirait le parfait équilibre qui régnait entre eux. A mesure que passaient les années, Louis Lestonan, en même temps qu'il maîtrisait de mieux en mieux, simplement en écoutant et en voyant agir son patron, les problèmes économiques qui font le cauchemar des hommes d'Etat, devait s'avouer qu'il réagissait en toute chose de la même façon que le financier. Il était en train de devenir son double, il se laissait aller sans déplaisir à cette identification. Leur existence se passait d'un palace à l'autre, dans des appartements voisins, chacun prenant son repas de son côté après les matinées de travail quotidien en commun qu'ils appelaient, non sans ironie, le « séminaire ». Il arrivait aussi à M. Zivad de louer pour une saison quelque propriété luxueuse, bien défendue contre les intrusions, où il trouvait tout le nécessaire, y compris le personnel. Ils n'y restèrent jamais la saison entière, mais durant leur séjour, ils prenaient leurs repas ensemble, toujours rapidement et sans échanger plus de trois ou quatre phrases du style : « Voulez-vous me passer le sel? ». Une ou deux fois, il arriva à M. Zivad d'entreprendre un sujet qui risquait de glisser à la confidence. Il s'était arrêté très vite avec un sourire qui avait découvert le trou de sa dent manquante et il s'était retiré en articulant pour lui-même plus que pour son commensal : « Tu causes, tu causes, c'est tout ce que tu sais faire. » Le « tu » dans sa bouche était pour se tourner lui-même en dérision.

Tous les jours, il s'enfermait pendant des heures dans sa chambre pour écouter la radio, donner des coups de téléphone brefs et dépouiller les journaux financiers qu'on lui apportait, toutes affaires cessantes, dès son arrivée. Quand il en sortait, il les déposait sur le bureau du secrétaire. Il avait marqué au crayon bleu les articles ou souligné les phrases dont il voulait que Louis Lestonan prît connaissance. Il n'y était jamais question de Ned M. Zivad, mais le secrétaire savait bien que tel ou tel chef d'industrie, tel économiste qui faisaient gravement des déclarations à la presse ou participaient à des débats à la télévision étaient plus ou moins dans sa dépendance et propagateurs officiels de ses idées. Le plus honnêtement du monde, d'ailleurs. Il n'y a pas que les montreurs de marionnettes qui doivent rester dans l'ombre du castelet. Ceux qui occupent la tribune dans les congrès, les conférences de presse, sont quelquefois les porte-parole interposés de certains anonymes assis sur des strapontins au fond de la salle. Ainsi se tirent les ficelles de la comédie humaine. Et s'il en était autrement, qui oserait dire que cela vaudrait mieux! Quoi qu'il en fût, Louis Lestonan s'étonnait toujours que l'on pût mener tant d'entreprises diverses avec si peu de dossiers. Des dossiers devaient exister, bien sûr dans les bureaux qui en avaient la gestion. Mais ces bureaux étaient à des centaines, des milliers de kilomètres du grand patron. Et celui-ci avait tout en tête, ne se trompait jamais dans une référence, un chiffre ou une date, ce qui était essentiel pour réagir sur l'heure ou même dans la minute sous peine d'avoir le couteau sur la gorge.

Ned M. Zivad ne semblait avoir aucune propriété privée. Quand il descendait dans certains palaces, Louis Lestonan savait qu'il en possédait la plus grande part, mais il s'y conduisait comme un client ordinaire. Il sillonnait le monde sans lâcher son porte-documents fatigué – que diable pouvait-il y avoir dedans? – accompagné partout de sa malle aux serrures compliquées et quelquefois d'une ou deux valises qu'il abandonnait ici ou là quand il n'en avait plus besoin. Aucun de ces objets familiers auxquels tiennent les gens ordinaires. Pas de photographies sous cadre ou en album, pas de briquet en or ni de montre de prix, pas la moindre chevalière, pas un foulard, une robe de chambre avachie, une vieille casquette que l'on conserve malgré l'usure parce qu'on n'a pas le courage de s'en séparer, Dieu sait pourquoi. Il ne se toquait de rien, choisissait à peine, abandonnait avec indifférence vêtements, chaussures et linge. Mais il faisait des cadeaux princiers à des gens envers lesquels il n'avait aucune obligation. Il n'en fit jamais à son secrétaire.

Un dernier trait assez déconcertant de Ned M. Zivad. Quand il avait fini son travail avec son secrétaire, il entendait être absolument libre au point de devenir un étranger pour lui et de ne pas le reconnaître lui-même. Il aimait visiter les musées, les expositions, assister à des concerts, des conférences. Louis Lestonan avait les mêmes goûts. Il arriva plusieurs fois aux deux hommes de se rendre séparément et sans s'être, bien sûr, donné rendez-vous, dans ces temples de l'art et de la culture. Ned M. Zivad faisait semblant d'ignorer la présence de son secrétaire à quelques pas ou quelques fauteuils de lui. Et le secrétaire, de son côté, manifestait la même ignorance. Il se plaisait beaucoup à ce jeu, mais il avait la vague impression que pour son patron, ce n'en était pas un.

Cette étrange cohabitation durait depuis plus de sept ans lorsqu'un matin – c'était quelques jours avant le dénouement –, M. Zivad était entré dans le bureau de son secrétaire, à Paris, avec une bonne heure d'avance sur l'emploi du temps quotidien qui n'avait jamais connu de variation jusque-là. Il s'était dirigé vers la chaise dure qu'il occupait d'habitude. Louis Lestonan s'était mis debout le temps de dire « bonjour Monsieur » avant de se rasseoir. Le patron avait répondu par la petite phrase à laquelle il n'attendait pas de réponse : « Vous allez bien? » Il était entendu que la réponse était oui. M. Zivad, au lieu de prononcer le « eh bien » qui invitait le secrétaire à exposer brièvement le dernier état des affaires en cours, avait considéré la chaise comme s'il la voyait pour la première fois. Puis il était allé se planter devant la fenêtre, les mains dans les poches. L'autre attendait, surpris de cette attitude qu'il n'avait jamais observée auparavant. Toutes les expressions, les moindres gestes du financier lui étaient connus. Il savait les interpréter pour sa propre gouverne et pour mieux mesurer ses paroles. C'était rare, mais il arrivait à M. Zivad de modifier son comportement habituel et cela signifiait toujours qu'il n'avait pas encore arrêté la décision à prendre. Il appliquait la paume de sa main droite sur son front, la faisait glisser sur ses cheveux gris et l'arrêtait un moment sur sa nuque. Ou alors il torturait sa cravate entre le pouce et l'index. Mais il semblait toujours ignorer que les pantalons ont des poches. Celles de son veston lui suffisaient pour tout y mettre, son mouchoir aussi. Il ne parlait guère qu'assis, le torse raide, les mains posées sur les genoux. Quelquefois, pour mieux flairer d'où venait le vent, il ne pouvait éviter d'assister à une réception, toujours anonyme sauf pour quelques-uns qui n'auraient eu garde de signaler sa présence pour la simple raison qu'ils étaient à ses ordres. Si quelque fâcheux l'entreprenait dans ces salons où l'on aborde debout, un verre de champagne à la main, les inconnus restés à l'écart qui pourraient faire éventuellement de profitables relations, il se faisait apporter une chaise dans un coin en prétextant des blessures de guerre. Une fois assis, les mains sur les genoux, il était à l'aise pour s'inventer un personnage d'une telle médiocrité qu'il ne pouvait intéresser personne dans un tel milieu. Et l'autre en était pour ses frais.

Et ce jour-là, debout, les mains dans les poches et sans un mot de plus que le « comment allez-vous ? » il allait se passer quelque chose, mais quoi? Enfin, sans se retourner vers le secrétaire, M. Zivad se mit à parler. Lentement.

– J'en ai fini. Je vais avoir soixante-quinze ans cette semaine. Vous le saviez?

– Vos pièces d'identité vous en donnent dix de moins, Monsieur.

– C'est l'âge de M. Zivad, mais je suis né avant lui. Quelle importance! Il est temps que je fasse mes comptes. Je ne trouve plus rien de neuf à découvrir dans le monde. Cela veut dire que je ne me vois plus d'avenir possible. Alors j'ai décidé de me nourrir de mon passé. Je n'ai pas su en tirer tout ce qu'il avait d'intérêt quand il en était temps. J'ai mis au point tout un plan pour en reprendre possession puisque, après tout, il m'appartient. A défaut de savoir qui je suis, j'aimerais qu'on m'apprenne qui j'ai été. Mais n'allez pas croire, maître, que je sois désenchanté, que j'aie perdu toute illusion. Je n'ai jamais été aussi curieux, aussi avide d'apprendre. Mais l'entreprise que je tente me fait un peu peur. Raison de plus. Il y a trop longtemps que je fais peur aux autres. Et faire peur, dans mon cas, c'est déjà la moitié du courage. La moitié qui va me manquer pour me faire peur à moi-même. Vous me suivez?

– Je crois vous comprendre, Monsieur.

– Je vais repartir de mon commencement, refaire tous mes chemins en essayant de les éclairer de mon mieux puisque j'ai été trop pris, jusqu'ici, par mes diverses aventures pour bénéficier de moi-même. Je vais faire acte d'égoïsme. Oh! Je sais ce que vous allez penser. Il va écrire ses mémoires. Pas question. Pourquoi les écrirais-je puisqu'ils ne peuvent servir qu'à moi-même? Et quand je disparaîtrai, j'entends disparaître tout entier. Non, c'est autre chose, tout à fait autre chose. Vous-même, vous êtes impliqué dans mon projet et sans doute plus que vous ne croyez, plus que nous ne croyons l'un et l'autre. Je vous pose la question : Voulez-vous venir avec moi là où je vais, là où je dois aller ?

– Je n'ai pas d'autre ambition que de rester avec vous tant qu'il vous plaira de me garder à votre service.

– Rien de changé à notre première convention, il y a sept ans. Vous serez libre de vous en aller si l'envie vous en prend. Vous êtes encore jeune, il peut se faire que vous ayez envie de rompre avec l'existence que je vous fais mener. J'ai rompu moi-même assez souvent pour savoir ce qu'il en est. La liberté ne vous dit rien ?

– La liberté est de savoir qu'on est libre. Vous-même, vous n'avez jamais fait que ce que vous vouliez faire. Et ce que vous faisiez vous rendait plus dépendant que je ne l'ai jamais été à votre service.

Les yeux gris virèrent à la couleur d'ardoise. M. Zivad eut ce sourire qui faisait voir le trou de la molaire manquante. La pointe de la langue jouait dedans. « Il se lèche les babines en dedans », se dit Louis Lestonan. Et il sut que le patron l'approuvait.

– Nous allons rentrer chez moi. C'est à la racine du Cap-Sizun, à la sortie de la baie de Douarnenez, je vous l'ai dit. Un petit havre insoupçonné dans une entaille du cap. Pas même un port, un refuge précaire pour ceux qui savent le trouver ou qui s'en servent pour appareiller en douce. Porz-Kuz, le port caché, clandestin. Il finissait d'être abandonné quand je patrouillais par là-bas, les pieds nus. Les maisons tombaient en ruine. Il n'y avait que quelques très vieux habitants qui savaient encore y aller sans faillir. Les vieux et les enfants aventureux qui aimaient les écouter. Nous partirons demain de bonne heure.

Dans l'après-midi du jour suivant, la longue voiture noire arriva par l'allée herbeuse aux profondes ornières demeurées derrière les derniers charrois. Quand elle pointa l'étoile de son capot sur la porte d'entrée du cabaret désaffecté, il y avait là une vieille femme en coiffe, assise sur une chaise basse et qui s'activait à coups d'aiguilles à tricoter pour mener à bonne fin quelque ouvrage de laine. Sur un ordre bref de M. Zivad, Louis Lestonan freina pour s'arrêter à six pas devant la femme. Celle-ci n'eut pas l'air de s'apercevoir qu'elle avait de la visite. Les aiguilles, peut-être, cliquetèrent plus fort, mais elle ne leva pas les yeux quand le financier, vivement descendu de son carrosse, à la main son éternel porte-documents fatigué, s'approcha d'elle pour lui dire, sur un ton de reproche :

— Mène, il ne fallait pas m'attendre. Vous risquez d'attraper froid. Je vous ai dit, au téléphone...

— Et qui êtes-vous pour me donner des ordres, monsieur Ned ? Je suis la plus vieille, il me semble. Je vous ai torché le nez autrefois, souvenez-vous. Et le derrière aussi.

— Je n'ai pas donné d'ordres. J'ai seulement dit...

— Vous avez dit que vous arriveriez à quatre heures. Alors, quand la pendule de Saint-Raphaël a marqué moins cinq, je suis sortie pour vous accueillir comme il faut. Je savais que je n'aurais pas le temps d'attraper froid.

— Et pourtant vous avez pris votre tricot, insinua-t-il.

Elle lui décocha un regard tout à fait dépourvu d'aménité.

– J'ai pris mon tricot parce qu'il faut toujours que je m'occupe les mains. Qu'est-ce qu'il vous a fait, mon tricot ? Mais c'est assez parlé pour ne rien dire. Il est temps de manger le quatre heures. Entrez donc derrière moi !

Tout en parlant, elle avait ramassé son ouvrage dans la grande poche de sa robe, empoigné sa chaise, ouvert la porte, et elle filait, tout affairée, vers le fond de la pièce, du côté du comptoir.

– Je vais chercher le café et le reste chez moi. Installez-vous à la grande table. Ned a tout chamboulé par ici. Il a fait abattre les cloisons. On se croirait dans un jeu de boules. Oh ! Je sais pourquoi. Il veut me faire descendre en bas. Mais je ne descendrai pas.

Sur la grande table, il y avait du pâté en boîte, des tranches de lard disposées artistement sur un grand plat, du pain blanc et du pain noir, du vin blanc et du vin rouge, du pain doux, un gros gâteau qui avait éclaté du haut de la croûte pour avoir trop généreusement levé, une livre de beurre sur une assiette et des bols à fleurs qui attendaient le café destiné à couronner le tout. C'était ça, le quatre heures.

– Octogénaire, Mène, dit M. Zivad. Et toujours d'une humeur exécrable. Cette humeur la conserve parce qu'elle est encore meilleure que son pain, Mène. Expliquez ça comme vous voudrez. De meilleure qu'elle, je n'ai pas connu de femme au monde. Je suis un enfant trouvé, maître, j'ai été recueilli par les gens de cette maison. Seulement cinq ans de plus que moi, Mène. C'est pourtant elle qui m'a élevé. Et je resterai son nourrisson jusqu'à la mort. Savez-vous ! Je gage qu'elle était en train de m'attendre depuis au moins une heure dehors, sur sa chaise.

Mène revenait, porteuse d'une grande cafetière bleue et d'une assiette couronnée d'une pile de crêpes. Et de piquer sa colère aussitôt. En breton.

– Comment! Vous ne mangez pas? Ça ne vous plaît pas, ce qu'il y a? Je n'ai pas grand-chose, mais je fais ce que je peux, non! Dites-le-lui, Ned. Il va me prendre pour une femme sauvage. Je sais bien que je devrais parler français, mais je n'ai pas trop l'habitude.

Louis Lestonan jugea que l'instant était bon pour intervenir.

– C'est très bien, dit-il en breton. C'est un quatre heures de première classe que je vois devant moi. Il n'y a pas mieux nulle part.

Mène en resta méduséе. M. Zivad, sans mot dire, attaquait le lard.

– Je suis une vieille sotte, dit-elle. J'aurais dû demander d'abord qui est cet homme et d'où il vient. Sûrement pas de très loin d'ici.

– Il a été nourri au Pays Bigouden, Mène. Il travaille avec moi dans mes affaires et il veut bien conduire ma voiture à ma place. Il est quelque chose entre l'avocat et le notaire.

– Bigouden, dit-elle. Je me demande si vous ne l'êtes pas vous aussi, Ned. Ce qui m'étonne, c'est qu'un jeune homme comme lui, avec tant d'instruction dans la tête, veuille bien travailler avec vous qui n'êtes même pas allé au certificat.

Les deux hommes mangeaient maintenant de bon appétit. Mène debout devant eux insistant pour qu'ils se servissent largement, remplissant leurs verres dès qu'ils avaient bu les premières gorgées.

– Monsieur Ned est plus instruit que moi, dit

encore Louis Lestonan. Il pourrait passer les mêmes diplômes et d'autres encore s'il voulait.

Mène dissimula son contentement sous une fausse indignation qui tourna très vite en un éloge rugueux de son protégé.

– Vous dites ça parce que vous travaillez avec lui et par politesse envers moi. Mais, en vérité, il n'aimait pas l'école, ce Ned. Il aurait aimé l'instruction, c'est sûr, s'il n'avait pas été obligé d'aller la prendre à l'école. Tout jeune, il voulait déjà être son maître. Il n'en faisait qu'à sa tête. J'avais beau lui dire qu'il n'arriverait à rien s'il changeait d'idée tout le temps, j'aurais mieux fait de siffler aux merles. Il m'en a fait voir, le garnement, avec mon frère Nest, toujours collé à lui comme la bernique au rocher. Mais, pour être juste, ils n'étaient mauvais ni l'un ni l'autre. Ils ne promettaient pas souvent, mais quand ils avaient promis, ils tenaient. Le plus drôle, c'est qu'ils ne mentaient jamais, même pour éviter le festin de mon balai quand ils avaient fait des bêtises. Et mon balai leur est tombé sur l'échine bien souvent. Mangez donc! Vous devez avoir faim, à venir de si loin.

Là-dessus, elle sortit son mouchoir pour s'essuyer le nez.

– Mène, nos échines étaient plus dures que votre balai. Nest et moi, nous poussions de tels hurlements dès les premiers coups que vous le lâchiez tout de suite. Une fois même, vous l'avez jeté dans le feu. Il a brûlé, le balai.

Entendant cela, Mène faillit étouffer d'indignation.

– Et il a le toupet de raconter cela devant vous. Le balai m'a échappé des mains parce que j'étais tellement en colère que je ne savais plus ce que je faisais. D'ailleurs, il était usé, ce balai. En tout cas, je n'aurais jamais cru qu'il aurait fait fortune, parti comme il était. Quelquefois, je me demande s'il n'est pas un peu dérangé de la tête. Depuis bientôt cinquante ans, il ne cesse de m'envoyer de l'argent, des tas d'argent, alors que je n'ai besoin de rien. Enfin, quand je ne serai plus là, il retrouvera tout ça à la banque, à Quimper. Quoi qu'il arrive, à la fin de sa vie, il n'aura pas besoin d'aller mendier sur les routes.

Quand ils en vinrent au café, elle leur en versa une pleine bolée à chacun et une autre pour elle-même qu'elle se mit à déguster avec les marques de la plus vive satisfaction, en grignotant à petits coups une crêpe roulée sans beurre. Mais toujours debout. Et cependant elle évoquait, sur un ton de ressentiment admirablement simulé, quelques-uns des mauvais tours imaginés au début du siècle par Ned pour la faire enrager. A peine si les deux hommes pouvaient placer quelques compliments sur le café, le gâteau et les crêpes de sa confection, à peine si elle prenait le temps de déclarer, avec une moue dégoûtée, que les crêpes n'étaient pas bien venues à cause du vent qui avait tourné – comme vous, Ned –, le gâteau à moitié raté et le café assez médiocre alors que d'habitude... Et soudain, elle posa son bol sur la table en catastrophe.

– Mais vous parlez, vous parlez et on vous attend en bas. Les deux Chinois.

– Ce ne sont pas des Chinois, Mène, intervint doucement M. Zivad. Ils sont cambodgiens. Et de mes meilleurs serviteurs.

– Ned, ne me cherchez pas des poux dans la tête, s'il vous plaît. Un homme jaune est un Chinois. En tout cas, depuis que vous les avez envoyés, il n'y a que des compliments à leur faire. D'ailleurs, ils ne sont pas tellement jaunes. Ils savent tout faire, même repasser les chemises. Ils m'ont même invitée à goûter leur cuisine dans votre salle à manger en bas. Je ne suis pas allée, bien sûr, mais j'irai peut-être un jour. Léonie et Lucas s'arrangent bien avec eux. C'est pourquoi je ne voudrais pas les faire attendre après vous. Allons! Dépêchez-vous un peu! Vous descendez par le puits, naturellement. Débarrassez-moi la place, que je fasse la vaisselle. Je vais leur téléphoner que vous arrivez. Et gare à vous si vous remontez de Porz-Kuz sans venir me voir.

C'est ainsi que Louis Lestonan fit connaissance avec le domaine secret de son patron. Derrière lui, il descendit les marches, les rampes et les couloirs dans le rocher. M. Zivad ne fit pas entendre un seul mot. Il fit halte plusieurs fois pour écouter une sorte de clapot régulier suivi d'un chuintement. La mer montait à petit bruit. Au débouché sur la grève, ils virent les deux Asiatiques qui les attendaient au garde-à-vous sur le terre-plein. Le couple des gardiens de Porz-Kuz apparaissait devant l'entrée de la maison principale. Lucas levait un bras en signe d'accueil.
– Rien de changé en ce qui concerne Yeng et Long, dit le financier, parlant en breton. Vous les avez connus à Hong Kong. Ils m'ont demandé de rester avec moi. Nous parlerons en breton avec Lucas et Léonie, ils seront plus à l'aise. Pour eux, je suis Noël et même, pour elle, tonton Noël. Je l'ai connue toute petite. Ils vous appelleront sans doute Louis. Il n'y a pas de monsieur ici. Mais vous le savez aussi bien que moi. C'est la même chose en Pays Bigouden.
– Oui, Noël, dit Louis Lestonan.
Jusque-là, même quand ils parlaient breton entre eux, il avait toujours donné du monsieur à son

patron. Mais ici, c'était une autre civilisation, les rapports n'étaient plus les mêmes. Il n'aurait aucun mal à s'habituer.

D'un premier coup d'œil il embrassa les personnages, la longère basse à six mansardes, tapie sous le surplomb de la paroi rocheuse et composée de trois habitations mitoyennes, chacune avec ses deux fenêtres encadrant sa porte, le chemin en lacet qui se divisait pour monter vers les deux autres maisons remises à neuf, leur crépi blanc accentuant la noirceur dès ruines qui se devinaient entre elles. Il en détourna rapidement le regard pour se laisser prendre par le spectacle de l'étroit mouillage ouvert entre les deux éperons que les assauts de l'océan avaient dénudés à leurs bases pour en faire des chaos de roches, les unes en équilibre instable, d'autres affectant des formes humaines ou animales. La marée montante faisait rouler et tanguer la vedette à moteur ancrée à l'entrée mais atteignait à peine le voilier sur béquilles. Le soleil couchant, invisible, allumait des coulées de rougeurs sur un détroit marin. Et en face, imposante par sa masse quand le jeu des nuages au ciel lui donnait tout son poids, devenant presque irréelle dès qu'ils étaient passés en attendant l'assaut suivant, en face il y avait l'avancée camuse du Cap de la Chèvre faisant presque verrou sur la baie de Douarnenez. Le havre de Porz-Kuz était d'une impressionnante tranquillité, un vrai havre de grâce à l'écart des bouleversements extérieurs et si proches pourtant. A Porz-Kuz, on n'était pas concerné par le reste du monde.

– Le Cap de la Chèvre, dit M. Zivad – pour lui donner encore ce nom qui n'était déjà plus le sien –, c'est le dragon qui nous garde et nous menace en même temps. Selon les saisons, les jours et les heures, les lumières changeantes, il semble avancer ou reculer son mufle. Je ne me suis jamais hasardé sur son dos, là-bas, à cause de ce qu'on appelait autrefois l'horreur sacrée. Quand nous étions enfants, nous avions peur de le voir disparaître et nous laisser tout nus à la merci des puissances inconnues qui venaient du large. Et peur aussi qu'il ne vînt s'encastrer dans notre mouillage et nous enterrer tout vifs dans la pierraille. Quoi d'étonnant si ces craintes enfantines m'ont guéri de toutes les autres. J'ai été vacciné pour le restant de ma vie.

Ces paroles sonnèrent étrangement aux oreilles du secrétaire. Une révélation dont il ne mesurait encore ni la portée ni le sens. Mais il eut l'impression que l'homme qui parlait ainsi n'était pas le même que celui qu'il avait connu jusque-là, qu'il se découvrait pour la première fois et que jamais plus il ne reprendrait le rôle qu'il avait tenu parmi les hommes. Et il se sentit délivré de toutes les appréhensions qu'il avait lui-même nourries. Au cours de son enfance sur la baie d'Audierne, un peu plus au sud, il avait frémi en écoutant les contes où il était question de changer de monde en descendant au fond d'un puits qui s'ouvrait sur des aventures miraculeuses. Et ce puits, ne venait-il pas précisément d'y descendre depuis cette entrée inattendue qu'était le cabaret du haut ! Peut-être par l'intercession de Mène, cette sorcière au café noir, et sous la conduite d'un initié qui entrait en métamorphose à mesure qu'il retrouvait les lieux de sa magie. Et Louis Lestonan se sentit heureux de faire confiance à ces deux-là pour ce qui allait advenir. Il y avait si longtemps qu'il s'était perdu, exactement depuis le temps où sa vie d'enfant sauvage avait pris fin, où il avait dû cesser ses dialogues muets avec le ciel, la terre et l'eau, pour aller livrer, dans la foule profane, de pitoyables combats. Cela s'appelle tuer l'enfant.

Quand les arrivants atteignirent les trois marches du quai, les deux Asiatiques s'inclinèrent sans un mot devant M. Zivad. Dans l'embrasure de la porte, Lucas articula d'une voix forte, en guise de bienvenue :

– Vous voilà revenu chez vous, Noël! Peut-être allez-vous rester, cette fois-ci?

Il n'y eut pas de réponse. Tortillant nerveusement son tablier, Léonie dit, d'une voix douce : en parfait contraste avec celle de son mari :

– Demain, je vous fais le pot-au-feu.

Louis Lestonan devait apprendre par la suite, de la bouche des deux gardiens de Porz-Kuz, que son patron avait racheté, au cours des dernières années, tout ce qui était à vendre du site, en haut et en bas. Pour eux-mêmes, qui acceptaient d'y vivre avec joie et sans problème, n'ayant pas d'enfant, après avoir servi dans les terres comme ils disaient, il avait fait refaire à neuf la plus petite des trois maisons, la plus haut perchée sur le versant, qui avait été celle des parents de Léonie. Mais le couple ne l'occupait pas, il avait préféré s'installer dans les mansardes de la grande longère du bas d'où la surveillance de Porz-Kuz leur était plus facile. Cela faisait que les deux maisons étagées sur la pente avaient été aménagées à l'intention de certains hôtes qui n'étaient jamais venus, mais qui viendraient peut-être maintenant. Quant aux trois habitations mitoyennes qui composaient la longère, celle du milieu était entièrement occupée par une grande pièce à usage de salle à manger-salon, pourvue d'une cheminée à chaque bout et de deux escaliers qui montaient vers les mansardes. Elle s'ouvrait à gauche sur les appartements du maître, à droite sur ceux du secrétaire, chacun des deux hommes disposant donc d'une maison individuelle avec porte privée sur l'extérieur et d'un salon-bureau. A l'arrière de cette salle, une cuisine et une resserre avaient été installées dans une grotte qui prenait l'air et le jour par une anfractuosité du rocher susceptible de permettre une évasion rapide à qui se trouverait cerné par des attaquants de toute espèce. Louis Lestonan, qui avait patrouillé pendant ses années d'enfance sur les grèves et les paluds de la baie d'Audierne, n'en finissait pas d'admirer ce repaire de bandits, de héros et d'honnêtes misérables qui avait dû en connaître de belles dans le passé. Encore n'avait-il pas tout vu.

La grande habitation, comme les deux autres, disposait de tout le confort souhaitable, mais il était visible que l'ameublement et la décoration avaient été confiés par le propriétaire à quelque ensemblier qui avait opéré à sa guise avec l'ordre de s'en tenir à une moyenne de bonne qualité sans luxe inutile en pareil lieu. Et le secrétaire entendait encore son patron lui répétant qu'il ne voulait avoir autour de lui ni musée ni aucun objet qui fût de nature à susciter de sa part un quelconque attachement. A Porz-Kuz il était servi, mais parce que Porz-Kuz se suffisait à lui-même. Aucune recherche d'art, mobilier ou autre, n'aurait pu rivaliser avec les prestiges permanents du site lui-même. Mais le financier était-il seulement capable de nostalgie? Combien de temps allait-on rester là? Et surtout qu'allait-il s'y passer?

Dans les jours qui suivirent, Louis Lestonan eut tout loisir de partir à la découverte. L'autre le laissait complètement libre, ne sortant de chez lui que pour les repas servis par Yeng et Long ou pour quelques conciliabules avec les deux gardiens. Les repas ne donnaient lieu qu'à quelques phrases, les plus banales qui fussent. Quant aux conciliabules, il n'y était pas invité, n'avait jamais tenté de s'y faire admettre. Il sentait bien, aux sourires que lui adressaient Lucas et Léonie, qu'ils étaient prêts à se raconter, qu'ils brûlaient eux-mêmes de savoir des choses, mais ils attendaient que le maître, quand il se faisait voir, se décidât à parler d'autres sujets que de pluie et de beau temps. Chacun savait pourtant qu'il n'avait rien interdit, mais chacun réglait sa conduite sur la sienne, se faisait une obligation de ne rien entreprendre en paroles qui pût lui être gêne ou offense. L'après-midi, il montait par le puits pour aller manger le quatre heures avec Mène et il redescendait par la même voie une heure plus tard. Il n'invitait pas son secrétaire à l'accompagner. Il aurait peut-être suffi d'un mot de celui-ci pour être admis à cette ascension du quatre heures. Et Mène, sans doute, l'aurait accueilli avec joie. Mais ce mot, il ne le dit pas. D'autre part, Louis eût considéré comme une indiscrétion d'aller voir la vieille femme en dehors de la présence de Ned. Alors, il entreprit de reconnaître avec soin les sentiers qui permettaient de descendre à Porz-Kuz ou d'en remonter à l'air libre. Il y fit des marques de reconnaissance en prévision d'il ne savait quelle éventuelle nécessité. Il voulut savoir comment était fait le pays autour de l'ancien cabaret. Il fut surpris de trouver, à cinq cents mètres à la ronde, plusieurs fermes d'une certaine importance. Il vit dans les champs, juchés sur leurs tracteurs et suivis par des vols d'oiseaux de mer, des agriculteurs – c'était maintenant le nom des anciens « laboureurs de terre » – qui lui firent un salut du bras. Tout juste s'ils se retournèrent sur leur siège pour suivre des yeux cet inconnu au risque de dévier de leur sillon. Porz-Kuz n'était pas aussi loin de tout qu'on aurait pu le croire, mais les grandes routes à goudron l'ignoraient superbement et cela suffisait pour le protéger de toute intrusion. Il devait bien y avoir des gens, outre les voisins immédiats, qui savaient l'existence de cette coupure dans la muraille nord du Cap-Sizun, mais qui donc s'intéresse aux accidents de côtes sans plages, difficiles d'accès par terre et mer, dangereuses pour les baigneurs, abandonnées par ceux-là même dont les ancêtres y avaient vécu pendant des siècles de misère? Et la vieille Mène n'était pas d'humeur à faire le moindre accueil aux imprudents qui se seraient hasardés jusqu'à sa porte. Point n'était donc besoin de clôtures, d'écriteaux d'interdiction – Propriété privée, Défense d'entrer – ni de chiens méchants pour tenir au large les curieux s'il s'en était trouvé. Il y a des lieux qui découragent les plus intrépides des fureteurs à cause d'un on ne sait quoi dans leur aspect qui conseille d'aller plus loin. Et plus loin, c'est toujours assez près pour qu'on soit tenté d'y aller voir. C'est ainsi que se conservent, l'indifférence aidant, les pays que l'on dit perdus et qui sont strictement privés, même et surtout sans propriétaires avoués. Il y en a dix fois plus qu'on ne croit. Mais les légions d'amateurs de foules ne font que les dépasser sans les voir, aveuglés qu'ils sont par un violent désir d'entassement dans la promiscuité de certains lieux élus à grand renfort de battage publicitaire. « Qu'ils en soient remerciés », pensait Louis Lestonan, lui-même assez mal à l'aise au sein des grandes concentrations humaines, encore qu'il n'éprouvât aucun mal à communiquer avec ses semblables à condition de pouvoir revenir à son quant-à-soi. Qu'aimait-il à répéter déjà, M. Zivad? « La liberté, c'est de n'être esclave que de soi-même. »

Tels furent ces quelques jours vécus à Porz-Kuz.

Il ne se passa rien de notable jusqu'à la dernière nuit. Un violent orage se déchaîna sur la baie. Dans le fracas des coups de tonnerre et les sèches illuminations des éclairs, Louis Lestonan sortit de sa chambre et entra dans la salle commune pour mieux jouir du spectacle des éléments en fureur. Ned M. Zivad était déjà là, debout devant la fenêtre qui donnait sur le large. Un éclair plus violent que les autres fit surgir devant eux le Cap de la Chèvre comme une blême apparition qui aurait rompu tout lien avec la création. Il évoquait assez bien ces châteaux aériens des contes merveilleux qui sont suspendus au ciel par quatre chaînes d'or. Dans un grondement de tonnerre, il retourna au néant.

– Le dragon se fâche, dit M. Zivad. Il n'est pas content de moi.

Et il retourna se coucher.

Ce matin, il était dans ses appartements, finissant de déjeuner devant sa fenêtre. Il n'arrivait pas à se rassasier du spectacle de Porz-Kuz, livré aux jeux incessants de la lumière et au ballet incompréhensible des oiseaux de mer. Quel théâtre! C'était marée basse. Lucas s'affairait à gratter la coque du voilier, un petit cotre qui n'avait pas dû naviguer depuis longtemps, qui était là en attente, lui aussi. Le téléphone sonna au moment où Long entrait pour desservir.

– Edmond, dit la voix du patron, veuillez préparer la voiture, s'il vous plaît. Dans vingt minutes en haut. Pas d'objection?

– C'est très bien, Monsieur.

Il avait jeté un coup d'œil à sa montre. Vingt minutes exactement. M. Zivad n'attendait pas quand il avait fixé une heure, il ne faisait pas attendre non plus. Le secrétaire prit le temps de ranger quelques papiers étalés sur un bureau à cylindre, de rabattre le volet roulant et de refermer à clef. Il aurait pu laisser ouvert, il n'y avait rien de secret. C'étaient des notes de droit, dont il ferait peut-être plus tard un essai, et des exercices d'entraînement au japonais. Mais, habitué qu'il était à tenir sa langue en toutes circonstances, il estimait que de garder en ordre ses écritures les plus banales et ses papiers les plus insignifiants l'y aidait beaucoup. Quelle inspiration lui fit endosser sa tunique de chauffeur et la boutonner soigneusement, il n'aurait su le dire. A Porz-Kuz il n'était plus chauffeur ni d'ailleurs secrétaire. Il était là, c'était tout, en attente d'il ne savait quoi. Mais quelque chose dans le ton de voix de M. Zivad lui faisait soupçonner qu'il ne s'agissait pas seulement d'une sortie sans but ni conséquence. A l'école du financier, il était passé maître dans l'art de déceler dans les intonations les finesses qui échappent au parleur lui-même et révèlent malgré lui ses véritables intentions, insoupçonnables dans ses paroles. D'ailleurs, plus simplement encore, si le patron l'avait appelé Edmond, cela signifiait qu'il le mobilisait comme chauffeur. Il prit sa casquette à visière et sortit par sa porte privée pour gagner l'entrée du puits. Vingt minutes. L'orage de la nuit avait détrempé les pentes et les sentiers du promontoire, il n'était pas question de monter par l'extérieur. Passant devant les fenêtres sans rideaux de M. Zivad, il le vit qui s'équipait comme pour une partie de pêche à pied, d'un gros chandail de marin et d'un pantalon délavé.

Au débouché du puits dans l'ancien four à pain, il sortit de la maison sans passer par la salle. Il ne voulait pas courir le risque de se trouver devant Mène, installée probablement avec son tricot derrière le comptoir. Maintenant, il se rendait compte que, par discrétion, il s'était mis dans une situation fausse par rapport à elle, étant resté plusieurs jours à Porz-Kuz sans venir seulement la saluer. C'était vraiment difficile de savoir comment se comporter quand on ne s'était jamais trouvé en pareille situation. Mais il avait eu bien tort de se faire des scrupules. Une fois tourné le coin de la maison, quand il entra dans la cour, il vit la vieille femme assise sur une chaise et faisant marcher ses aiguilles comme au jour de son arrivée.

– Alors, Louis Lestonan, dit-elle sans lever la tête. Il est question d'aller en promenade !

– Peut-être. C'est lui qui décide. Nous verrons bien.

– Je sais où vous allez.

Fallait-il demander où ? L'habitude invétérée d'éviter les questions qui n'étaient pas de son service l'empêcha de le faire. D'ailleurs, la montre commandait. Il ouvrit la porte du garage et sortit la longue voiture noire. Il achevait de la mettre en position de départ quand M. Zivad entra dans la cour. Il avait ramassé ses cheveux gris dans un vieux bonnet de laine et il portait aux pieds des sandales de plastique. Louis, sa casquette à la main, lui tint la porte ouverte pour qu'il s'installât à l'arrière, ce qu'il fit après une seconde d'hésitation. Puis le chauffeur gagna sa place au volant et attendit les ordres.

– Nous allons à Poulhan, dit la voix. Vous savez où c'est.

– Bien, Monsieur.

Quand la voiture manœuvra pour sortir de la cour, il vit, dans le rétroviseur, la vieille Mène qui souriait. Elle avait arrêté ses aiguilles.

Pas un mot ne fut échangé entre les deux hommes jusqu'au moment où ils arrivèrent, une demi-heure plus tard, au haut de la côte qui descend vers le petit port de Poulhan et d'où l'on découvre la baie d'Audierne, son arc admirable, la succession de ses clochers qui sont autant d'amers, le cordon littoral qui protège contre l'océan Atlantique le Pays Bigouden et qui va mourir au sud sur le rocher de la Torche, à droite duquel surgit la haute fusée du phare d'Eckmühl. Le temps était si clair, la lumière si belle sur l'interminable grève découverte par la marée basse que Louis Lestonan leva le pied, mit en seconde, fut sur le point d'arrêter net. Il avait devant lui son domaine d'enfance.

– Le menhir des Droits de l'Homme, dit la voix derrière lui. Vous vous rappelez?

– Parfaitement, Monsieur.

– Vous me laisserez là-bas.

– Bien, Monsieur.

Ils n'eurent pas à rouler plus de deux minutes sur la voie côtière avant de tourner à droite dans un chemin charretier. Au bout du chemin se dressait sur l'horizon de la baie la pierre levée en question. C'est un menhir moderne, élevé pour commémorer le naufrage du vaisseau républicain *les Droits de l'Homme* en 1797. En raison de sa forme qui évoque une gigantesque omoplate, on l'appelle encore le Grand Os. Sous terre, autour de lui, reposent des centaines d'ossements de soldats et de marins. Louis Lestonan, en arrêtant la voiture le plus près possible du monument, se demandait quelle raison avait bien pu pousser son patron à se faire conduire précisément à cet endroit. M. Zivad ne faisait jamais rien par improvisation, ne laissait jamais rien au hasard, ne remettait jamais en cause ses propres décisions. Louis était capable, le plus souvent, de déceler les motifs de ses moindres actions comme il l'était d'interpréter ses réflexions les plus inattendues, apparemment sans rapport avec les affaires en cours. Mais depuis leur arrivée à Porz-Kuz, quelques jours auparavant, le comportement de Ned M. Zivad n'avait cessé de l'intriguer. L'homme était nerveux, impatient, bien qu'il fît les plus grands efforts pour se maîtriser. Inquiet même, aurait-on dit, lui qui se montrait d'une sérénité inaltérable jusque dans les plus périlleuses affaires de finances qui risquaient de l'acculer à la ruine. Plus surprenant encore, il avait emprunté à son secrétaire un crayon à bille pour rédiger de sa main une demi-douzaine de lettres alors qu'habituellement il se contentait d'apposer, avec un stylo à plume, sa haute signature sur les documents préparés par Louis. Avant d'envoyer Yeng ou Long à la prochaine poste, il avait écrit les adresses tirées d'un petit carnet apparu pour la première fois dans ses mains. Cela s'était passé en présence du secrétaire. Celui-ci avait bien compris qu'il n'y avait pas de secret, que l'on tenait à ce qu'il fût au courant d'un événement qui allait se produire sans pour autant lui dire de quoi il s'agissait. Ned M. Zivad s'était borné à lui annoncer qu'il inviterait à Porz-Kuz certaines personnes dont l'autre ne connaissait même pas l'existence. C'était la première fois que pareille chose se produisait. Jamais, depuis sept ans, au cours de ses haltes et de ses séjours, il n'avait admis à sa table d'autre convive que Louis. Il y avait du neuf dans l'air et peut-être du définitif. Les invités devaient arriver aujourd'hui. Yeng et Long avaient ordre de les ramener à temps pour le dîner. Et voilà que le maître de Porz-Kuz prenait la décision d'aller se promener en baie d'Audierne, accoutré en pêcheur à pied. Louis Lestonan le connaissait trop bien pour mettre cette promenade au compte d'une inspiration subite ou d'une improvisation du matin. Il devait y avoir un lien entre tous ces faits nouveaux. Mais lequel?

Les deux hommes étaient descendus sur l'herbe courte du dernier champ avant les galets de grève. M. Zivad s'était seulement arrêté un instant pour lire l'inscription votive sur le menhir. Devant eux, la marée basse avait découvert si largement le sable que la lumière pâle du soleil n'aurait pas permis de distinguer la ligne de retrait de l'eau salée si elle n'avait pas été trahie, de temps à autre, par un léger ressac aussitôt effacé. A plus de quatre lieues au sud, détaché du littoral, le rocher rond de la Torche — son vrai nom breton signifie le coussin ou la motte — faisait le gros dos. Avant de quitter la voiture, sans réfléchir, Louis Lestonan avait pris les jumelles. Il les porta à ses yeux pour inspecter le territoire des patrouilles de ses jeunes années. L'immense grève était parfaitement déserte à l'exception de trois fous de Bassan qui s'étaient piétés sur le sable humide, presque à la limite de la marée basse, leurs ailes à demi déployées, le bec pointé vers le ciel dans le prolongement du cou. Quelle puissance inconnue invoquaient-ils, ces suppliants? Etait-ce pour eux le moment de l'Elévation?

Quand il entendit, près de lui, son patron se racler la gorge, Louis abaissa ses jumelles.

– Je vais aller à la Torche par la grève, dit l'autre. Vous me rejoindrez là-bas avec la voiture. Je compte y arriver dans trois heures environ. Nous déjeunerons dans un restaurant de Saint-Guénolé avant de rentrer à Porz-Kuz entre cinq et six heures.

– Bien, Monsieur.

En quelques pas, M. Zivad eut quitté l'herbe rase et abordé les galets. Il s'arrêta pour ôter ses sandales de plastique. Ce faisant, il cria en direction de Louis :

– Ce soir, je fais mes comptes. Tous mes comptes. Ceux que j'ai priés de venir seront là pour m'aider. J'espère qu'il ne manquera personne au rendez-vous.

– Oui, Monsieur.

Ned entreprenait déjà de traverser la barre des galets qui croulaient sous ses pieds nus. Il écartait les bras, il devait en jouer pour garder son équilibre. Il écartait les bras comme les fous de Bassan leurs ailes, mais il ne suppliait personne, il n'était pas capable de le faire. On ne lui aurait jamais donné soixante-quinze ans. Croyait-il lui-même à la vieillesse? Quand il eut atteint le sable et commencé sa marche vers le rocher, Louis Lestonan revint vers la voiture. Mais pourquoi diable se sentait-il si mal à son aise?

Il avait près de trois heures devant lui. Un coup d'œil sur une carte à jour lui apprit que les chemins cailouteux d'autrefois, si cruels pour les chevilles des petits marcheurs en sabots, n'étaient plus qu'un souvenir. Ils avaient fait place à une route goudronnée, longeant la côte jusqu'au petit havre de Penhors. Il la prit, roula lentement entre les murets de pierres sèches ceinturant les cultures et les pâtis. Il s'étonnait de voir comment le temps qui court avait transformé les pauvres maisons des culs-terreux en résidences secondaires, fort coquettes pour la plupart, mais aux volets fermés en attendant les juilletistes et les aoûtiens. Quant au rivage lui-même, il n'avait guère changé. Sans doute le cordon de galets semblait-il s'être affaissé par endroits, les étangs d'eau saumâtre s'être considérablement rétrécis, envahis qu'ils étaient par des fouillis de roseaux et de plantes indécises, les pieds dans l'eau. Il ne savait plus à quoi ces végétations pouvaient encore servir, mais elles servaient à quelque chose au temps où l'on tirait parti de tout. Et ce temps il l'avait connu. La fin des misères fait abandonner aux gens l'exploitation des ressources misérables qui les aidèrent longtemps à tenir en vie.

Quand il découvrit devant son capot le village marin de Penhors, il ne dut de le reconnaître qu'à sa chapelle demeurée inchangée dans le fond d'un décor remis à neuf et enrichi, presque encombré, de nouvelles constructions. Mais, avant d'aborder l'agglomération, un petit chemin de terre lui fit signe, comment dire autrement, un petit chemin de terre menant au bord de la falaise, là où fumaient naguère, en septembre, les fosses à brûler le goémon. Avec ses petits camarades, il y avait fait cuire des pommes de terre sur les pains de soude quand les hommes avaient fini de les mettre à nu après les brûlis. Jamais plus il n'avait retrouvé ce goût dans les préparations les plus fines des grands chefs. Et qu'importait si les pommes de terre n'étaient pas toujours cuites à point. La peau toute seule sauvait le reste.

Il arrêta la voiture, il accrocha ses jumelles à son cou, il sortit brusquement sans prendre la peine de refermer la portière, il se surprit à trotter dans le petit chemin. Pourquoi cette hâte? Rien de ce qui demeurait là ne risquait de s'évanouir à l'instant sous le coup de baguette de quelque mauvaise fée. Et pour ce qui n'y était plus, il lui faudrait faire appel à ses souvenirs. Les souvenirs sont parfois rebelles. Il faut du temps pour les amadouer, Louis Lestonan. Cette pensée l'aida beaucoup à se calmer. Quand ce fut fait, il dut se rendre à l'évidence. Ce n'étaient pas le petit chemin, ni les fosses à goémon, ni même les pommes de terre à la soude qui le mettaient ainsi dans une sorte de transe, lui, le plus pondéré des hommes. Ce qui le tirait irrésistiblement vers la côte, c'était l'impérieux désir de savoir où en était M. Zivad. Comme si l'autre était en danger sur la grève. Quel danger, il n'en savait rien. Mais il n'aurait de cesse avant de l'avoir retrouvé dans ses jumelles. Il se remit à trotter pour atteindre au plus vite le point de la côte d'où il pourrait découvrir toute la grève jusqu'au menhir des Droits de l'Homme. Les jumelles braquées, il mit d'abord au point sur la pierre levée, puis il fouilla l'étendue de sable de proche en proche jusqu'à trouver son homme. Alors, il eut un soupir de soulagement. Il s'entendit rire pour se moquer de son appréhension. Quel idiot il faisait! Le vieux Ned marchait d'un bon pas régulier, mais il n'allait pas tout droit devant lui. Au lieu de tracer sa piste sur le sable ferme, il lui arrivait de monter un moment sur le cordon de galets où la progression est plus difficile, puis de retraverser la grève pour entrer jusqu'à mi-jambe dans l'eau de la mer montante. A ce train-là, il risquait de parcourir deux fois la distance entre le menhir et le rocher. Quel homme! Louis Lestonan se rappelait que lui-même et les enfants de son âge s'entraînaient à marcher alternativement pieds nus sur le dur et le mou, le sec et le mouillé, pour se faire les jambes et se fortifier la plante. Ned avait dû le faire aussi de son côté et s'amusait encore à le faire à son âge. Son secrétaire se sentit fier de lui.

Il revint à la voiture, traversa Penhors. A la sortie du village, il dut se replier à l'intérieur des terres. La route côtière s'arrêtait là! Plus loin, et jusqu'à la Torche, le cordon littoral séparait l'océan d'une palud sauvage et instable, envahie par les eaux une partie de l'année. Il n'y avait rien d'autre à faire que de la contourner. Comme dans un rêve, il vit passer les bourgs de Plovan, Tréogat, Plonéour, Saint-Jean-Trolimon. Il les connaissait mal. A vrai dire, il ne les avait jamais vus que de loin. Pour l'enfant solitaire qu'il avait été, les clochers de leurs églises étaient autant de piquets qui marquaient les frontières de son royaume paludéen. Mais son royaume aussi possédait un clocher qui valait bien à lui seul tous les autres. Celui de la grande chapelle des dunes, Tronoën, la gardienne des marais, accostée du plus ancien calvaire de Bretagne et sanctifiant une nécropole préhistorique ensevelie au cours des siècles par les agents naturels. Ce n'était pas rien pour lui, ce désert terraqué s'étalant en pente douce jusqu'au rivage. Il était tenté de dire qu'il tenait bien la place du père et de la mère qu'il n'avait pas eus. Il lui devait d'être devenu l'homme qu'il était aujourd'hui pour avoir vécu ses premières années entre le ciel, la terre et les marées océanes sans aucune autre compagnie que celle de ses nourriciers, eux-mêmes retirés du monde. Un homme libéré de tout attachement, naturellement réfractaire aux séductions des êtres et des choses, mais jouant son rôle dans la société du mieux qu'il pouvait, avec cette sérénité que seule peut donner l'indifférence à qui n'a pas la foi et trouvant cependant, par un curieux paradoxe, que la vie valait la peine d'être vécue. Combien de fois, enfant ou adolescent, n'était-il pas monté dans le clocher de Tronoën, insensible aux criailleries des corneilles, pour laisser errer longuement son regard sur l'étendue palustre, sa pourvoyeuse de béatitude, inquiet d'apercevoir parfois, dans ce désert, passer une forme humaine sur laquelle il ne pouvait mettre de nom.

Arrivé à la chapelle, il trouva ouvert le grand porche sud et un échafaudage dressé contre le mur. A l'intérieur, il y avait des échelles, des sacs de ciment et des outils épars. Tronoën était en réfection, mais aucun ouvrier n'y travaillait pour le moment. Peut-être cassaient-ils une croûte dans l'une des trois ou quatre maisons d'alentour qui faisait débit de boissons. Il s'engagea dans l'escalier de la tour. Il le croyait plus large, cet escalier. C'était lui qui avait élargi des épaules. Aucune corneille ne vint l'importuner de ses cris. A peine avait-il émergé au haut du clocher qu'il porta ses jumelles à ses yeux. La palud n'avait guère changé sinon que les quelques masures qu'il avait connues habitées étaient tombées en ruine à l'exception d'une seule, la plus isolée. Il ne l'aurait pas repérée sans les linges de couleur qui séchaient sur un fil de fer dans la courette. La plus en ruine était celle de ses nourriciers, morts depuis plus de vingt ans sans qu'il les eût revus. Ils avaient fait pour lui tout ce qu'ils devaient faire dans leur état, mais rien de plus, et il ne pouvait se défendre de penser que son départ les avait soulagés, il n'aurait su dire pourquoi. De sa maison d'enfance il ne restait plus debout que les deux pignons et une partie de la façade autour de la porte. Mais le vieux figuier était toujours là, plus noir et plus torturé que jamais. Le petit Louis avait passé des heures, assis sur les plus hautes branches, à guetter les vols des oiseaux de mer, à écouter les mille bruits de la palud. Quand le maître de la maison frappait durement le tronc de l'arbre avec son bâton, il lui fallait descendre, c'était l'heure de la soupe. Le tremblement du figuier sous le coup lui résonnait encore dans les os. Mais jamais le bâton du vieux ne lui avait caressé la peau. Lui et sa femme, sans jamais s'attendrir le moindrement, prenaient bien soin du petit. Un hiver, il avait pris froid, il s'était mis à tousser. Le vieux avait couru à Pont-L'Abbé, toutes affaires cessantes, en avait ramené le médecin de force, le bâton levé, menaçant de lui rompre les os. Le docteur n'avait jamais aventuré ses bottes dans les fondrières de la palud. Au bourg distant d'une demi-lieue où l'enfant allait à l'école, on disait qu'il était gâté par les deux nourriciers. A l'école, il avait aussi appris que son nom était Lestonan, son père un héros de la Résistance tombé dans les combats de la Libération. Quant à sa mère, personne n'avait l'air de savoir qui elle était au juste. Elle aussi travaillait dans les réseaux clandestins, ce qui lui avait valu d'être déportée. On ne savait pas ce qu'elle était devenue. Un de ses noms de guerre était Trunvel, Lucie Trunvel. Or, ce nom était celui d'un grand étang situé derrière le cordon littoral. On était fondé à croire que cette femme était donc originaire de la baie, d'autant plus que Lestonan lui-même avait confié l'enfant au vieux couple de la palud. On allait même jusqu'à supposer que sous le nom de Lucie Trunvel se cachait la nièce du couple en question, partie chercher fortune ailleurs et n'ayant donné depuis le moindre signe de vie. Si la supposition était juste, les nourriciers du petit orphelin Louis étaient donc ses proches parents. Mais il n'y avait rien de sûr.

Proches parents ou pas, dans ce pauvre logis, il ne manquait à l'enfant rien du nécessaire. Mais on lui parlait très peu. Il n'entendait jamais que de courtes phrases, prononcées avec le regard ailleurs : « Levez-vous! Mangez donc! Il est temps de partir! Couchez-vous! » Mais, quand le temps était mauvais, et qu'il lui fallait, à la sortie de l'école, regagner sa tanière de la palud en luttant contre la tourmente, il y avait toujours l'un ou l'autre qui l'attendait pour l'aider à rentrer. Ces deux-là, il les aurait bien aimés s'il avait su ce que c'était que l'affection. Est-ce que cela s'apprend?

Et puis, un ordre était venu, il ne savait d'où, il

était parti en qualité de pensionnaire au prochain lycée. Ses vacances se passaient en colonie. Dans le bureau du proviseur, il rencontrait quelquefois un notaire encore jeune, mais déjà solennel, qui s'occupait de lui au nom d'il ne savait quel bienfaiteur. Le notaire aux épais cheveux roux avait des instructions pour accéder à ses désirs, mais Louis n'avait jamais rien à demander. Toujours premier de sa classe et réputé farouche bien qu'il ne refusât jamais de tirer d'affaire ses condisciples, si impressionnés par lui qu'ils n'osaient pas lui faire d'avances. Ainsi tournaient ses jours. A l'heure présente, il n'avait aucune raison de croire qu'il avait été malheureux. Mais la palud de Tronoën ne l'avait jamais revu jusqu'à cette journée-ci.

Ainsi méditait-il, les jumelles aux yeux. Là-bas, une femme sortit de la maison isolée et se mit à dépendre son linge dans la cour. Et soudain, il eut un pincement de cœur en se rappelant que Ned M. Zivad était quelque part sur cette section de grève, en marche vers la Torche. Où était-il rendu ? Il lui fallait le retrouver d'urgence, le reprendre dans ses jumelles au lieu d'inspecter inutilement cette palud qui n'était plus à lui. Il se précipita au bas de la tour, se cognant aux murs, au risque de rater les marches. Il sauta dans la longue voiture noire, dévala le bout de route qui menait jusqu'à une saignée du cordon littoral. L'instant d'après, il était sur la grève, dans la rumeur de la mer montante. La grève était nue vers le nord sur toute sa longueur. Où donc était passé le patron ? Les jumelles elles-mêmes n'accrochaient aucune silhouette en marche ou immobile. Le vieil homme avait-il entrepris une expédition au-dessus de ses forces ? Avait-il été pris de malaise et gisait-il, invisible, dans un repli de la ligne de galets ? Aucune supposition n'étant à écarter avec un tel personnage, Louis se dit que la fantaisie lui était peut-être venue de se mettre à l'eau pour nager un bon coup, histoire d'éprouver ses forces. La température, certes, était trop basse pour inciter au bain, mais il avait vu Ned se baigner deux ou trois fois dans des mers froides sans paraître incommodé. A moins que ne lui fût venue la tentation d'en finir avec l'existence. Il se comportait bizarrement depuis son arrivée à Porz-Kuz. Pourtant, Louis était prêt à jurer que son maître avait en tête un projet qu'il gardait pour lui comme d'habitude et, quand il avait entrepris quelque chose, il allait jusqu'au bout sans faiblir. Non, ce Ned qu'il connaissait bien n'était pas homme à envisager l'échec, et le suicide en est un. Etait-il possible qu'il eût déjà dépassé Tronoën? Par acquit de conscience, Louis tourna ses jumelles en direction du sud. Il repéra, échouée sur la grève, ensablée de travers, la masse imposante d'une casemate en béton du Mur de l'Atlantique; mais aucune présence humaine, ni devant ni derrière, jusqu'au rocher de la Torche.

La seule résolution à prendre était de revenir à la voiture et de refaire en sens inverse le trajet qui l'avait amené là, en regagnant la côte par les petites routes chaque fois que c'était possible. Ainsi pourrait-il examiner de près toutes les sections du cordon littoral. Mais voilà qu'au moment où il prenait cette décision, la longue échine de galets, pas très loin de lui, s'anima. C'était un homme qui remontait dessus, venant d'un obscur chemin de terre en contrebas. Il faillit n'en pas croire ses yeux quand il reconnut Ned. Soulagement. Et Ned le reconnut aussi. Il avait une bonne vue et savait surtout regarder. Il leva un bras pour saluer son secrétaire et, de l'autre, lui signifia énergiquement d'aller l'attendre à l'endroit convenu. Tout se déroulait bien. Louis, à son tour, leva le bras et s'empressa de quitter la levée de galets. Ned était irritable à ses heures. Il n'aimait surtout pas que l'on se souciât de lui sous le vain prétexte qu'il était entré dans sa vieillesse. Déjà, il était redescendu sur la grève et reprenait d'un bon pas sa progression vers la Torche. Mais pourquoi diable le patron avait-il voulu faire une incursion dans les terres marécageuses? Qu'y avait-il à voir dans ce désert?

Tranquillisé, un peu honteux de lui-même pour s'être étourdiment inquiété d'un homme si capable de juger sans indulgence de ses moyens physiques comme de ses autres capacités, Louis Lestonan roula vers la Torche à petite allure. Il avait le temps. Il ralentit encore quand il fut en vue du grand rocher rond ceinturé d'écueils et relié au rivage par un isthme étroit. Il y avait fait autrefois quelques incursions malgré les traîtrises de la mer autour de la Torche et les panneaux de mise en garde. Il avait même dû, par grand vent, se réfugier dans cette chambre de mégalithes qui sommait le tumulus, frissonnant d'une peur délicieuse lorsque l'assaut de la marée faisait ronfler sous lui les entrailles du rocher. Il avait vraiment désiré, en ces moments-là, que se produisît la fin du monde. Aujourd'hui le temps, sans être beau, n'incitait pas à des idées d'apocalypse. Il faisait clair, la mer montait sans trop de rudesse. Sur la petite aire de stationnement ménagée à l'entrée de l'isthme, une dizaine de voitures étaient sagement rangées. Leurs occupants se voyaient en divers points de la presqu'île, certains suivant les sentiers, d'autres se hasardant sur les roches nues et chaotiques de ses flancs. Des véliplanchistes, en combinaisons et casqués, s'apprêtaient à se mesurer aux houles, la Torche étant un haut lieu pour ce sport qui faisait fureur depuis quelques années. Deux bigoudènes en coiffes, assises sur les dernières mottes d'herbe avant le sable, contemplaient le spectacle, impassibles, sans un mot ni un geste. Il y a longtemps que rien ne les étonne plus, celles-là.

Mais l'arrivée de la longue voiture noire fit surgir, on n'aurait su dire d'où, quelques enfants qui n'étaient pas visibles jusque-là. Il faut dire qu'un tel carrosse ne devait pas compter beaucoup de ses pareils. Les yeux vifs des gamins l'avaient repéré bien avant que son conducteur ne l'eût arrêté. Quand Louis en sortit, ils étaient quatre ou cinq à écarquiller les yeux devant la merveille. « Regardez, mais ne touchez pas, les enfants », dit-il en souriant. On racontait encore qu'au début du siècle les gosses de la pointe prélevaient un modeste tribut sur les automobilistes sous la menace d'un caillou aux arêtes bien coupantes qu'ils tenaient à la main : « Donne-moi des sous, monsieur, ou alors je vais rayer ta voiture. » C'est peut-être faux, car, en pareille matière, on ne prête qu'aux pauvres. Et si c'est à moitié vrai, on ne se souvient pas qu'une seule carrosserie ait été détériorée. Les petits misérables de l'époque n'avaient pas besoin de brandir un caillou tranchant pour se voir gratifiés d'une pièce de bronze ou de nickel. Les riches bourgeois à voitures automobiles n'étaient que trop portés à ces sortes de menues charités qui leur donnaient bonne conscience à peu de frais. Louis se souvenait que, petit vagabond de la palud, il s'était fait mettre dans la main, d'autorité, par une belle dame sortant de l'église de Saint-Jean-Trolimon une pièce blanche de vingt réaux[1]. C'était la première qu'il voyait. Maître Louis Lestonan rougit en pensant à son compte en

1. Cinq francs. Le réal breton valait cinq sous.

banque. Il ébouriffa d'une main la tignasse du plus petit des enfants. Si la voiture subissait un dommage, les coupables ne seraient pas ceux-là.

Il les laissa en admiration devant le superbe emblème de métal du radiateur, s'interrogeant pour savoir de quel animal il s'agissait. S'ils étaient encore là quand il reviendrait, il se promettait de les tirer d'embarras. C'était là tout ce qu'il pourrait faire pour eux. Pas question de leur donner de la monnaie. Visiblement, ils n'en avaient nul besoin. Et de telles libéralités sont mal comprises de nos jours et dans nos pays. Lui n'avait jamais oublié la razzia de douceurs qu'il avait opérée avec ses vingt réaux dans une boutique de bonbons de Treguennec.

Il s'avança vers la frange de terre herbue au bord de laquelle s'étaient établies les bigoudènes. De là, il aurait la meilleure vue sur la grève gagnée par la marée montante. Il n'eut même pas besoin d'user de ses jumelles. Tout de suite il aperçut son patron, à la limite du sable et des galets, qui avait l'air de se hâter pour atteindre son but. Pourtant, il arrivait bien dans les temps, comme on dit dans le langage des courses, mais c'était quelqu'un à se sentir humilié du moindre retard. Louis le vit soulever un genou puis l'autre pour remettre ses sandales en plastique. Dans cinq minutes, il serait arrivé à la voiture.

Là-dessus apparut une femme d'une soixantaine d'années, vêtue d'un vieux pantalon de velours et d'un chandail sans forme, ses longs cheveux gris livrés au vent. Louis ne l'avait pas vue venir. Quand elle fut passée au petit trot en direction du rocher, il entendit l'une des deux bigoudènes, toujours impassibles, faire la remarque en breton et sans tourner la tête :

– Voilà Marie Sauvage en route.

– La pauvre femme, dit l'autre.

Quelque innocente sans doute, ou réputée telle. Il y en avait encore dans les campagnes reculées, objets de sollicitude et d'amusement à la fois pour les gens de leur paroisse. Mais il n'était pas question de les mettre dans un asile, la communauté les digérait sans mal. Et la liberté, croyait-on, ne pouvait leur faire que du bien.

Un car de touristes vint s'arrêter derrière la longue voiture noire. Un voyage organisé pour le troisième âge d'une commune voisine. Bien qu'habitant à une trentaine de kilomètres de la Torche, la plupart d'entre eux n'avaient jamais eu la curiosité d'y venir. Depuis qu'elle était célèbre à cause de la planche à voile, ils ne pouvaient se dispenser de la visiter à la manière des touristes. Et justement quelques véliplanchistes se démenaient déjà sur l'eau. Excitation chez les vieilles personnes qui se hâtèrent autant que le permettaient leurs jambes pour voir le spectacle de près. Quant aux enfants, sans doute rassasiés de la sensationnelle voiture, ils s'éloignaient dans l'autre sens en vociférant un chant irrespectueux :

Malbrough s'en va-t-en guerre
Trou du cul, champignon, tabatière...

Et soudain Ned fut là. Il semblait quand même éprouvé par sa marche. D'être remonté de la grève par le sable mou lui faisait le souffle court. Louis se préparait à lui ouvrir la portière quand le patron lui dit, la parole un peu voilée :

– Si vous n'avez pas trop faim, Edmond, j'aimerais faire encore une fois le tour de la Torche. Je n'aurai sans doute pas l'occasion d'y revenir. Voulez-vous m'attendre ?

– Oui, Monsieur.

Il aurait aimé lui proposer de l'accompagner et peut-être l'autre aurait-il accepté sa compagnie. Mais tels avaient été leurs rapports que jamais il ne s'était risqué à offrir d'autres services que ceux qui lui étaient demandés. Il était persuadé, sans trop savoir pourquoi, que son patron ne désirait pas recevoir de lui ce qui est permis à un domestique ou à un employé ordinaire sans tirer à conséquence. Et c'est pourquoi il s'en tenait à ce « oui Monsieur ». Mais pourquoi Ned ne lui offrait-il pas d'aller avec lui sur le rocher ? Louis voyait bien que le vieil homme n'était pas au mieux de sa forme après la longue randonnée qu'il venait de faire et qu'il avait compliquée comme à plaisir. Il le laissa partir sur ce « oui Monsieur » tout en se maudissant intérieurement de ce qui pouvait passer, de sa part, pour une indifférence polie. Il était dit qu'il ne saurait jamais comment se conduire avec l'autre. Et l'autre n'avait pas l'air d'en savoir plus que lui.

Dès lors, tout alla très vite. Ned s'éloigna rapidement, traversa l'isthme qui menait à la butte rocheuse et prit le chemin qui en faisait le tour. Instinctivement, Louis braqua sur lui ses jumelles et ne le quitta plus des yeux jusqu'à ce qu'il ne fût plus en vue. Un moment désemparé, il laissa tomber les jumelles sur sa poitrine. Et cependant, il calculait le temps qu'il faudrait à Ned pour parcourir la face cachée de la Torche et reparaître à droite puisqu'il était parti par la gauche. Quand il estima ce temps largement révolu, il reprit ses jumelles. Sur le flanc droit de la presqu'île un peu au-dessus du chaos de roches déjà frappé par les vagues, deux ou trois promeneurs se hasardaient, inconscients du danger. Et soudain, derrière eux, apparut la tête de Ned, puis son torse, puis toute sa personne. Il se hissait, non sans difficulté, sur une sorte d'étrave de pierre. Il s'y tint debout, sa silhouette dessinée sur le ciel. Qu'allait-il faire par là, le malheureux ? Pourquoi avait-il abandonné le sentier tracé ? Louis Lestonan n'eut pas à s'interroger longtemps car tout à coup Ned bascula les bras ouverts, la tête la première, dans les récifs sous lui. Louis s'entendit jurer le nom du Seigneur deux fois de suite. Déjà il courait de toutes ses forces vers l'îlot rocheux, fonçait dans le chemin tournant en bousculant les visiteurs engagés dans la descente, montait au jugé jusqu'à la hauteur où il estimait trouver Ned et se jetait dans les roches nues au risque de se rompre les os. Deux hommes jeunes, deux des imprudents qu'il avait vus tout à l'heure dans ses jumelles, l'avaient précédé auprès du corps de son patron, écroulé en tas, à moitié engagé dans une anfractuosité sous laquelle giclait le ressac. Il portait à la nuque une horrible plaie d'où sourdait le sang. Les deux hommes criaient pour appeler à l'aide, mais il n'y avait plus rien à faire. L'aventure terrestre de celui qui se faisait appeler Ned M. Zivad avait pris fin. Dans quelques jours, il y aurait d'imprévisibles fluctuations des valeurs boursières. Mais seuls quelques personnages, aussi clandestins que lui et de la même envergure, sauraient que l'un des plus habiles financiers du monde s'était rompu le cou sur le rocher de la Torche en Bretagne armoricaine, son pays.

Un jeune motard, présent sur les lieux, fut dépêché pour alerter le plus proche docteur en médecine, le maire de la commune et la gendarmerie. Une heure ou deux plus tard, tous les constats étaient faits, les témoins entendus, le corps ramené à la côte sur une civière de fortune. Au milieu du sentier, Marie Sauvage le regarda passer devant elle qui se mordait les doigts de sa main droite jusqu'à les faire saigner, la pauvre bougresse. Le chauffeur du car avait bien du mal à rassembler ses clients du troisième âge et les gamins, rappelés d'une courte expédition par le remue-ménage qui s'opérait autour de la Torche, se heurtaient au cortège d'un mort qui ne s'appelait pas Malbrough.

Louis Lestonan, chauffeur et secrétaire sans plus, ayant satisfait de son mieux aux obligations de la circonstance, fit installer le corps sur la couchette constituée par le dossier du siège avant renversé sur le coussin arrière. Combien de fois l'homme d'affaires n'avait-il pas dormi là de son vivant pendant les longues routes qu'il devait faire pour se trouver à l'heure exacte et avec l'esprit clair là où l'attendaient des rivaux sans concession ! Il dormait à sa volonté et s'éveillait de même. Maintenant, il n'avait plus à se soucier du réveil. Louis se mit au volant et la longue voiture noire, devenue corbillard, ramena chez lui le maître de Porz-Kuz. C'était la première fois que Vent de Soleil n'était pas à l'heure pour recevoir ses invités.

CHAPITRE III

NEST LE ROITELET

ENVIRON vingt minutes avant l'heure du dîner, Louis Lestonan est dans sa chambre, affalé au creux d'un fauteuil. De la plus pénible journée de son existence, la soirée est encore à vivre. Le téléphone sonne. C'est Yeng.

— Je vous prie de m'excuser, Monsieur. La plupart des invités ont demandé à être servis dans leurs chambres. Ils sont trop fatigués pour venir à table. Un seul d'entre eux sera là.

— Lequel est-ce?

— Je ne connais pas encore son nom, Monsieur. C'est le vieux petit monsieur qui parle beaucoup. Le frère de la dame là-haut si j'ai bien compris.

— Nest. Son nom est Nest.

— M. Nest. Bien, Monsieur. Excusez-moi encore. Combien serez-vous au dîner et comment dois-je placer les couverts?

Yeng avait posé la question sans aucune arrière-pensée. Simplement soucieux du protocole de service s'il y en avait un. C'était une longue table. Le défunt maître mangeait habituellement à un bout, Louis à l'autre. Et maintenant? Il n'était après tout que le secrétaire, le vieux Nest était le frère de lait.

— Raccrochez, dit-il. Je vous rappelle.

Il compose le numéro intérieur pour avoir Mène. Il doit attendre un moment avant d'entendre la voix fâchée de la vieille femme :

– Qui est là ?

– C'est moi, Mène, Louis Lestonan. Voulez-vous descendre dîner avec Nest et moi. Il n'y aura que nous.

– Vous n'avez pas honte ! Et qui veillera le mort, dites-moi ! D'ailleurs, je ne suis pas à mon aise pour manger ailleurs que chez moi. Je ne saurais pas comment faire en bas.

– Pardonnez-moi, Mène. Il y a beaucoup de choses que je ne sais pas. Des petites et des grandes.

– Je ne vous reproche rien. On ne peut pas tout mettre dans les livres, Louis Lestonan. Même dans les livres de messe. Sinon, à quoi serviraient les prêtres ? Que voulez-vous savoir ?

– Comme nous ne serons que deux...

– Vous serez trois.

– Et qui sera le troisième ?

– Le premier sera le défunt. Dans notre jeunesse, quand mourait quelqu'un de la famille, on continuait de mettre son couvert à la place qui avait été la sienne de son vivant. Et cela jusqu'à la fin du deuil. Ned sera content si vous faites ce qu'il a vu faire, n'est-ce pas Ned, mon garçon ! Gardez-lui le haut bout de la table, vous m'entendez !

– J'entends bien, Mène, je vous remercie. Il en sera fait comme il se doit. Mais pour Nest et moi, comment...

– Nest a toujours mangé à la gauche de son frère. Vous verrez qu'il s'y mettra sans rien demander à personne. Il vous reste la droite, Louis.

– Ainsi soit-il.

Louis rappelle Yeng pour lui donner ses instructions. Au ton de la voix de l'Asiatique, il sent qu'il est impressionné par le cérémonial. Impressionné et respectueux. Lui-même se félicite d'avoir eu recours à Mène pour éviter un impair. La petite chose n'était pas sans importance.

Il ôte sa tunique de chauffeur pour la dernière fois. Elle ferait l'affaire de Lucas ainsi que la casquette à visière. Il a remarqué que Lucas ouvre toujours des yeux admiratifs sur cette sorte d'uniforme qui donne de la prestance à qui le porte comme il faut. Il passe rapidement un blazer et se rend à la salle à manger. Il tient à y être à huit heures précises pour ne pas offenser la mémoire de Ned. Il y est.

Le vieux Nest est déjà là, debout devant son couvert à la gauche du siège vide au haut bout de la table. Il a les traits tirés, les yeux humides. Il hoche la tête pour saluer l'arrivant et prend place aussitôt. Louis l'imite en silence. Yeng commence le service par un hors-d'œuvre de sa façon. Nest regarde son assiette, le couteau d'une main, la fourchette de l'autre, hésitant.

– C'était ça qu'il mangeait, dit-il.

– C'était ça qu'il aimait, répond Louis.

– Alors ça doit être bon. Il savait choisir les bonnes choses. Moi, je n'ai jamais su.

Et il se jette sur la nourriture, goulûment, avec bruits. Il a déjà fini que Louis, en face, la gorge un peu nouée, commence à peine. Yeng s'empresse d'apporter une autre assiette garnie.

– Il faut manger pour honorer les morts, déclare Nest. Manger leur part en plus de la vôtre. Il faut manger pour rendre grâces à la mort elle-même. C'est ainsi que nous avons toujours compris les repas de funérailles. Sans compter que le chagrin que l'on a vous creuse le dedans. Qui ne mange pas plus que son comptant lors de la mort d'un être cher peut être soupçonné d'arrière-pensées. L'appétit est une preuve de sincérité.

Surpris par ce discours inattendu, Louis regarde le petit homme avec un intérêt nouveau. Il ne l'aurait pas cru capable de pareilles pensées. Pour autant qu'il sache jusque-là de lui, à l'entendre parler et à le voir agir, il n'est pas loin de le prendre pour un être simple et même un peu demeuré. Comme on peut se tromper! Devant lui, Nest dévore sa nourriture sans que son visage abandonne les marques de la plus dure affliction. Derrière sa voracité se devine un deuil immense. Il nettoie consciencieusement sa seconde assiette avec son pain.

– Je ne sais pas m'expliquer, dit-il. J'ai toujours été maladroit pour tout. Mais peut-être pouvez-vous comprendre quand même. Les gens instruits ont de la chance.

– Je crois que je vous comprends, Nest. A peu près.

– Alors, pourquoi ne mangez-vous pas?

– Je voudrais bien, mais chaque bouchée que j'avale me fait mal. La fatigue, sans doute, et le choc que j'ai subi. Je ne l'ai guère quitté depuis sept ans. Mais je vous prie de croire que je n'ai aucune arrière-pensée.

– Je vous crois. Nous ne sommes pas tous faits de la même argile. J'en ai connu à qui l'appétit ne revenait qu'après le service de huitaine. Ils n'étaient pas les moins touchés pour autant. Vous vous rappelez le dernier repas du Christ avec ses disciples. Le pain et le vin. C'était un repas de funérailles, après tout, avec la différence que le mort était encore vivant parmi eux. Ils étaient douze autour de lui qui portaient déjà son deuil, surtout le douzième. Certains devaient manger et boire, d'autres en étaient incapables, du moins je suppose, je ne sais pas. C'est pour dire que vous n'avez pas à avoir honte.

De plus en plus stupéfiant, le bonhomme. Louis Lestonan se félicite de manquer d'appétit et de s'en être excusé. Ainsi Nest, l'ayant généreusement absous, n'a plus à s'occuper de lui. Il peut donc se laisser aller à ce que Mène appelle son bavardage alors qu'il est une vivante leçon, comme elle-même d'ailleurs, pour un observateur intéressé. Ce n'est pas l'être insignifiant qu'il a paru au premier abord, tant par sa personne physique que par tout son comportement depuis son arrivée. Louis est frappé par l'aisance avec laquelle ce Nest vit la situation présente. Il n'éprouve aucune gêne à trouver l'accord entre ses paroles et ses moindres actes devant un étranger pour la simple raison qu'il se laisse aller à sa nature sans se mettre sur ses gardes ni chercher à donner le change comme il l'aurait fait s'il avait été capable de calcul. Habitué à jouer serré devant des adversaires rompus à piper les dés et à déployer toutes les astuces pour échafauder des combinaisons sournoises, le conseiller juridique est subjugué par une telle sincérité. Et il lui revient en mémoire que Ned M. Zivad lui-même a gagné certaines parties difficiles en mettant cartes sur table, les autres étant trop retors pour croire un instant qu'il jouait franc jeu. Il se donnait même la délectation de leur faire des révélations vérifiables, assorties de confidences vraies et d'informations justes, mais sans aucun rapport avec les questions à l'ordre du jour. Et quand il y revenait, les autres se trouvaient tellement désorientés par ces considérations étrangères au sujet qu'il arrivait à en avoir raison avant qu'ils n'eussent retrouvé leurs esprits. C'est ainsi qu'il passait auprès d'eux pour un redoutable jouteur.

L'innocence est quelquefois le meilleur atout. On le sait bien dans les foires aux bestiaux.

Louis ne quitte pas Nest des yeux. Il écoute le plus intensément qu'il peut, jusqu'à s'en faire physiquement mal. Il est assuré d'en apprendre plus sur le mort, dans les prochaines heures, qu'il n'en saura de la bouche des quatre absents, même s'ils veulent bien se confier. Ils l'ont connu trop tard pour savoir comment il s'est fait et ce n'est pas Ned qui se serait découvert à eux plus qu'il n'était nécessaire. Le petit homme volubile et sans détours ne pourra s'empêcher d'évoquer les traits essentiels de son frère de lait au cours de leur commune jeunesse. Et tout ce qu'il va dire sera précieux pour éclairer la conduite de ce frère dans la suite de son existence, y compris pendant les années que Louis a vécues dans son étroite compagnie puisqu'il n'est pas possible de parler d'intimité en ce qui concerne les rapports qu'ils ont eus. Pensant à tout cela, il découvre que son désir le plus fort est de faire la plus ample connaissance possible avec ce défunt dont il n'a pas, de son vivant, cherché à savoir rien de plus que ce qui avait trait à leur collaboration. Il est fermement décidé à ne pas lâcher les quatre invités retranchés dans leurs chambres avant qu'ils n'aient vidé leurs sacs. Il les entreprendra dès demain, arguant des fonctions qui sont encore les siennes jusqu'au règlement de la succession de Ned M. Zivad et des affaires en cours dont il doit être actuellement le seul à connaître les tenants et aboutissants. Après quoi il videra les lieux, il se cherchera une autre situation qu'il n'aura aucune peine à trouver à moins que, fort de son expérience et de l'exemple de son maître, il ne se décide à jouer non pas avec l'argent mais avec les hommes.

– Vous ne buvez que de l'eau, Nest?

– Je bois d'abord de l'eau, je boirai du vin après, n'ayez pas peur. Le goût de l'eau après le vin est difficile à apprécier. Et mélangée au vin c'est encore pire. On reconnaît un peu le vin, pas du tout l'eau. Depuis près de cinquante ans que je vis à Paris, j'ai dû me priver d'eau. Celle qui sort du robinet me rend malade. Pour tout vous dire, il y a un temps où j'ai failli devenir alcoolique par manque d'eau buvable. J'ai besoin de beaucoup de liquide alors que mon frère Ned, lui, est plus sobre qu'un chameau dans le désert quand il le faut. Je me suis repris à temps, j'ai fini par m'habituer à l'eau en bouteille. On dit que c'est bon pour la santé. Mais ce qui m'a fait plaisir, en arrivant ici, c'est de voir cette cruche sur la table. Je ne risque rien à parier que c'est Mène qui a été la chercher à une source vive, à trois ou quatre cents mètres de la maison là-haut. Nous, les garçons, nous nous mettions à plat ventre pour y boire. Nous avions aussi un puits, plus près, mais il a été bouché quand on a fait la route neuve. Elle était bonne, son eau. Peut-être même un peu plus fraîche. Ce n'était pas le même cru comme disent les gars du vin. Ah! Nous étions des connaisseurs en eau, n'est-ce pas, Ned! Nous le sommes toujours, je crois.

Il tapote la table à l'endroit où aurait dû se trouver le bras de l'absent pour le prendre à témoin. Et il glousse de rire.

– A votre santé, dit-il en levant son verre. Buvez donc! Une pareille eau se boit sans soif. Pour le plaisir.

Et Louis Lestonan boit pour honorer le petit homme en lui rendant sa politesse. Et l'appétit lui revient. Il a même faim quand Yeng reparaît, porteur d'un long plat de faïence où reposent tête-bêche, sur un lit indéfinissable – œuvre du

Cambodgien sans aucun doute – une demi-dou-zaine de poissons couleur d'argent mat. Et Nest aussitôt de s'enthousiasmer.

– Des bars! s'exclame-t-il. A cette époque de l'année ils sont rares. Où les a-t-on trouvés?

– Je ne sais pas, Monsieur. C'est Lucas qui me les a apportés. Et il m'a promis les pires supplices si je ne les accommodais pas comme il faut. J'ai fait de mon mieux.

– C'est très bien, intervient Louis. Je suis sûr que vous n'aurez à subir aucune torture de la part de Lucas. Servez d'abord M. Nest. Et j'en prendrai bien aussi. Je pense qu'ils n'auront aucun mal à descendre.

– Je vous l'avais dit, triomphe Nest tout heu-reux. C'est le crève-cœur, quelquefois, qui fait le dégoût de la nourriture. Et puis tout se remet en place. Des bars. C'est Ned qui savait les prendre sans faute. Il connaissait les jours, les heures et les lieux où ils se défendent le moins bien. Nous allions les vendre pour nous faire des sous que nous ramenions à Mène après en avoir laissé quand même quelques-uns dans quelque boutique à surprises du bourg. C'était pour nous payer de nos peines, je veux dire les peines de Ned parce que, moi, je n'ai jamais été bon à grand-chose. Mais nous en mangions aussi à la maison pour nous changer des coquillages qui faisaient trop souvent le plus clair de nos repas après la mort des parents, disparus tous les deux la même année, laissant derrière eux sept garçons en plus de Mène, notre aînée, et de Ned lui-même, l'enfant trouvé. Il avait dix ans tout juste, Ned, mais nous pouvions compter sur lui pour nous guérir du mal de ventre creux. Pas vrai, Ned?

Et de sa main il caresse la table, doucement, du côté de la chaise vide. Louis croit un moment qu'il va demander à Yeng de servir le fantôme de son frère de lait. Après tout, il y a eu des peuples très civilisés qui mettaient des provisions dans la tombe de leurs morts pour que ces derniers n'eussent pas à endurer la faim dans l'autre monde. Mais Nest ramène sa main avec un petit frisson. Et il poursuit sur le ton de la conversation :

– Je ne sais pas comment vous êtes, Louis, mais je ne suis pas trop porté sur la viande. Mon frère non plus. Et savez-vous pourquoi ? C'est parce que nous aimons avoir quelque chose d'entier dans notre assiette quand c'est possible. Un morceau de viande, ce n'est jamais qu'une toute petite part d'un animal, si petite quelquefois qu'on ne sait pas très bien de quelle partie de son corps elle a été tirée. Tandis qu'un poisson, vous pouvez l'avoir de la tête à la queue, sans rien qui manque, si vous prenez la précaution de le choisir à la mesure de votre appétit. La même chose pour certains oiseaux. Ned était un chasseur d'oiseaux qui ratait rarement son coup. Et chacun de nous se régalait quelquefois d'un pigeon sauvage ou même d'une perdrix. Il en aurait remontré à bien des chasseurs à fusil, Vent de Soleil. Et à bien des braconniers pour tendre des collets.

Il s'arrête soudain, confus, comme s'il avait sorti une incongruité. Louis Lestonan saute sur l'occasion. Et d'une voix qu'il veut indifférente :

– Pourquoi l'appelait-on Vent de Soleil ? demande-t-il.

L'autre prend son temps pour répondre. Il prépare soigneusement les deux bars qui garnissent son assiette après les avoir habilement ouverts.

– Ce Yeng sait cuire le poisson, dit-il. Regardez comme ces bars se déshabillent joliment en découvrant non seulement la grosse arête mais presque toutes les autres pour peu qu'on l'aide comme j'ai

fait et comme je vois que vous le faites aussi. C'est
Ned qui vous a appris à le faire, je parie.

– C'est lui. Et il m'a appris bien d'autres choses.
Comme d'ouvrir les artichauts en couronne avec
trois doigts, pas un de plus, et...

– Pourquoi on l'appelait Vent de Soleil? inter-
rompt Nest. Eh bien voilà! Le vent de soleil est
celui qui change toujours de lit. Il tourne avec le
jour. Il se déplace autour de vous à mesure que le
soleil monte ou descend, exactement comme s'il
suivait une aiguille autour du cadran d'une montre. Dans la même journée il souffle successivement dans toutes les directions. Seulement, il lui
arrive de faire un bond en avant ou de revenir en
arrière, ce que ne fait pas l'aiguille. Ce n'est pas du
caprice, c'est par une nécessité qui nous échappe.
Et puis, il peut se passer une année entière sans
qu'il se manifeste. Il y en a qui ne l'ont jamais
senti. C'est tout à fait Ned, ça. Un garçon comme il
n'en existe pas beaucoup de son espèce, qui veut
tout voir, tout savoir, tout tenter, tout éprouver en
lui et hors de lui, qui ne reste pas en place au-delà
du temps qu'il lui faut pour connaître ce qu'il en
est, qui refuse de s'attacher à quelque lieu ou à
quelqu'un, mais que l'on retrouve à intervalles
irréguliers parce qu'à force de tourner en rond on
finit par repasser dans les mêmes endroits, par
retrouver les mêmes personnes. Et Ned a toujours
su conserver les repères qui ont marqué ses étapes
au cas où il lui faudrait y revenir.

« Ces bars sont vraiment parmi les meilleurs
qu'il m'ait été donné de manger dans ma vie.

– Ils sont fameux, renchérit Louis avec conviction.

Lorsque Nest a fait un sort à ses deux bars,
lui-même est près d'en avoir fini aussi avec les
siens. Yeng leur en remet un à chacun sans qu'ils

protestent ni l'un ni l'autre. Louis fait dévier un peu la conversation pour n'avoir pas l'air de s'intéresser seulement à Ned. Il sait que Nest va revenir au mort parce qu'il ne peut plus faire autrement.

– Et vos frères, Nest, que sont-ils devenus ?

– Mes frères. Ils sont partis du nid là-haut après nous deux. Chacun à son tour dès qu'il a été capable de gagner au moins son pain sec. En ce temps-là, vous savez, et dans la condition qui était la nôtre, nous étions promis à l'exil et nous le savions d'avance. Certains disparaissaient pour toujours, ne donnaient plus signe de vie. Je ne sais pas ce que sont devenus mes frères ! Ned devait le savoir. En tout cas, il m'a dit que quatre d'entre eux étaient morts. Les deux autres, peut-être, sont encore vivants quelque part. Un jour, il a proposé à Mène de les faire rechercher si elle voulait. Mène a dit non. Elle leur a servi de mère, elle les voit toujours avec leurs visages d'enfants. S'ils sont encore vivants, qu'ils reviennent, ils seront bien reçus à Porz-Kuz. Et puis, c'est Ned que Mène a toujours préféré. Je ne suis pas jaloux, c'est lui que je préfère aussi. Elle aimerait le garder là-haut pour elle toute seule. Mais avant la fin de la nuit, j'en aurai ma part. Mène a toujours été juste.

Il a mangé son troisième bar, mais plus lentement que les deux premiers. C'est tout juste si Louis Lestonan ne finit pas en même temps que lui. Il boit une gorgée de vin, l'air distrait, puis une seconde gorgée après réflexion. Et il s'abandonne à une sorte de rêverie.

– C'est elle, Mène, qui a presque obligé les parents à le prendre avec nous. Elle avait près de cinq ans à l'époque, elle était seule enfant, mais moi je me préparais à naître. Nous sommes allés, moi dans le ventre de ma mère, à la messe de minuit dans l'église de la paroisse. Mène prétend qu'elle n'a jamais vu si belle nuit. Mais à l'église, quand nous sommes arrivés, un peu en retard à cause de la longueur du chemin et de ma mère qui n'allait pas vite, il y avait une petite révolution malgré le caractère sacré du lieu. Le prêtre, arrivant de la sacristie sous ses ornements, avait failli buter contre un paquet de linge posé sur les marches de l'autel. C'était un nouveau-né qui dormait comme un ange. Comment était-il arrivé là? Aucune figure étrangère n'avait été vue dans le bourg. L'état de toutes les femmes et filles du pays était trop bien connu pour que l'on pût soupçonner l'une ou l'autre d'un accouchement clandestin. Mais que faire du nouveau-né? Et la messe devait être dite. C'est alors que la petite Mène s'est agenouillée sur les marches et a pris le poupon dans ses bras. On a voulu le lui enlever, mais elle a hurlé très fort, elle est tombée dans un tel désespoir qu'il nous a bien fallu rentrer chez nous sans entendre la messe, mon père portant le bébé qui dormait toujours. Il y a eu des papiers à faire, pas beaucoup, notre famille était de bon renom. Sans être riches ni près de l'être, nous étions assez à l'aise. Et puis le père était boulanger, il avait la clientèle de Porz-Kuz où vivaient encore une dizaine de familles et celle des paysans d'alentour, les rouliers en plus. On nous a laissé l'enfant. Et les sept fils sont arrivés, moi le premier, le plus malingre de tous, le roitelet. C'est à la mort des parents que nous sommes tombés dans la misère. Notre sœur et Ned se sont démenés comme diablesse et diable pour donner la becquée à tout ce petit monde. Savez-vous que Ned, à dix ans, faisait le pain là-haut, dans le four du père! Et en quelques mois il est arrivé à le faire si bon que

Mène a rouvert la boulangerie. Moi je ne quittais pas Ned d'une semelle. Je tâchais de l'imiter en toutes choses, je n'y arrivais jamais. C'est curieux quand j'y pense. Il y avait nous trois d'un côté, de l'autre les six petits frères qui faisaient équipe sans chercher à entrer dans notre compagnie plus qu'il n'était nécessaire. Mais il n'y a jamais eu le moindre conflit entre les enfants dans cette maison. Comment vous expliquer ça. C'était la présence de Ned qui assurait la paix. On peut dire qu'il nous a payés au centuple de l'avoir pris avec nous.

Nous sommes allés à l'école communale tous les deux autant que nous avons pu y aller. Il apprenait tout ce qu'il voulait, le Ned. Aucune des paroles qui sortaient de la bouche de l'instituteur ne lui échappait. Il m'expliquait patiemment tout ce que je ne comprenais pas. S'il désertait l'école de temps en temps, quelquefois pendant une semaine entière, et moi sur ses talons, c'était parce qu'il avait quelque chose à faire de plus pressant. Nous étions dans la classe du certificat, lui le premier et moi en queue de peloton quand il a décidé, au grand désappointement de l'instituteur, que cela suffisait de ce côté-là. Il m'avait appris à faire le pain, je ne m'en tirais pas trop mal. La preuve en est que par la suite j'ai été boulanger à Paris pendant plus de quarante ans et mon pain était réputé au point qu'une partie de la clientèle me suivait quand je changeais de boutique, ce qui m'est arrivé trois fois dans le même arrondissement. Excusez-moi, Louis. Toujours est-il qu'au lieu de continuer jusqu'au certificat qu'il aurait passé les doigts dans le nez comme on dit, voilà mon Ned qui me déclare un jour : « Nest, tu t'occupes de tout avec Mène et les deux plus grands. Moi, je vais à Douarnenez pour voir ce qu'il y a. Je reviendrai chaque fois que je pourrai. »

Il y est allé, il a tout de suite été pris comme commis boulanger. Tout jeune, il impressionnait déjà par sa taille et sa force. Il a profité de ce qu'il était dans la place pour apprendre la pâtisserie. Et quand il rentrait à pied le dimanche matin, au petit trot, nous faisions des gâteaux l'après-midi pour les petits frères qui s'en régalaient et pour Mène aussi. Mène grommelait toujours un peu, disant que ces « lichouseries » étaient bonnes pour les bourgeois. Cela ne l'empêchait pas d'en manger un peu et de s'essayer elle-même à en faire.

Un dimanche, il n'est pas revenu. Ni le dimanche suivant. Mène, inquiète, m'a envoyé à Douarnenez pour avoir de ses nouvelles. Son patron était désolé de l'avoir perdu. « Il a voulu se faire pêcheur, me dit-il. C'est dommage, il réussissait très bien. Avant dix ans, il aurait eu une boulangerie à lui. Est-ce qu'il sait seulement ce qu'il veut ? S'il change d'idée comme ça, il n'arrivera jamais à rien. »

Encore un peu de temps et Ned a reparu avec un grand panier de poissons et une petite somme d'argent qu'il a remise à Mène. Nous n'avons manqué de rien pendant un certain nombre de mois. Ensuite un nouveau vent lui a soufflé dans la tête et il s'est retrouvé à Quimper chez un charcutier. Quand il revenait, toujours sur ses pieds nus, il nous gavait de charcuterie. L'année d'après, plus Vent de Soleil que jamais, s'étant pris d'intérêt pour les bicyclettes, il savait les réparer comme personne. Nous l'avons vu reparaître sur un vélo *Le Gaulois* qu'il avait monté lui-même avec des pièces de rebut. Il nous a laissé le vélo et il est reparti à pied. Il était d'une habileté extrême dans des travaux de toutes sortes. Il arrivait à remettre en état des mécaniques à bout d'usage. Il excellait surtout à dépanner les machines à coudre. Mais que ne savait-il pas faire de ses mains et de sa tête !

Là-dessus, c'était l'année quatorze, la guerre a éclaté. Nous avions seize ans. J'en paraissais quinze, lui plus de vingt. J'ai peine à imaginer aujourd'hui tout ce qu'il avait pu faire jusque-là. Je me demande encore s'il a pu perdre une seule heure de sa vie. Même en dormant – et il dormait peu – il devait s'activer à quelque chose qu'il retrouvait toute faite au réveil. Yeng ! Sans vous offenser, j'aimerais bien une goutte de vin rouge pour finir le dîner.

– Bien, Monsieur. J'apporte le fromage.

– C'est vrai, il y a le fromage. J'aime bien le fromage, mais je crois que pour ce soir je vais m'en passer. Dites-moi, Yeng, ou peut-être vous, maître Louis, comment faisait mon frère Ned avec le fromage ?

– Il prenait un petit morceau de presque tous ceux qui se trouvaient sur le plateau, monsieur Nest.

– Vous voyez ce que je vous disais, Louis Lestonan. Il avait envie de goûter à tout. Il ne voulait pas s'arrêter à un seul métier ni se contenter d'un seul fromage, Vent de Soleil. Mais moi, qui n'ai été que boulanger-pâtissier, je prendrai un seul petit morceau de... mettons celui-ci.

Et il désigna un fromage au hasard. Servi par Yeng, il demeura le couteau en l'air, passant et repassant l'index sur le bout rond de l'instrument.

– Il a fallu que j'aille à la guerre pour apprendre qu'on fait du fromage avec le lait. Par ici, on ne connaissait pas ça. Ce que nous appelions fromage, c'était le pâté de campagne. J'en ai appris des choses quand nous nous sommes engagés en 1917. C'est Ned, bien entendu, qui a pris la décision. Il n'a eu aucun mal à m'entraîner avec lui, je l'aurais suivi les yeux fermés. Nous vivions pourtant très bien, nous étions même prospères. On manquait tellement d'hommes pour tout ce qu'il y avait à faire et à exploiter. Nous aurions pu amasser un joli magot sans léser personne. Honnêtement. Mais Ned ne tenait pas en place à l'idée que les combattants du front vivaient une aventure qu'il ne connaîtrait pas si la guerre finissait sans lui. Ce n'était pas un héros, vous savez, ni même ce qu'on appelle un patriote. Il estimait qu'il devait donner un coup de main à ceux qui se battaient là-bas. Il y gagnerait d'enrichir son expérience. Quand il a décidé de s'engager, je l'ai suivi parce que je ne savais pas quoi faire sans lui. J'ai bien failli être laissé pour compte. Trop petit, trop maigre, soutien de famille, quoi encore! On n'aurait pas voulu de moi s'il ne s'était pas débrouillé pour plaider ma cause, faire valoir auprès de ces messieurs des bureaux que pour les travaux les plus pénibles je ne craignais personne, et patati et patata, le grand guerrier que voilà! Bref, nous avons fait la guerre ensemble, toujours ensemble, sans une blessure ni même un rhume, d'infanterie en artillerie et de cuistots en infirmiers, avec des attaques à la baïonnette quand il fallait. Je ne vais pas perdre mon temps à vous raconter tout ça, d'autres l'ont déjà fait. Nous avons été des combattants sans reproche, je crois, mais sans mérite spécial. Ned a toujours eu horreur de se distinguer. Seulement, il en a profité pour bien apprendre le français qu'il avait très peu parlé auparavant. Il avait toujours dans sa musette le *Cours Supérieur de Claude*

Augé, c'était le titre du livre que je n'oublierai jamais. Moi aussi, j'y ai mis le nez, il m'aidait à faire les exercices. Il travaillait aussi avec un livre de calcul, cadeau d'un officier. Quand l'armistice est arrivé, il était sergent-major et comptable. J'étais fier de lui. C'est vieux tout ça. Je vous embête, hein!

– Pas du tout. Je resterais toute la nuit à vous écouter. Mais vous êtes peut-être fatigué?

– Je n'ai plus rien à faire. Et à qui parlerai-je de Ned si ce n'est à vous! Mène est là-haut à le veiller. J'irai la rejoindre quand elle lui aura fait sa toilette. Elle n'aimerait pas que j'y aille avant. Elle va le raser de près, c'est sûr. On dit qu'avec les morts les femmes font ça mieux que les hommes. J'espère qu'elle a ce qu'il faut.

Il baisse la tête et paraît soudain très vieux. Les ongles de sa main droite se mettent à gratter le dos de sa main gauche. Louis ne sait pas quoi dire. Yeng arrive sans bruit dans la salle. Il apporte un gros gâteau aux pommes. Dans l'ombre de la porte, il a dû écouter Nest et juger qu'il peut reparaître.

– C'est Léonie qui l'a fait, dit-il.

Ned se redresse en haussant vivement les épaules. Il fait voir ses paupières bordées de rouge et une ébauche de sourire.

– C'est bien. Dites-lui de venir. Il ne faut jamais oublier de complimenter les femmes qui travaillent. Ned lui-même n'y manquait jamais. Et pourtant...

– Elle est montée là-haut avec Lucas, monsieur Nest. Mme Mène lui a téléphoné de lui apporter le linge de Monsieur Zivad et son plus beau costume. Les chaussettes et les souliers aussi.

– Je savais bien qu'elle voudrait le mettre sur son trente et un, soupira Nest en prenant une part du gâteau découpé d'avance. Sur son gloria, comme nous disons. Mais comment va-t-on faire après ?

– Je me suis permis de commander un cercueil. Il sera là demain. Mais je ne connais pas les dernières volontés de votre frère.

– Il aurait aimé disparaître tout à fait. Il n'aimait pas les cadavres.

– S'il n'a pas pris de dispositions nous pourrions l'incinérer. Je l'ai entendu citer plusieurs fois une phrase en latin : « Souviens-toi que tu es poussière et que tu retourneras en poussière. »

– Vraiment ! Et cela se dit comment en latin ?

– « Memento quia pulvis es et in pulverem reverteris. »

– Cendre et poussière. C'est à voir. Et d'après vous, qui est le maître ici, maintenant ?

– Je ne sais pas, Nest. Il y a sans doute un testament chez le notaire. En attendant, je pense que le mieux est de laisser faire Mène.

– Et vous, Louis Lestonan ?

– J'étais le conseiller de votre frère. Maintenant je ne suis plus rien.

– C'est tout de même vous qui avez passé ces dernières années avec lui alors que Mène et moi qu'est-ce que nous en savons ! Je ne dis pas ça pour vous offenser, mais quoi ! Je me rends bien compte que vous voulez m'entendre parler de lui, vous donner tous les détails de sa vie que je connais. Vous ne me poussez pas trop à me confier, c'est vrai, mais si vous n'êtes plus rien, comme vous le prétendez, qu'est-ce qui vous oblige à écouter mes... radotages ? En quoi vous intéressent-ils ?

– Ne vous fâchez pas, Nest. J'ai vécu plus de sept ans avec votre frère, il avait toute confiance en moi et moi en lui. Et pourtant je ne sais pas grand-chose de cet homme. Telle était la nature de mon travail qu'il n'avait pas à me raconter sa vie en dehors de ses affaires dont je ne connaissais d'ailleurs que l'aspect juridique. Trouvez-vous qu'il est inconvenant de ma part de chercher à savoir qui était exactement cet homme que j'ai servi pendant tout ce temps?

– Si je l'avais cru, maître, vous n'auriez pas tiré de moi un seul mot de plus que les quelques réflexions à propos du dîner que nous avons pris. Je ne suis pas très futé, mais je vous ai vu venir, je vous comprends et je suis prêt à vous dire tout ce que je sais de Vent de Soleil. Avouez que j'ai bien commencé. Mais, de votre côté, dites-vous bien que Mène et moi nous aimerions que vous nous parliez de lui tel que vous l'avez vu vivre. Car nous ne savons à peu près rien de ce qu'il faisait hors d'ici. Donnant, donnant, n'est-ce pas! Et par ailleurs, monsieur le secrétaire particulier, vous êtes apparemment la seule personne capable de débrouiller ce qui reste après lui. Croyez bien que nous ne pensons pas à son argent ni aux biens qu'il peut avoir, c'est sans importance, mais aux tracas que sa disparition peut nous causer. Nous avons donc doublement besoin de vous.

Louis ne se presse pas de répondre. Il lui faut gagner du temps.

– Vous êtes plus futé que vous voulez me le faire croire, Nest. Où avez-vous appris à parler comme vous faites?

– Il ne manquerait plus que je ne sache pas parler le français après tout le mal que je me suis donné pour l'apprendre. Et ce Ned qui me corrigeait tout le temps. Et puis, j'ai lu beaucoup de livres. Peut-être trop. Il m'est arrivé, entre deux boulanges, de me faire gardien de nuit dans une usine rien que pour me gaver d'ouvrages, comme on dit dans les bibliothèques. Mais vous ne répondez pas à ma question. Vous êtes bien un homme de loi.

– Quelle question?

– Maintenant c'est vous qui jouez le naïf. Avez-vous l'intention de rester un peu par ici? Avec nous deux, Mène et moi?

– Peut-être. Je ne sais pas encore. Rien ne me presse. Personne ne m'attend nulle part. Nous verrons.

– Je me dis que pour avoir vécu sept ans avec Vent de Soleil, il a bien fallu que vous ayez quelque attachement pour lui. Et de son côté, s'il vous a gardé si longtemps, c'est qu'il trouvait en vous quelque ressemblance avec lui-même. Au moins vous ne le dérangiez pas, sinon il se serait séparé de vous après une période d'essai. Et puis, il vous a amené ici où il n'a jamais amené personne d'autre. Oui, c'est ça, c'est sûrement ça. Moi qui vous connais depuis seulement quelques heures, je trouve aussi que vous avez quelque chose de lui. Ce n'est pas qu'il ait déteint sur vous, c'est plutôt que vous avez reconnu très vite, l'un chez l'autre, certains traits de caractère qui vous rapprochaient d'avance et qui ont permis votre accord par la suite. Car il n'y a jamais eu le moindre différend entre vous deux, n'est-ce pas! Ned ne l'aurait pas supporté. Et vous?

– Moi non plus. Mais chacun de nous s'en est tenu au rôle qui était le sien. Difficile de dire ce qui se serait passé si nous avions fait entrer en ligne de compte d'autres considérations.

– C'est en gardant ses distances qu'on arrive à se connaître le mieux. A devenir trop intime, on risque de fausser son jugement, au moins de s'aveugler sur certains points et d'en négliger d'autres. Tenez, maître, je vais sans doute vous étonner. Mène et moi nous avions pour Ned beaucoup plus d'affection que s'il avait été notre frère de sang. Mais lui, nous l'avons toujours su, n'en avait pas pour nous.

– Mais comment ? Tout ce que vous m'avez dit qu'il avait fait...

– Justement. Il a payé en dévouement ce qu'il ne pouvait pas nous donner d'affection en retour. Il était incapable d'un pareil sentiment, il n'y pouvait rien. Il était sans père ni mère, il a décidé de se priver de tout bien. Définitivement. Cela dit, il nous a rendu au centuple le bien que nous lui avons fait en le prenant avec nous. Et jamais il n'a estimé s'être acquitté de sa dette.

– Même quand il s'est séparé de vous, Nest ?

– Vous voulez dire qu'il m'a laissé tomber. Ce n'est pas ça du tout. J'aurais pu rester à ses côtés pendant toute sa vie. Mais je sentais bien que j'étais un poids mort pour lui, que je le gênais dans ses entreprises. D'ailleurs, je n'étais pas capable de changer d'état comme il n'a cessé de le faire. Quand on ne peut pas suivre quelqu'un de plus fort que vous, on le laisse aller. C'est ce que j'ai fait. Cet homme avait besoin de n'en faire qu'à sa tête. Déjà, enfant ou adolescent, quand sa présence n'était pas nécessaire auprès de nous, il rejoignait son monde à lui, le monde où il était tout seul. Mène et moi, nous savions qu'il fallait le laisser respirer à son aise. Les petits frères eux-mêmes le savaient aussi. C'est pourquoi ils ont disparu sans demander leur reste. Ils ne voulaient pas l'enchaîner, si peu que ce fût, en laissant voir leurs sentiments pour lui. Je suis prêt à jurer qu'ils l'aimaient bien, Vent de Soleil, qu'ils l'aiment toujours s'ils sont encore vivants quelque part. Ils ont joué l'ingratitude à leur corps défendant, les petits frères. Vous êtes capable de comprendre ça, vous?

– Je fais ce que je peux, Nest.

– Quand il emmenait les vaches à la pâture, aucun de nous n'aurait proposé de l'accompagner. Nous savions qu'il allait s'accoter contre un talus pendant des heures. De loin, nous l'entendions jouer de la flûte ou chanter. Les airs et les paroles devaient être de lui. Quelquefois, il disparaissait pendant des jours entiers et nous étions sans inquiétude. Des rouliers de passage là-haut nous signalaient sa présence à des lieues d'ici, dans le sud du Pays Bigouden, dans la presqu'île de Cro-zon et même aux abords des Monts d'Arrée. Il revenait quand il s'était purgé la tête. D'autres fois, il partait en expédition dans le puits. En ce temps-là, il était impraticable, le puits, presque bouché à plusieurs endroits par des roches tombées de la voûte ou d'anciennes marches qui s'étaient écrou-lées. C'est lui qui l'a remis en état. Il avait une force au-dessus de son âge. Quelquefois, il me proposait d'y aller avec lui. C'était pour moi une aventure qui me remplissait d'orgueil, mais jamais je n'aurais de moi-même demandé à le suivre. Tout le rocher est creux au-dessus de nos têtes. Il y a des couloirs qui s'enfoncent très loin du côté de la terre. L'un d'entre eux, dit-on, s'en va déboucher dans un vieux manoir du Cap-Sizun. Peronne n'en a jamais fait la preuve, sauf lui peut-être, mais il n'en a jamais rien dit. Nous n'étions pas tranquil-les, quand même, chaque fois qu'il descendait dans les entrailles de la terre. Mais il remontait au bout d'un jour ou deux, harassé, affamé, la peau écor-chée, les vêtements en lambeaux. Mène lui rac-commodait ses hardes sans une question, sans un reproche. Et moi, je faisais semblant de ne pas avoir remarqué son absence. S'il avait voulu partir pour de bon, nous ne l'en aurions pas empêché. Mais il est resté avec nous tant qu'il a cru que nous avions besoin de lui. Jusqu'à notre engagement pour la guerre. Il est resté avec moi plusieurs années après la démobilisation parce qu'il ne me croyait pas capable de me débrouiller tout seul. Et il a toujours gardé un œil sur nous deux, Mène et moi. Chaque fois que nous avions une difficulté – et moi j'en ai eu quelques-unes par ma faute – il intervenait pour nous tirer d'affaire. Comment était-il au courant de notre situation ? Et pourquoi croyez-vous qu'il a racheté tout le Porz-Kuz, fait rebâtir les maisons qu'il a connues habitées, pourquoi est-il revenu ici et quelle idée avait-il en tête ?

– Ce matin il a tenu à me dire qu'il allait faire ses comptes. Tous ses comptes, a-t-il précisé. Je pense que c'est la raison de l'invitation qu'il a faite aux quatre personnes qui sont venues, à vous-même, Nest, et à moi. Vous représentez ses jeunes années, je suis le témoin des sept dernières. Je suppose que les quatre autres sont qualifiées pour marquer les étapes intermédiaires. Peut-être en attendait-il d'autres encore, je ne sais pas. En tout cas, il espérait qu'il ne manquerait personne au rendez-vous.

– Vous devez avoir raison, je ne vois pas autrement. Et voilà qu'il est mort sur le rocher de la Torche comme un touriste maladroit, lui qui était l'adresse même, qui maîtrisait son corps comme pas un, qui s'est toujours sorti sans dommage d'expéditions plus dangereuses. Je n'arrive pas encore à y croire.

– Il avait soixante-quinze ans, Nest. C'est un âge à prendre ses précautions.

– Mais il était bâti pour vivre cent ans. Pourquoi m'a-t-il fait ça ? Je devais mourir avant lui, c'était d'accord. C'est tout juste si je ne le croyais pas immortel. Et je n'étais pas le seul.

– Maintenant au moins, nous savons qu'il ne l'était pas. C'était un homme hors du commun, sans doute, mais que nous devons juger selon les règles ordinaires. Cela doit être possible.

– Je crains qu'il ne me faille pour cela plus de temps qu'à vous. J'attends que Mène me fasse savoir que je peux monter le veiller là-haut avec elle. De voir sa dépouille devant mes yeux m'aidera peut-être à contrôler mes souvenirs. En attendant, puisque j'ai commencé à vous parler de nos années communes, autant vaut que j'aille jusqu'au bout. Yeng, peut-on avoir un peu de café, s'il vous plaît?

– Tout de suite, monsieur Nest! Il est prêt, répondit Yeng du fond de la salle.

Nest le Roitelet, qui s'était mis debout depuis quelques minutes, il ne savait trop pourquoi, et qui pressait de ses deux mains le bord de la table, se rassit lentement et se croisa les bras, le regard dans le vide. Il attendit que Yeng eût apporté le café avant de reprendre son récit. Louis Lestonan, immobile en face du narrateur, ne l'interrompit à aucun moment.

Quand le sergent-major Nédélec Emzivad et le deuxième canonnier conducteur Ernest Cogan furent démobilisés, ils reçurent un viatique pour rentrer chez eux. Ils n'avaient pas réussi à prendre l'habitude de dépenser le peu d'argent qui leur était octroyé sinon pour rendre scrupuleusement à leurs camarades leurs petites libéralités de cantine à l'occasion. Le reste du pécule était envoyé à Mène par la poste ou lors des permissions que les deux combattants n'arrivaient pas toujours à obtenir ensemble. Alors Nest se rendait tout droit à Porz-Kuz, mais Ned, à l'aller ou au retour, s'arrêtait à Paris. Ce n'était pas pour le divertissement ni le repos du guerrier, mais pour observer les gens et apprendre à se conduire dans l'énorme capitale quand il serait rendu à la vie civile. Paris lui sembla convenir parfaitement à l'ampleur de ses futurs projets. Il n'avait pas l'ambition de conquérir la ville comme un quelconque Rastignac dont le nom lui était d'ailleurs inconnu. Faire carrière ou fortune par les voies ordinaires ne pouvait lui venir à l'esprit. Cela demande une persévérance dans le projet, une application de longue durée, une souplesse d'échine, une indifférence devant les compromissions éventuelles, toutes sujétions dont il se savait incapable. Il tenait avant tout à demeurer son maître, quelque prix qu'il lui en pût coûter. Depuis sa tendre enfance, Mène l'avait appelé Vent de Soleil. Ce n'était pas qu'il tînt à ce nom, mais il devait reconnaître qu'il était le plus juste possible. Il n'y pouvait rien.

Le viatique de retour en poche, les deux hommes, d'un commun accord, décidèrent de rentrer en prenant leur temps et par des moyens qui non seulement ne leur coûteraient rien, mais leur donneraient l'occasion de gonfler leur petit pécule. Ils prendraient leur temps parce qu'ils avaient envie de profiter de leur liberté toute neuve après avoir vécu si longtemps sur des champs de bataille à l'horizon borné, prisonniers de boyaux bourbeux et de lignes de barbelés si contraignants que les assauts les plus féroces prenaient des allures d'escapades. Et le moins décourageant n'avait pas été de croupir, pendant deux années, dans l'ignorance à peu près totale de ce qui se passait dans ce monde étranger appelé l'arrière dont ils avaient défendu l'infernal parapet. A vrai dire, c'était surtout Vent de Soleil qui désirait prendre les mesures des habitants du monde en question afin de calculer comment il lui serait possible d'y satisfaire des appétits demeurés inassouvis durant le long intervalle de la guerre. Il avait beaucoup de retard à rattraper, il lui faudrait mettre les bouchées doubles alors qu'il ne savait pas encore avec quoi il apaiserait sa faim. Mais toutes les perspectives étaient maintenant ouvertes. Quant à son frère Nest le Roitelet, il serait volontiers rentré dans son village du bout du monde sans autre ambition que d'y faire honorable figure si seulement Ned avait voulu se contenter des mêmes aspirations. Ce n'était pas le cas, il le savait. D'autre part, les deux hommes étaient d'accord pour estimer qu'après plus de deux ans d'absence pendant lesquels ils avaient dû laisser la pauvre Mène se débattre avec la misère sans pouvoir l'aider, il serait humiliant de regagner eux-mêmes le foyer en l'état de misérables. Ils étaient loin d'être les seuls à penser ainsi. Sur la route du retour, en allant à pied, ils pourraient s'arrêter aussi souvent qu'ils le voudraient pour louer leurs bras et mettre de côté quelques bons écus d'argent, se faire une boursette à vider sur la table dès qu'ils auraient poussé la porte de la maison. Ainsi le voulait la tradition des aventuriers bretons, peu portés à jouer les enfants prodigues. C'était là peut-être de l'orgueil, mais comment prétendre qu'il était mal placé!

Ce n'était pas le travail qui manquait en France. La longue absence des hommes avait fait abandonner certaines activités auxquelles ne pouvaient suffire les femmes, les enfants et les vieillards. Dans les campagnes, la réquisition des chevaux avait privé les paysans de leurs meilleurs auxiliaires. Les malheureux chevaux ne reviendraient plus, ils avaient péri presque tous. Mais les villes et les

114

bourgades connaissaient aussi bien des difficultés par insuffisance de travailleurs adultes. Ned et Nest, qui avaient un métier, décidèrent de tenter leur chance en ville d'autant plus qu'ils avaient été libérés au début de l'hiver, à une époque de l'année où les travaux des champs étaient moins pressants. Ned, particulièrement, toujours désireux d'entreprendre et de connaître, était convaincu que la capitale serait le meilleur tremplin pour se lancer dans n'importe quelle action d'envergure. Il n'était pas mené par l'ambition vulgaire de faire fortune, il s'en moquait éperdument, il voulait seulement étancher toutes ses soifs de savoir, comme il l'expliquait à Nest. Et Nest, sans trop comprendre de quoi il s'agissait au juste, lui faisait totale confiance. Il aurait suivi son frère aux enfers si l'autre avait entrepris de décorner le diable rouge.

Ils arrivèrent à Paris quelques semaines après leur démobilisation. Entre-temps, ils avaient marqué quelques étapes pour prendre contact avec la vie civile. Ils avaient trouvé à se faire embaucher tous les deux partout où ils passaient, mais toujours pour des travaux de manœuvres puisqu'il n'était pas question pour eux de rester plus de quelques jours. De ses rapides passages de permissionnaire dans la capitale, Nest avait tiré la conclusion que les Parisiens étaient des amateurs de pain et des connaisseurs en toute forme de boulangerie. Or, tous les deux, étant boulangers de tradition et de pratique, auraient beau jeu de se faire apprécier par la clientèle bourgeoise d'une boutique bien placée où ils tiendraient, à force de savoir-faire, la dragée haute à leurs patrons avant de s'établir éventuellement à leur compte. Il s'agissait seulement de choisir le meilleur endroit pour exercer leurs talents. Pour Ned, cette considération de départ excluait les banlieues et les quartiers éloignés des grands monuments historiques. Les grands boulevards pourraient suffire à condition que l'établissement fût déjà de bonne renommée, ses clients bien pourvus du côté de la bourse et désireux de se distinguer du commun peuple jusque dans la consommation de la nourriture de base. Le pain, en effet, ne devait constituer, selon lui, qu'un argument d'appel pour créer insensiblement un besoin de pâtisserie de plus en plus fine. En ce qui concerne cette dernière, Ned n'arrêtait pas de ruminer des recettes destinées à renouveler les formules traditionnelles et même de changer le goût des amateurs de gâteaux, les femmes étant les premières visées. Ned avait le nez fin, le palais délicat. Aussi curieux que cela paraisse, c'était au front qu'il avait fait ses essais pour améliorer le gros pain de troupe et même confectionner, au moyen de ce qui lui tombait sous la main, des galettes assez extraordinaires pour qu'on en parlât dans les tranchées avec des mines gourmandes. Si on le laissait faire, il se faisait fort de convertir les plus fins gastronomes à une nouvelle religion du pain, même si celui-ci continuait à donner l'illusion qu'il n'était qu'un accompagnement du reste. Ned avait mangé tant de pain sec dans ses jeunes années qu'il était imbattable pour juger de la saveur de la pâte et du degré de cuisson. Et Nest le Roitelet, pour moins doué qu'il fût, n'était pas très loin de le valoir. Faut-il rappeler qu'en outre ils s'étaient aussi initiés à la charcuterie!

Ils ne trouvèrent pas du premier coup la boutique de leurs rêves tant ils se montraient difficiles. Mais ils jouaient sur le velours. Avec le retour des combattants, il se pratiquait, par tout le pays, une véritable chasse aux hommes. La guerre avait saigné la France de beaucoup plus d'un million de gars, ce qui signifiait que des centaines de milliers de jeunes filles ne pouvaient guère espérer de mari. Et de fait, même les blessés qui revenaient avec un bras, une jambe ou un œil en moins trouvaient une épouse dans de bonnes conditions. D'autre part, beaucoup de commerçants et d'artisans, ayant perdu leur fils ou leur commis sur les champs de bataille, étaient à la recherche d'un successeur possible, un gendre étant le mieux indiqué. Ils étaient prêts à donner leur fille en mariage à un ancien combattant doué des qualités nécessaires pour mener la maison, de préférence à quelqu'un au courant du métier. Si Nest le Roitelet n'était pas opposé à l'idée de prendre femme, Vent de Soleil se proclamait résolument réfractaire aux liens conjugaux. A ce stade de leur existence, les deux frères de lait ne voulaient pas se séparer. Il fallait donc les engager tous les deux, ce qui fut fait lorsqu'ils se présentèrent dans une luxueuse boulangerie-pâtisserie du quartier des Champs-Elysées, vers la Concorde. Le vieux couple qui la tenait, fortement éprouvé par la perte de deux fils, aurait volontiers passé la main à un acheteur éventuel – il n'en manquait pas – s'il n'y avait eu une fille, avenante et accorte comme il convient à ce genre de commerce, et qui répugnait à quitter son siège de caissière. Elle bénéficiait de la considération des clients, aimait se faire complimenter et un brin de cour ne lui déplaisait pas, même de la part des vieux messieurs en guêtres blanches et cannes à pommeau. Pris à l'essai, Ned et Nest entreprirent de montrer ce qu'ils savaient faire sous la direction du maître boulanger. Il ne fallut que quelques semaines à ce dernier pour être convaincu qu'il avait mis la main sur une paire de professionnels non seulement compétents et efficaces, mais bourrés d'idées neuves.

La réputation de la boutique ne fit que croître et embellir d'un mois sur l'autre. Ned et Nest se surpassèrent pour raffiner sur la qualité et la présentation des pains et des pâtisseries. A l'occasion de certaines fêtes, Ned se lança dans des préparations nouvelles. Ce fut très vite le succès. Le bouche-à-oreille fut tel que l'on accourut de tous les beaux quartiers pour se fournir en gâteries extraordinaires dans cette maison de vieille réputation déjà, où opéraient désormais des chefs incomparables. Une astuce de Ned pour mieux établir son image fut de produire moins de pâtisseries qu'il n'y avait d'acheteurs. Certains retardataires, déçus et frustrés, en vinrent aux mains avec les premiers servis, leur reprochant aigrement de prendre plus que leur part. On supplia Ned et Nest d'augmenter leurs fournées. Ils ne cédèrent que peu à peu. Une autre habileté consista, pour les deux frères, à ne se montrer que rarement, impeccablement vêtus de blanc et toque en tête, le front sévère et préoccupé, hors de l'arrière-boutique à la porte surmontée d'un grand cartouche doré sur fond rouge ponceau : LABORATOIRE. Sur la porte même était accroché un écriteau : Entrée interdite. On n'avait pas encore vu ça. A la caisse, la fille de la maison ne notait que les commandes des clients qui se présentaient eux-mêmes ou par domestiques mandatés. Quant aux nouveaux prétendants à la dégustation pâtissière, il leur fallait de sérieuses recommandations pour avoir droit aux égards réservés aux clients attitrés.

Si les choses se gâtèrent au bout d'à peine deux ans, ce fut parce que la fille caissière tomba amoureuse de Vent de Soleil. Au début, elle avait regardé de haut les deux compagnons. Ils sentaient encore assez leur campagne et parlaient le français avec un accent breton assez fort. Elle allait sur ses vingt-cinq ans et malgré une dot à séduire les coureurs du même nom, la pimbêche ne voyait pas se présenter un parti convenable. Au reste, il n'est pas interdit de penser qu'elle ait éprouvé pour Ned un véritable sentiment alimenté par la prestance et le prestige du monsieur ainsi que par les avances que certaines clientes ne se privaient pas de lui faire. Quoi qu'il en ait été, Vent de Soleil en était réduit à se défendre contre les assiduités de la caissière et ses manœuvres de séduction. Peut-être estimait-il, après avoir pour ainsi dire établi son frère de lait, qu'il était urgent pour lui de continuer son tour du monde non pas géographique mais humain. Toujours est-il qu'il disparut un beau jour sans avertir personne, pas même, surtout pas Nest le Roitelet. Il y eut des jours très durs à passer dans la boutique. Nest y était resté, le cœur gros, comme s'il avait pensé que Ned lui en avait donné l'ordre. Il continuait à confectionner les meilleurs gâteaux de Paris. Si Vent de Soleil avait reparu, il aurait tout lâché pour courir à lui. Mais son frère était entré dans un autre avatar, il avait dit adieu au Roitelet, ayant fait pour lui ce qu'il croyait devoir faire.

Et ce fut Nest qui épousa la boulangère en se doutant un peu que sa femme lui ferait payer plutôt cher la déception – et peut-être la souffrance d'amour, qui sait! – que lui avait causée Vent de Soleil.

– Vous ne l'avez plus jamais revu, votre frère?

– Jamais avant ce soir. Je l'ai entendu au téléphone. Et encore pas très souvent. Oh! Je ne lui en ai pas voulu. Ce n'est sans doute pas l'intelligence qui risque de m'étouffer, mais j'avais déjà compris qu'il était, comment dire, un orphelin total, qu'il ne voulait pas entendre parler de famille, perdre une seule once de sa liberté pour des raisons de sentiment. Il n'a pourtant pas réussi tout à fait à s'affranchir. Il n'a jamais pu se détacher de Mène, sa grande sœur, ni de l'endroit où nous sommes. Mène l'a revu assez souvent. Je crois même qu'elle a toujours su où il était. Jamais elle ne l'a trahi. Et voyez! Maintenant qu'il n'en reste plus qu'un cadavre, elle aimerait encore le garder pour elle.

– Et votre vie à vous, Nest, après son départ?

Nest le Roitelet éclate de rire.

– Rien à signaler. Toute plate, ma vie, si l'on excepte les bêtises que j'ai pu faire et que j'ai été seul à payer. J'ai quand même eu la chance que ma femme se soit acoquinée assez vite avec un bellâtre de troisième ordre, ce qui m'a donné l'occasion de lui tirer ma révérence. Elle avait un caractère impossible, même pour quelqu'un d'aussi patient que je suis. Je la plains quand même un peu, cette idiote. Le bellâtre lui a mangé sa boutique en un tournemain. Il l'aurait mise sur le trottoir si elle avait eu ce qu'il faut pour ça. Elle est morte jeune, toujours caissière, mais de la caisse des autres. Moi, avec la réputation qui était la mienne – enfin la nôtre à Ned et moi – je n'ai eu aucune peine à me placer. J'ai même inventé un gâteau qui a fait courir tout Paris pendant quelques années. Son nom? Le Roitelet bien sûr. Je gagnais très bien ma vie mais, en l'absence de Vent de Soleil, il y avait toujours quelqu'un, homme ou femme, qui me soulageait de mon argent. Je n'ai jamais su me défendre, je n'en ai jamais eu envie.

« Et puis mon heure a passé, vous savez ce que c'est. Je travaille encore un peu, à donner un coup de main par-ci par-là. Toujours en boulangerie-pâtisserie. Quand je suis trop démuni, je reviens ici. Mène me donne de quoi vivre pour quelque temps. De la part de Vent de Soleil. Jamais de fortes sommes parce qu'elle sait qu'il serait facile à n'importe qui de me dépouiller. Et moi je me laisserais faire. Mais quelquefois j'ai honte. Je n'ai pas mérité d'avoir un frère pareil. Une sœur non plus, d'ailleurs. Mais j'aurais bien voulu mourir avant elle et lui. Voilà !

Dans le silence qui suit, Lucas se montre soudain sans que les deux hommes l'aient entendu venir. Il s'approche de Louis Lestonan, il pose devant lui sur la table un porte-clefs réclame d'une marque d'automobile. Une seule petite clef est retenue dans l'anneau.

— Mène m'a demandé de vous remettre ceci. C'est la seule chose qu'il avait dans sa poche. C'est à vous de voir, elle a dit.

Il va pour sortir, se tourne vers Nest le Roitelet.

— Mène a dit aussi que vous deviez monter maintenant, monsieur Nest.

Nest se lève aussitôt. Louis Lestonan reste immobile un instant, les yeux fixés sur la petite clef. A première vue, elle doit ouvrir le porte-documents fatigué dont Vent de Soleil ne se séparait jamais.

CHAPITRE IV

MARILOU

LÉONIE avait conduit les deux femmes jusqu'à la première des petites habitations érigées sur le sentier pentu tandis que son mari acheminait les deux hommes vers la seconde. Elle leur avait montré les chambres, de part et d'autre d'un large vestibule central qui pouvait faire office de salon ou de petite salle à manger. Un grand réfrigérateur en occupait le fond. Pas une parole n'avait été prononcée par l'une ni l'autre invitée jusqu'au moment où elle leur demanda si elles voulaient manger quelque chose et quoi. La femme bouffie déclara d'une voix maussade qu'elle n'avait qu'une envie qui était de se coucher après une journée pareille. L'élégante, avec un timide sourire, dit merci, qu'elle n'avait besoin de rien.

– Pour le cas où vous auriez une petite faim plus tard, dit Léonie, il y a ce qu'il faut dans l'armoire à glace.

Si les deux invitées furent surprises par cette appellation du réfrigérateur, directement traduite du breton, elles n'en laissèrent rien paraître. Léonie se retira après leur avoir souhaité une bonne nuit.

Elles étaient indécises, considérant le vestibule et ce qu'elles pouvaient voir des chambres par les portes restées ouvertes. Elles ne se décidaient pas à entrer chacune chez elle et à s'y enfermer. Peut-être se sentaient-elles mal à l'aise devant la nudité des murs sans un tableau ni une reproduction sous cadre, devant l'absence totale de ces bibelots, de ces objets inutiles, mais qui prouvent qu'on est reçu chez un particulier et non dans une chambre d'hôtel. Visiblement, le propriétaire des lieux les avait fait meubler confortablement sur commande, mais ne s'en était pas lui-même soucié. La seule chaleur dans ce décor anonyme était apportée par un somptueux tapis d'Orient qui couvrait presque entièrement les dalles d'ardoise du vestibule. Il paraissait incongru auprès du réfrigérateur vers lequel se dirigea tranquillement la femme bouffie, histoire sans doute de vérifier s'il contenait quelques ressources liquides. Elle l'ouvrit d'une main ferme et s'exclama aussitôt, admirative :

– De l'eau minérale et des jus de fruits jusqu'au champagne en passant par le porto et le whisky. Toujours grand seigneur, Vent de Soleil. Qu'est-ce que vous préférez, madame... ?

– On a oublié de nous présenter, dit l'autre. Avec ce qui est arrivé... Je m'appelle Aurélia Desalvy.

– En deux mots ou en un seul, Desalvy ? Je ne sais vraiment pas quoi prendre. J'ai soif de tout.

– Un seul mot.

– Moi, c'est Marie-Louise. De savoir mon nom ne vous servirait à rien, pas plus qu'il ne m'a servi à moi. On m'a toujours appelée Marilou. Vent de Soleil comme les autres.

Elle s'était accroupie devant le réfrigérateur ouvert et tripotait les bouteilles. Elle se décida pour un flacon de whisky, le même que celui qu'elle avait prélevé auprès du cadavre dans la longue voiture noire. Elle se releva.

124

– C'est sa faute à lui si je bois.

Elle fixa son regard sur l'autre femme comme si elle la voyait pour la première fois. C'était seulement de la curiosité.

– Vous aussi, vous avez couché avec lui?

Elle ne faisait que s'informer. Aurélia fut décontenancée par cette question abrupte, la dernière à laquelle elle aurait pu s'attendre. Elle eut un haut-le-corps et ses yeux se mouillèrent. Elle ouvrit son sac pour y chercher un mouchoir. Marilou parut avoir pitié d'elle.

– Excusez-moi. Je n'aurais pas dû... Mais il faut me prendre comme je suis.

– C'était il y a longtemps, parvint à balbutier Aurélia.

– Pas aussi longtemps que pour moi. Enfin... Je crois qu'une goutte de whisky nous ferait du bien.

Aurélia s'essuyait les yeux, un peu honteuse.

– Une petite goutte alors. J'en ai déjà bu, vous savez.

– A la bonne heure. C'est le meilleur remède pour ce que nous avons, vous et moi. Quand je dis le meilleur... Je n'en connais pas d'autre.

Elle dévissait le bouchon de métal du flacon et le remplissait du liquide cordial.

– Juste ce qu'il vous faut. Moi, je me passe souvent de verre ou de godet. C'est meilleur comme ça.

Et elle but une gorgée à la régalade. Aurélia dégustait à petits coups et reprenait ses esprits.

– C'est vrai que ça fait du bien, Marilou.

– Hé là! N'allez surtout pas vous habituer. Moi, c'est trop tard. A nos amours, madame Desalvy en un seul mot.

Elle salua en levant le flacon et porta le goulot à ses lèvres.

– Appelez-moi Aurélia, s'il vous plaît.

Marilou, surprise, demeura sans boire un instant. Puis elle haussa les épaules.

– A nos amours, Aurélia, dit-elle.

Et elle se récompensa d'une bonne rasade de scotch. Aurélia avalait les dernières gouttes du sien.

– Cela suffit pour vous. Redonnez-moi ce bouchon, intima Marilou, la voix autoritaire. J'emporte la bouteille. A demain. Dormez bien.

Elle gagna rapidement sa chambre, elle y courut presque en revissant le bouchon. Par-dessus le claquement de sa porte, elle entendit Aurélia qui criait :

– Bonne nuit, Marilou !

Marilou s'était déjà jetée sur son lit, le flacon de whisky serré contre sa poitrine. Elle enfouit son visage dans le traversin pour étouffer sa voix qui l'injuriait :

« Salope ! Soiffarde ! Putain d'ivrognesse ! »

Aurélia avait collé son oreille contre la porte. Elle mesurait son désarroi à celui de Marilou, s'étonnait qu'une autre femme, si différente apparemment de ce qu'elle était, pût être secouée à ce point en revoyant, sur sa couche de mort, un personnage qu'elles avaient perdu depuis tant d'années. Il ne pouvait être question d'aigreur ni de jalousie, à supposer qu'une telle réaction eût été possible à propos de quelqu'un qui avait essayé par tous les moyens de la détacher de lui, qui n'avait éprouvé pour elle qu'un sentiment où le plaisir de la chair n'entrait pas pour l'essentiel jusque dans ses manifestations les plus vives. Et parler de sentiment était peut-être s'avancer un peu trop. Elle avait la conviction que ni Marilou ni d'autres amoureuses, quelles qu'elles eussent été, n'avaient connu un meilleur sort que le sien parce que Vent de Soleil était bâti de telle sorte qu'il ne pouvait faire que passer. Elle avait lu tous ces romans, les grands et petits, où la passion entre deux êtres est complaisamment décrite dans toutes ses phases et ses conséquences, analysée dans tous ses détails avec un art si subtil qu'on en arrive à douter de sa réalité, à soupçonner l'auteur de ne faire appel à toutes les ressources de son talent que pour porter le lecteur au plus haut degré de l'exaltation. Littérature. Il y avait longtemps qu'elle ne lisait plus ces ouvrages. A quoi bon! Même les plus sincères – et sans doute y en avait-il – ne mettaient en scène la situation qui était la sienne, parce que Vent de Soleil n'était pas un personnage de roman. Elle aurait aimé l'être et Marilou probablement aussi. Cette ivrognesse souffrait d'un mal auquel l'alcool faisait diversion. Elle-même ne savait pas clairement de quelle nature était le sien. N'était-ce pas ridicule, à leur âge, d'être encore sensibles à ce point! Le paroxysme ne convient qu'à la jeunesse. Mais qu'y pouvaient-elles, toutes les deux, si dissemblables qu'elles fussent! Qu'y pouvaient-elles, sinon s'entraider pour atteindre l'apaisement puisque l'objet de leur commune désillusion avait rejoint le meilleur des mondes, l'autre!

Elle était encore appuyée contre la porte de Marilou quand éclata, dans la chambre, une sorte de ricanement étouffé suivi d'un bruit de robinet qui coule. Alors, sans réfléchir, elle ouvrit et entra si violemment qu'elle se cogna aux montants du lit. Marilou sortit lentement de la salle de bain, ne parut pas surprise par l'intrusion d'Aurélia. Elle avait un flacon vide dans chaque main et s'efforçait de sourire.

– C'est vous, Aurélia! Je ne vous attendais pas tout de suite. Mais si vous n'étiez pas venue, c'est moi qui serais allée vous trouver.

Elle jeta les deux flacons dans la corbeille à papiers.

– Regardez! Je les ai vidés dans le lavabo. Quelqu'un m'aurait dit, avant ces dernières heures, que je me serais privée volontairement de ces boissons fortes, je lui aurais ri au nez. C'est à cause de lui que je me suis mise à boire. Maintenant que j'en suis définitivement délivrée, je n'ai plus aucune raison de continuer. Comprenez-vous ça?

– Je comprends, Marilou.

– Et je vous jure que je ne rechuterai pas. D'ailleurs, je n'en ai plus les moyens. Asseyez-vous, Aurélia.

C'était un ordre. Elle désignait un fauteuil. En trois pas de somnambule, Aurélia alla s'y mettre.

– Que faites-vous dans la vie, Aurélia?

– Bibliothécaire. Je l'étais. Je ne le suis plus.

– J'aurais dit professeur. Mais bibliothécaire c'est un peu pareil, non! Moi, j'ai tenu des bistrots, des restaurants de plus en plus minables. J'ai vendu le dernier il y a quelques mois. J'étais en train de boire à la santé de Vent de Soleil. Il n'a plus besoin de santé. Je vais me chercher une place de concierge, quelque chose comme ça. Pour finir.

Elle vaguait à travers la chambre, allant du lit au bureau, du bureau à la porte, tournant la poignée, l'entrouvrant avec précaution pour épier l'extérieur. Attendre quoi ou qui?

– C'est quand même un mauvais tour qu'il nous a joué, finit-elle par dire en soupirant. Il n'a jamais menti, il a toujours averti de ce qu'il allait faire. Sauf cette fois-ci. Qu'allons-nous devenir, maintenant?

Aurélia restait muette. Elle n'avait pas de réponse à donner. Elle laissait parler Marilou. Quoi dire de plus ? Elle était d'accord. Marilou parlait pour elles deux.

– De mon temps, il ne voulait jamais de miroir dans la chambre.

Aurélia eut un tressaillement, comme si cette remarque l'avait touchée plus que le reste.

– De mon temps non plus, Marilou. Et dans la rue, il détournait la tête en passant devant les glaces des magasins. Il ne voulait pas voir son image dedans.

– Il me regardait beaucoup. Quand nous étions seuls, il me regardait si fort que j'en étais mal à l'aise tout en étant heureuse de cette attention qu'il me portait. Comment expliquez-vous ça, vous qui êtes plus intelligente que moi ?

– L'intelligence ne sert à rien en pareil cas. Il n'y a qu'à se laisser aller. Il me regardait intensément, moi aussi, comme il a dû le faire pour d'autres êtres humains en dehors des femmes. S'il faut vraiment trouver une explication, je dirai qu'il voulait nous absorber, nous prendre tout ce que nous pouvions donner de signification aux instants de son existence dans lesquels nous étions parties prenantes. C'étaient nous, ses miroirs. Et il est parti avant de s'être habitué à nous, habitué à lui. C'est pourquoi il nous a si bien regardées jusqu'à la fin.

– J'étais furieuse quand même quand il est parti, quand il a disparu sans crier gare. Il m'avait pourtant prévenue qu'il n'était avec moi que de passage. Il a dû vous dire la même chose.

– Oui.

– Je lui aurais arraché les yeux si je l'avais retrouvé dans les semaines ou les mois, même les premières années qui ont suivi. Surtout avec une autre femme. Avec vous, peut-être Aurélia. Mais il savait disparaître, Vent de Soleil. Il n'avait aucun mal à le faire. Il suivait la route qu'il s'était tracée.

– C'est dur, quand on est jeune, de se voir abandonnée par l'homme de sa vie. Je n'avais aimé personne avant lui, je n'ai aimé personne après. J'avais beau savoir comment il était, j'espérais toujours le retenir, le garder pour moi. Peine perdue. D'abord parce qu'il était lui, ensuite parce que rien ne s'opposait à ce que nous restions ensemble s'il avait pu rester. Pas d'autre obstacle que lui-même, mais c'était déjà trop. Je l'ai quand même retenu plus de trois ans, presque quatre.

– Il a eu besoin de vous pendant tout ce temps-là. Vous avez de la chance. Avec moi, deux ans lui ont suffi. Il est vrai qu'il n'a pas été mon premier amant ni mon premier ami. Il ne pouvait pas trouver en moi ce qu'il a trouvé en vous. Après lui, d'autres hommes ont traversé ma vie. Je me souviens à peine de leurs noms. Du sien aussi, d'ailleurs. De celui qui était marqué sur ses papiers quand il fallait les montrer. « On m'appelle Vent de Soleil, disait-il. C'est le seul nom qui me convienne. » Vent de Soleil. La vieille femme que je suis est sûre d'avoir tiré de lui plus qu'il n'a tiré de moi. Si vous m'aviez connue dans ma jeunesse, Aurélia, vous vous seriez écartée de moi avec dégoût. J'étais une pas grand-chose comme on disait. Je n'aurais pas pu parler avec vous comme je fais. D'ailleurs, je n'aurais pas trouvé les mots. C'est lui qui m'a tout appris.

– A moi aussi. Pas les mêmes choses, sans doute, mais tout ce qui compte pour celle que je suis. Le seul reproche que je puisse lui faire est d'être mort avant moi. Tant que je le savais vivant quelque part, j'avais une raison de vivre. Que vais-je devenir, Marilou ?

– Ce n'est pas à moi qu'il faut demander ça.

Vous êtes plus forte que moi. Vous trouverez le moyen, avec la tête que vous avez, de vivre avec son souvenir. Moi, c'est de ne pas m'empêcher de penser à lui qui faisait mon supplice. Pourquoi croyez-vous que je me suis mise à boire, à me livrer à bien d'autres dévergondages ? C'est tout ce que j'avais trouvé pour avoir de ses nouvelles. Je dépensais sans compter, je faisais des dettes, j'en étais réduite à tout vendre, à rejoindre les plus repoussants clochards dans la rue pour le faire intervenir. Et il intervenait toujours, de l'une ou l'autre partie du monde. Il me tirait d'affaire. Comment faisait-il ? Je ne lui ai jamais rien demandé. Je ne savais pas où il se trouvait. Je pense qu'il me faisait surveiller par des gens à lui. Il était puissant et riche, Vent de Soleil. Une fois, il m'a même tirée de prison, c'est vous dire. Mais je ne l'ai jamais revu lui-même avant ce soir. Je vais tâcher de finir dignement.

– Il me téléphonait longuement à peu près tous les deux ans. Et je vivais dans l'attente de son coup de téléphone. Il précisait qu'il faisait nuit là où il était quand il m'appelait. Il aimait la nuit, Vent de Soleil. Ce nom de jour qu'il revendiquait pour lui n'était pas, je crois, celui de sa vraie vie. Il ne disait presque rien de lui, mais il me faisait parler. Et je parlais tant que j'en avais mal à la poitrine. Je n'osais pas m'arrêter, prendre un tout petit temps de silence. Il aurait peut-être raccroché, croyant que j'en avais fini. Il n'écrivait jamais. Savez-vous pourquoi il n'écrivait jamais, Marilou ? C'était pour ne pas laisser de trace, rien qui pût l'identifier, peut-être le trahir. Moi, je n'ai pas pu m'empêcher de lui écrire quelques lettres quand je n'en pouvais plus. Comment j'ai su son adresse ? Je ne l'ai jamais sue. Mais, il y a environ dix ans, j'ai subi une opération chirurgicale assez grave. Et pendant tout le temps de ma convalescence, j'ai reçu un bouquet de fleurs fraîches tous les jours. Des fleurs pour lesquelles les infirmières se seraient damnées. Pas de cartes d'expéditeur, mais celles des fleuristes de Paris qui les faisaient porter. J'ai écrit trois lettres en tout. C'était le moins que je pouvais faire pour me soulager. Je les ai adressées à trois des fleuristes en question en les priant de les acheminer vers leur client. J'ai ajouté un chèque à chaque fois, on ne sait jamais. Il les a reçues, il les a lues, il m'en a dit quelques mots au téléphone beaucoup plus tard, il me les a renvoyées toutes les trois ensemble, dans la même enveloppe, postée par quelqu'un à son service dans un village du Canada. Il ne voulait rien garder de moi, je veux dire aucun objet matériel. Mais si je m'étais trouvée en situation d'avoir besoin de secours, il aurait trouvé le moyen de me secourir. Comme il a fait pour vous. J'en suis sûre.

Marilou s'était pelotonnée sur son lit en position fœtale. Elle semblait dormir. Sa voix, quand elle reprit la parole après un long silence, on aurait dit qu'elle ne sortait pas d'elle, mais de quelque double dont elle n'était pas maîtresse.

Elle avait vingt ans. Après pas mal d'aventures qui lui étaient sorties de la tête, elle servait dans un restaurant des bords de la Marne où des gens modestes venaient manger du lapin le dimanche, en famille, au son de l'accordéon, pour se donner l'illusion de faire la fête. Les autres jours, c'était surtout le comptoir avec une clientèle d'habitués du voisinage, quelques traîne-savates en mal de tuer le temps, des consommateurs de passage et deux ou trois petites bandes de mauvais garçons appliqués à jouer les durs. Elle en était quitte pour quelques claques sur les fesses qu'elle effaçait d'une gifle à main retournée. Le patron était trop occupé à faire de l'argent pour lui courir après, la patronne la traitait bien. A côté de ce qu'elle avait connu depuis ses quinze ans, c'était presque la bonne vie. Elle s'offrait de temps en temps quelques passades, mais jamais personne n'avait eu barre sur elle. La passion n'était pas pour elle, l'esclavage non plus.

Et un jour elle vit s'arrêter devant la porte un gaillard en casquette, habillé de coton bleu, la veste boutonnée jusqu'au col. Il tirait une charrette à bras lourdement chargée et recouverte d'une toile cirée. Il est entré, il a dit bonjour, il a commandé une bière. Quand elle l'a servi, il lui a fait un sourire, découvrant une dent d'or.

A côté de lui, il y avait au comptoir trois jeunes terreurs de banlieue dont le passe-temps favori consistait à chercher des noises aux inconnus qui avaient l'audace d'occuper une place devant le zinc où s'étalaient largement leurs coudes.

– Visez-moi celui-là, les gars, avec sa mâchoire en or. En voilà un qui veut péter plus haut que son cul, dit l'un d'eux.

Et de ricaner. L'homme buvait tranquillement sa bière.

– Hé, toi! On te parle. Tu pourrais répondre!

Aucune réaction du buveur. Alors le loubard vint contre lui, se mit à lui allonger des bourrades tandis que l'un de ses acolytes passait de l'autre côté et faisait de même. Le verre de bière, bousculé, éclaboussait le comptoir alternativement à droite et à gauche. Ou bien l'homme n'était pas très courageux ou il ne voulait pas d'histoire.

– Va-t-il répondre, cet enfoiré!

Soudain le verre fut reposé, le buveur écarta ses deux bras, repoussant violemment les deux provocateurs. Furieux, ils l'assaillirent et le troisième vint leur prêter main-forte. Ce ne fut pas long. Quelques moulinets eurent raison des deux premiers qui s'en allèrent tomber des quatre fers sur le carrelage dans un fracas de chaises renversées. Avant que le dernier se fût rendu compte de ce qui lui arrivait, l'homme à la dent d'or l'avait empoigné à deux mains par le col et la ceinture pour le soulever tout gigotant au-dessus de sa tête. Il sortit d'un pas souple du bistrot, traversa la route et s'en alla jeter son fardeau sur la pente herbue donnant sur la rivière. Quand il rentra de sa démarche dansante en se frottant les mains, les deux agresseurs avaient tiré au large tout en proférant des menaces, mais de loin. L'homme revint au comptoir, commanda une autre bière, tira son tabac, ses feuilles et se roula une cigarette. Le sourire réapparut avec la dent d'or.

– Excusez-moi, mademoiselle, dit sa voix douce. J'ai failli me mettre en colère. Je ne suis pas toujours raisonnable.

Il se tourna vers quatre joueurs de belote, assis à une table dans le fond. Prodigieusement intéressés par le spectacle, ils en oubliaient d'abattre leurs cartes. Ils eurent droit à un petit salut de la tête.

– Je vous demande pardon de vous avoir dérangés, messieurs.

Il alluma sa cigarette avec un briquet à deux sous et se remit à sa bière. Les beloteurs béaient d'admiration. Mais la plus béate était Marilou. Des bagarres de bistrot, elle en avait vu quelques-unes, mais un nettoyeur de cette classe, jamais.

– Mademoiselle, dit-il en payant ses consommations. J'ai appris qu'il y avait quelque part ici un petit entrepôt vide à louer. Pouvez-vous me dire où il est ?

Elle n'en savait rien. Mais les consommateurs,

qui avaient entendu, s'empressèrent de le renseigner et de lui indiquer le domicile du propriétaire. Eperdus de bonne volonté, ils parlaient tous ensemble. Il les remercia, fit monter un index jusqu'à la visière de sa casquette comme faisaient à l'époque les gens du peuple parisien pour saluer. Les voyous aussi, d'ailleurs. Avant de sortir, il sourit une fois de plus. On revit sa dent d'or, on remarqua qu'il avait les yeux étrangement clairs.

– Quel bel homme, soupira la patronne quand il se fut éloigné en tirant sa charrette à bras.

Marilou revoyait ses yeux impénétrables. Elle maltraita plutôt la vaisselle ce jour-là.

Deux jours se passèrent et elle rêvait encore, maniant distraitement les bouteilles et le torchon, de l'inconnu en bleu d'ouvrier et de cette politesse empreinte d'un curieux détachement qui contrastait avec la violence de sa réaction quand les trois loubards avaient dépassé les bornes de sa patience. Qui était-il? En tout cas, pas quelqu'un d'un abord facile malgré sa courtoisie, ni décidé à se livrer au premier venu. Quant aux importuns, ils n'avaient qu'à bien se tenir s'ils ne voulaient pas se faire remettre à leur place sans atermoiement ni vaines précautions de langage. Du moins en était-elle persuadée pour l'avoir vu à l'œuvre une seule fois. Persuadée aussi que, s'il revenait, elle n'aurait pas à en redouter des claques sur les fesses. Elle en était presque à le regretter.

Le soir du second jour, la charrette à bras s'arrêta de nouveau devant le bar. Elle était encore plus chargée que la première fois. L'homme devait s'aider, pour la tirer, d'une large bandoulière de cuir accrochée à l'avant du véhicule. Il prit son temps pour s'en libérer, la roula avec soin et l'introduisit sous la bâche. De son pas souple, un peu dansant, il pénétra dans le bistrot. N'avait-il pas marché longtemps pieds nus, pensait Marilou, comme elle l'avait fait elle-même, fillette sauvage dans sa Brière natale ?

C'était l'heure du coup de feu. Derrière le comptoir, le patron s'affairait à servir les buveurs d'apéritifs tandis que la patronne et Marilou s'occupaient de la petite salle à manger où dînaient une demi-douzaine de pensionnaires et quelques clients de passage.

– Le voilà revenu, souffla la patronne.

Elle n'avait pas besoin de prévenir, Marilou l'avait vu avant elle. Sincèrement, elle pouvait se demander si elle ne surveillait pas la portion de trottoir qui longeait la devanture. Si seulement il était arrivé une demi-heure plus tôt, il l'aurait trouvée au comptoir. Mais il ne commanda aucune boisson. Il dit quelques mots au patron et celui-ci lui désigna d'un geste du bras la salle à manger. Marilou le vit venir et lui indiqua une petite table de coin où il serait seul. Elle n'avait pas envie de le voir exposé aux bavardages et peut-être aux questions d'autres convives.

Le regard qu'il lui jeta de ses yeux clairs la fit rougir. Elle crut y déceler une lueur de sympathie. Dès qu'elle le put, et ce fut presque aussitôt, elle lui apporta la carte du menu. Elle rougit de nouveau parce qu'elle n'était pas très propre, cette carte, pour avoir beaucoup traîné sur les tables. Il semblait pourtant à l'aise, lui, dans ce décor médiocre, il ne s'attendait sûrement pas à autre chose, étant donné sa condition de tireur de charrette à bras. D'ailleurs, il avait gardé sa casquette comme le faisaient encore à table les gens du peuple en ce temps-là. Il avait toujours son bleu d'ouvrier boutonné jusqu'au cou, ses fortes mains étaient de celles que l'on voit autour d'un manche d'outil, impossible de se les figurer tenant une plume. Ce qui impressionnait Marilou, c'était son maintien, une sorte de distinction nullement apprêtée, peut-être aussi l'impeccable propreté de sa mise, assez inhabituelle chez un manuel au soir d'une journée de travail au-dehors. Et c'était ce même homme placide qui avait brutalement réglé leur compte aux trois terreurs à la mie de pain. Elle était persuadée qu'il aurait fait de même avec de vrais voyous. Qui était-il ?

Quand elle vint prendre sa commande, il lui dit, sans lever les yeux de sa piteuse carte, que le menu lui convenait très bien avec une carafe de vin rouge. Il était visible que la gastronomie était le dernier de ses soucis, du moins en ce moment et en ce lieu. Il était là pour apaiser sa faim, point final. Bien, monsieur. Elle alla chercher l'assiette de hors-d'œuvre variés, la posa devant lui en disant bon appétit. Il regardait pensivement par la fenêtre sa charrette à bras abandonnée le long du trottoir. « Pardon, Mademoiselle ! » Elle subit de nouveau son regard. Sourire et dent d'or.

– Serait-il possible que je dîne ici tous les soirs pendant un certain temps ?

– Très bien, monsieur, sauf le mercredi, notre jour de fermeture.

Et elle s'en fut tandis qu'il attaquait ses tomates et ses œufs durs. Une serveuse de bar-restaurant qui se met à chantonner en retournant à la cuisine, vous avez vu ça ?

Ce fut lui qui parla le premier lorsqu'elle apporta le plat garni. Il le fit pour information, désireux sans doute d'inspirer confiance en donnant sur lui-même le renseignement essentiel que l'on aime avoir sur tout nouvel arrivant et qui importe quelquefois plus que son nom : son adresse.

– Je viens de louer l'entrepôt que l'on m'a indiqué ici l'autre jour, dit-il. C'est au bas de la rue, la maison qui fait le coin, à gauche. Vous connaissez ?

– Je connais. Je passe devant tous les jours. Mais je n'y ai pas fait attention. Je l'ai toujours vue fermée. Elle vous convient ?

– Tout à fait. Exactement ce qu'il me faut. Il y a même un appartement de deux pièces sous le toit. Un peu délabré, l'appartement, mais je me charge de le rendre très habitable.

– C'est très bien. Surtout si vous avez votre travail pas trop loin.

– Mon travail, mademoiselle... ?

– Marilou.

– Mon travail, mademoiselle Marilou, c'est là où il me plaît de vivre. Je n'ai pas d'autre patron que moi.

– Vous en avez de la chance, monsieur.

Il commençait à couper sa viande. Elle n'était pas très tendre ni le couteau assez tranchant. Mais il avait les mains si fortes. La viande n'y put résister.

– La chance n'est pas exactement le mot qui convient.

Elle retourna vers la cuisine, un peu fâchée, elle n'aurait su dire pourquoi. Il n'y eut plus un mot entre eux pendant le reste du repas. Au moment de payer la note, il puisa dans l'une de ses poches de veste, en sortit un rouleau de billets dont il préleva l'un pour le poser sur la table. De l'autre main, plongée dans l'autre poche, il ramena une poignée de pièces pour faire l'appoint avec le pourboire. Le patron s'était approché et le regardait faire.

– Je trouve ça plus facile, dit l'homme. Billets d'un côté, pièces de l'autre. Je n'ai jamais rien dans mes poches de pantalon. Mon mouchoir dans la poche intérieure de ma veste.

– Chacun s'arrange comme il veut. Puis-je vous offrir un petit alcool de bienvenue?

– Volontiers. La journée a été dure.

– Marilou, deux cognacs. Peut-on savoir quel métier vous faites?

– C'est un métier si l'on veut. Cela consiste à débarrasser les gens de tous les objets qui les encombrent, dont ils n'ont plus besoin. Je vide les caves et les greniers sans que cela coûte rien aux propriétaires. Je porte les rogatons à la décharge, je garde ce qui est revendable, je répare, j'astique, je fourbis et je vais proposer ce qui vaut quelque chose aux brocanteurs et aux antiquaires. Quelquefois aussi j'étale dans les marchés, sur des journaux à terre. Pour le plaisir. Mais j'en ai plein les bras de tirer ma charrette. Trop de marchandises. C'est pourquoi j'ai loué cet entrepôt au bas de la rue.

– Avec une camionnette, ce serait plus facile.

– Bien sûr. Mais ma charrette attire les clients. Elle leur donne confiance. Cela fait ancien, presque historique. Ils se demandent ce qu'il peut y avoir dedans. Ils croient faire une occasion plus sûrement que dans un magasin. Et il leur arrive d'en faire. Ma charrette est souvent pleine de vieilles choses qui leur rappellent des souvenirs. Des choses qui ne servent plus à rien ou bien démodées. Alors on les achète pour les mettre dans le salon, même si leur place était dans la grange ou l'écurie.

– Je comprends. Et vous vous en tirez bien?

– Pas mal. Il y a de bonnes surprises. A votre santé.

– Santé. Il faut avoir le nez fin pour un tel commerce.

– Seulement s'y connaître un peu et suivre l'évolution du goût des gens. Je profite le lendemain de leurs infidélités de la veille.

Ni Marilou qui écoutait, ni le patron, ne comprirent très bien la dernière phrase. Mais elle avait l'impression que l'homme parlait pour elle plus que pour le patron. Elle se promit de réfléchir à ce qu'il avait dit pour terminer son explication.

Quand il se remit dans les brancards pour descendre la rue, elle resta derrière la vitre pour le regarder s'éloigner. Puis elle revint à la table pour empocher son pourboire avec un haussement d'épaules. Intérieurement elle se traitait de gourde. A-t-on idée de perdre son temps à s'intéresser à une sorte de chiffonnier sous prétexte qu'il parle bien, qu'il est bel homme avec des yeux clairs, un curieux sourire et une dent en or!

Trois semaines plus tard, elle occupait son lit dans les deux pièces aménagées sous le toit de l'entrepôt. Ce n'était pas lui qui l'avait séduite, mais elle qui s'était jetée à sa tête. Que peut-on faire contre un mal qui vous saisit sans avertir, sans que vous ayez commis la moindre imprudence ni la moindre provocation, sans que vous sachiez lui trouver un nom, même en cherchant bien. Ce n'était pas un emballement physique bien que l'inconnu fût séduisant de sa personne et qu'il eût témoigné d'une vigueur peu commune et d'une violence, contenue mais sans concession, qui faisait augurer d'un tempérament prometteur. Elle n'était pas trop sensible à ces attraits virils, n'étant pas femme à s'enorgueillir d'un pareil compagnon ni à se laisser battre par lui pour le plaisir. Quant au sexe, elle avait assez payé pour en connaître les limites. Ce n'était pas non plus pour ses façons ni son langage, parfaitement inhabituels chez un

140

homme de la condition qui paraissait être la sienne, mais sait-on jamais! Elle l'aurait plutôt accusé de faire des manières, de vouloir paraître au-dessus de son état, intriguée qu'elle était par la netteté, l'élégance même de son bleu d'ouvrier, lequel ne différait pourtant pas de ceux qu'elle voyait tous les jours sinon par le soin qu'en avait son propriétaire et l'aisance qu'il avait dedans. Alors quoi! D'où venait cette étrange faiblesse qu'elle ressentait pour lui, ce désir de se faire sa servante, de pousser sa charrette, toute honte bue? D'où venait ce dégoût de la vie qui la prenait hors de sa présence, ce délicieux serrement de gorge l'avertissant qu'il allait arriver avant même qu'il ne fût visible, cette allégresse qui l'habitait quand il était là et qui la faisait s'empresser autour des autres en oubliant de le servir, lui? On aurait pu croire que c'était pour le garder plus longtemps, assis à sa table et sans la plus petite marque d'impatience. Mais non, elle ne faisait pas exprès. C'était l'ivresse. Pourquoi tous ces dérèglements? Les yeux clairs, le sourire, la dent d'or. Elle se maudissait de ne pas savoir tout en redoutant de se rendre à l'évidence : elle était, comme on dit vulgairement, amoureuse de lui.

Et puis un soir, c'était un mercredi, son jour de liberté, quelque distraction la fit passer devant l'entrepôt alors qu'elle s'interdisait de le faire jusque-là. Il y avait de la lumière à l'étage, on entendait sonner faiblement une flûte sur quelques notes inlassablement reprises. Elle ne put résister à l'envie d'y aller voir. Après tout, l'occupant de ce lieu n'était-il pas un pensionnaire du restaurant où elle servait! Un pensionnaire est un peu familier, n'est-ce pas! Ne pouvait-elle s'inquiéter un peu de ce nouveau venu qui vivait seul! Il avait peut-être des difficultés domestiques! Du reste, sa réputation à elle n'avait rien à craindre dans le quartier. On la savait indépendante et ombrageuse, libre dans ses mœurs mais toujours réservée, jamais provocante, soucieuse de ne jamais troubler la paix des gens mariés. Une « brave fille », à la fois impulsive et farouche, qui refusait de se mettre en ménage et larguait gentiment ses compagnons avant même de s'en être lassée. A chacun ses mesures. Les siennes étaient nettes.

La porte de l'entrepôt n'était pas fermée à clef. Cela cadrait bien avec l'idée qu'elle se faisait de ce monsieur sans nom. Ni elle ni personne n'avaient osé lui demander comment il s'appelait et c'était très bien ainsi. A l'intérieur il faisait noir. Le réverbère de la rue permettait cependant de distinguer la masse de la charrette à bras au centre de la vaste pièce et des entassements d'objets indistincts contre les murs. Une faible lueur provenant de l'étage trahissait, dans le fond, un escalier de bois. Elle y alla du pas précautionneux de quelqu'un qui se prépare à faire une surprise. La flûte émettait toujours les mêmes courtes séries de notes entre-coupées de silences comme si le flûtiste était aux aguets.

Les marches grinçantes menaient à une galerie de bois occupant toute la largeur du bâtiment et sur laquelle s'ouvraient deux portes. La première, presque au débouché de l'escalier, celle d'un local à usage de bureau ou peut-être de cuisine, était vitrée dans sa partie supérieure. La lumière venait de là. Immobile devant cette porte, Marilou hésitait à frapper. Elle avait envie de s'enfuir. La flûte s'était tue. Alors, la seconde porte plus loin s'ouvrit sans bruit et l'homme apparut. Debout dans la pénombre, il semblait gigantesque.

– Je me doutais bien qu'il y avait quelqu'un, dit

sa voix grave qu'il s'efforçait de rendre aimable. C'est vous, mademoiselle Marilou?

Eperdue, elle eut bien du mal à articuler trois mots.

– C'est moi, monsieur...

– Eh bien, pour une surprise...

Il vint vers elle, ouvrit la porte éclairée.

– Soyez la bienvenue. Entrez donc!

Elle entra, les jambes tremblantes, lui derrière elle. C'était une salle à triple usage. Il y avait un coin cuisine et un coin bureau, le reste de l'espace servant d'atelier. La plus grosse pièce était un établi de menuisier. La cloison de droite, au milieu de laquelle on avait aménagé une porte, était occupée par des rayonnages supportant divers matériels et par des tableaux pour accrocher les petits outils. Dans le fond, une fenêtre plus large que haute. Ce qui frappait, dans tout cela, c'était un ordre impressionnant. On voyait du premier coup d'œil que tout était rangé, chaque chose à sa juste place, rien ne traînait, pas un grain de poussière n'était toléré dans ce lieu. Sur l'ameublement utilitaire et bon marché tranchaient un petit bureau de style anglais et son curieux téléphone gainé de pourpre. Le lustre qui pendait au plafond était de bronze doré.

– C'est un peu encombré chez moi, dit le maître des lieux. Je ne suis pas équipé pour recevoir des visites. Asseyez-vous quand même.

Il passa devant elle pour attraper la chaise du bureau et la lui présenter. Lui-même alla s'asseoir sur l'établi. Alors seulement elle s'aperçut qu'il portait une superbe robe de chambre en soie. Vieux rose avec des dragons brodés en vert et noir avec des touches de jaune. Elle ne savait plus où se fourrer.

– Alors, mademoiselle, dit la voix engageante.

Qu'est-ce qui me vaut le plaisir de vous voir un mercredi?

Elle ne sut que bégayer :

– Justement, monsieur...

– C'est vrai, j'aurais dû vous dire mon nom. Voilà près de trois semaines que je suis là et je compte rester un certain temps. Ce sera plus facile pour nous deux. Julien L'Hostis.

Elle se sentit déjà mieux.

– Monsieur Julien, justement, je passais par là, j'ai vu de la lumière chez vous, je me suis dit : « Ce pauvre monsieur, comment se débrouille-t-il le mercredi quand c'est fermé chez nous? Je devrais bien lui indiquer un ou deux endroits pas loin où il pourrait aller manger de confiance. » C'est pourquoi je vous dérange.

– Vous ne me dérangez pas du tout. Je vous sais gré de votre sollicitude. Mais ne vous faites pas de souci pour moi. Le mercredi c'est mon jour de repos à moi aussi. Je reste ici à travailler toute la journée et le soir je vais dîner dans un bon petit restaurant de Paris où l'on me connaît bien. Et tenez! Si vous n'avez rien d'autre à faire, je vous invite. Je vous dois bien ça.

Il donna un coup d'œil à sa montre de poignet.

– Le taxi sera là dans dix minutes.

Elle n'en croyait pas ses oreilles. Bourdonnantes, ses oreilles.

– Le taxi?

– Bien sûr. Il vient me chercher tous les mercredis à la même heure et il me ramène. Une sorte d'abonnement. Vous ne croyez tout de même pas que j'allais vous emmener dans ma charrette à bras!

– Mais cela ne vous coûte pas trop cher, monsieur Julien?

144

– Cela fait partie de mon métier, mademoiselle. Il faut un temps pour tout.

– Mais comment ferai-je? Je ne suis pas habillée pour aller en ville. Vous auriez honte de moi. Je ne veux pas.

Et elle mourait d'envie de vouloir.

– N'ayez crainte. Vous êtes très bien comme vous êtes. C'est un endroit où chacun se rend dans la tenue qu'il veut. Et personne ne regarde comment vous êtes vêtu. Même pas les femmes. Veuillez m'excuser deux minutes. Je vais passer un veston.

Il sauta de l'établi, ouvrit la porte qui donnait sur l'autre pièce, sans doute sa chambre. Elle se retint pour ne pas le suivre. Elle ne savait plus où elle était, se tâtait les bras pour être sûre de ne pas rêver. Elle avait des bouffées de peur presque panique. Si M. Julien s'était trop attardé dans sa chambre, elle aurait pris la fuite, laissant la place vide et la chaise renversée. Mais il avait dit deux minutes et à point nommé il était revenu, habillé d'un costume de velours grège un peu fatigué, cravaté de tricot.

– Monsieur Julien...

Elle voulait argumenter encore, élever des objections, elle n'en eut pas le temps. On entendit claquer dans la rue la portière du taxi. M. Julien la prit par le bras, lui sourit, découvrant sa dent d'or. Elle ne résista plus. Comme une somnambule, elle redescendit l'escalier de bois, fermement conduite par sa main. En sortant, elle eut la présence d'esprit de demander :

– Vous ne fermez pas à clef?

– Je ne ferme jamais, fut la réponse.

Elle monta dans le taxi comme sur un nuage ou un tapis volant.

– Comme d'habitude, Vent de Soleil? dit le chauffeur.

– Comme d'habitude, Robert.

Il n'avait pas menti, M. Julien. Le restaurant était bien comme il avait dit. Sans façons, hors de toute mondanité bien que fréquenté par des personnages qui savaient se faire mondains en d'autres lieux, mais venaient là précisément pour échapper aux civilités artificielles et aux grimaces des salons. Il était évident que la poudre aux yeux n'avait pas cours chez eux. Ils semblaient se connaître tous, ce qui les dispensait de jouer un rôle. Le personnel, tout impeccable et attentif au service qu'il fût, se mouvait à travers la salle avec la même nonchalance que les clients eux-mêmes. Les femmes, beaucoup moins nombreuses que les hommes, portaient des toilettes qui n'attiraient pas les regards. D'une simplicité sans affectation, et d'une négligence nullement étudiée. Elles étaient là pour les mêmes raisons que les hommes, non pas pour leur tenir compagnie, encore moins pour se montrer. Marilou eut l'agréable surprise de constater du premier coup d'œil que son propre habillement se fondait fort bien dans l'ensemble de même que sa personne tout entière. Le défaut majeur, en pareil lieu, eût d'été d'apparaître comme une oisive. Elle ne risquait pas d'en donner l'impression et Vent de Soleil le savait.

Quelques hommes arboraient encore des pantalons à la hussarde, des lavallières et des chapeaux à larges bords qu'ils se gardaient d'ôter, d'autres avaient adopté les gros chandails de laine et les pantalons de golf qui étaient le fin du fin pour les cyclistes des années 30. Mais personne ne prêtait attention à leurs accoutrements, surtout pas

Marilou qui en voyait arriver assez souvent dans son bar-restaurant suburbain. Elle nota bien vite, en prêtant l'oreille autour d'elle, que les conversations roulaient non seulement sur des questions artistiques dont le vocabulaire lui était étranger, mais sur des tractations commerciales en rapport avec la brocante ou l'antiquaille. En cette période d'acuité des problèmes sociaux, les questions politiques ne semblaient pas fournir matière aux entretiens. M. Julien l'avait conduite à une table, lui avait mis le menu entre les mains en lui indiquant brièvement ce qu'il fallait commander pour lui. « Choisissez ce qui vous fait plaisir, mademoiselle Marilou. Ce qui vous tente. Je reviens tout de suite. » Il était allé échanger quelques mots avec d'autres dîneurs attablés plus loin avant de la rejoindre en s'excusant avec un sourire et un éclat fugitif de sa dent d'or. Au cours du repas, des hommes seuls ou des couples étaient venus les saluer et leur serrer la main sans que son compagnon crût bon de la présenter. Discrétion. Elle était donc adoptée d'avance. C'était là une situation qui ne laissait pas de lui faire plaisir. Pour le reste, elle avait remarqué que la cuisine était de qualité et préparée par des gens qui connaissaient assez leur affaire pour ne pas vouloir donner le change par des raffinements inutiles. Elle eut cependant un haut-le-corps quand la note arriva et qu'elle vit M. Julien tirer de sa poche de veste une petite liasse de gros billets dont il détacha quelques-uns. Elle s'en voulut de n'avoir pas regardé les prix indiqués devant les mets qu'elle avait choisis pour s'en régaler sans réfléchir. Leurs deux repas en valaient bien six de ceux qu'elle servait au *Rendez-vous des Amis*. Rouge de confusion, Marilou. Encore heureux qu'elle n'eût pas pris de vin. Elle ne buvait que de l'eau. Lui s'était offert une demi-bouteille de bordeaux.

– Je vous ai ruiné, monsieur Julien.

– Il en faudrait beaucoup plus pour me mettre sur la paille, mademoiselle, répliqua l'homme à la charrette à bras. Et d'ailleurs, j'ai bien gagné ma vie ce soir. Vous m'avez porté chance. Avez-vous bien dîné au moins ?

– Très bien. Je ne sais comment vous remercier.

– Si vous essayez de le faire, je ne vous inviterai plus. Il ne nous reste plus qu'à rentrer, maintenant, si vous voulez bien.

Non seulement elle voulait bien, mais elle brûlait d'envie de quitter cet endroit. Elle n'en pouvait plus de contentement et de gêne à la fois. Et voilà qu'il parlait d'une autre invitation.

Ils sortirent, lui la tenant par le bras et saluant de l'autre main les convives encore à table qui leur répondaient de même. L'un d'eux cria à travers la salle :

– Ne m'oubliez pas, Vent de Soleil !

M. Julien tourna la tête vers l'interpellateur.

– Je n'oublie jamais rien ni personne.

Dehors, il fit signe à l'un des taxis qui attendaient devant le restaurant.

– Où allons-nous ? interrogea le chauffeur quand ils furent installés derrière lui.

– Je ne sais même pas où vous habitez, mademoiselle.

Avec un peu de mal, elle bafouilla un numéro et un nom de rue. Elle dut répéter, le chauffeur n'avait rien compris.

Ils n'échangèrent pas un mot pendant le trajet. Il est vrai qu'ils n'avaient pas beaucoup parlé pendant le dîner, elle parce qu'elle était abasourdie par ce qui lui arrivait, lui parce qu'il n'avait rien à demander. Le taxi s'arrêta devant la maison qu'elle avait indiquée.

– A demain soir, mademoiselle.

– C'est ça, monsieur. A demain soir.

Elle descendit, s'engouffra dans le couloir de son immeuble sans avoir la présence d'esprit de refermer la portière. Vent de Soleil changea de place pour le faire. Le taxi repartit pour l'entrepôt tout proche.

Il était rentré chez lui depuis à peine vingt minutes. Il avait revêtu sa robe de chambre de soie aux dragons, replacé soigneusement la chaise derrière le bureau de style anglais et il reprenait sa flûte pour en tirer quelques sons avant de faire sa toilette quand son instinct l'avertit d'une présence derrière la porte de sa chambre à coucher. Il alla ouvrir. Elle était là, le souffle encore un peu court de s'être hâtée par les rues pour revenir à lui, ne sachant quelle contenance prendre, mais résolue à ne pas se faire renvoyer par ce M. Julien qui portait un si beau surnom.

– Demain soir, c'est bien loin, souffla-t-elle.

Et elle l'écarta pour entrer, lui prenant au passage la flûte qu'il tenait en main. Il referma doucement la porte.

Toujours acagnardée sur son lit, Marilou avait conté son histoire d'une voix sourde, étouffée par moments, comme si elle émanait d'un invisible magnétophone qui aurait eu des ennuis avec les ondes. Elle avait détaillé complaisamment le récit de sa première soirée avec Vent de Soleil, l'inoubliable soirée qui, donnant un sens à sa vie, ne l'en avait pas moins engagée dans une aventure si insolite que toute issue heureuse devait en être d'avance exclue. Elle le savait déjà en entrant dans la chambre obscure de celui qui devait lui dire, le lendemain à l'aube, quand ils se relevèrent tous les deux : « Je ne fais que passer. Vent de Soleil est le seul nom qui me convienne. Il faudra un jour m'oublier. »

Maintenant elle se sentait épuisée pour avoir évoqué si longuement et de si près son entrée en passion. Elle reprit un moment son souffle et s'apprêtait à en finir avec ses confidences. Elles seraient plus brèves et plus faciles désormais, l'essentiel ayant été dit. C'est alors que s'éleva, semblant venir de très loin, la voix douce et mesurée d'Aurélia.

– L'amour avec lui, c'est ce que j'ai connu de plus fort. Je veux dire l'amour physique. Quand j'y repense, après tant d'années, j'en suis encore éblouie. Il prenait son temps, tout son temps pour vous préparer afin que vous n'ayez rien à subir de lui, mais tout à prendre de ce qu'il pouvait donner. Il me laissait, moi, venir à lui et cependant je me sentais comme aspirée doucement par le désir qu'il avait de moi. Je ne sais pas, je n'ai jamais su comment il faisait. Je crois qu'il ne faisait rien. Il se contentait d'être ce qu'il était à ces moments-là, une fascination vivante, un homme de proie malgré lui qui se laissait prendre par sa victime triomphante et qui n'avait conscience de triompher que lorsqu'elle s'était anéantie en lui. Jamais il ne m'a prise, c'est toujours moi qui me suis prise à lui. Mais j'ai cru qu'à chaque fois il se mettait à l'unisson, qu'il partageait avec moi ce qu'il y avait à partager et qui est indicible. Je le crois toujours. Une fois même, la dernière, il m'a dit qu'il avait envie de mourir en moi, de se dissoudre. Il est parti le lendemain. Je ne l'ai revu que ce soir, alors qu'il vient de nous quitter pour de bon, nous deux et combien d'autres, comment le savoir et pourquoi? Un homme si fort et si puissant qu'à sa première étreinte il m'aurait fait peur si j'avais été capable de... Mais il était la douceur même. Lorsque j'étais contre sa poitrine, hors de moi et toutes griffes dehors, je le suppliais, je lui criais de me serrer plus fort, plus fort. Il n'en faisait rien. « Aurélia, disait-il, souvenez-vous. Qui trop étreint mal embrasse. » Mais moi, je n'étais pas maîtresse de mes fureurs.

Marilou, stupéfaite, s'était redressée sur son lit. Elle n'en revenait pas d'entendre de pareilles choses, surtout de la part d'une femme que, sans la connaître, elle estimait trop bien éduquée pour aborder de tels sujets, même en ayant recours à des ressources du langage qui voilaient les propos sans en atténuer la portée, au contraire. Admirative et un peu jalouse, Marilou, mais surtout complice. C'est le mot « merde » qui faillit lui éclater dans la bouche. Elle dut faire un gros effort pour le réprimer et se tenir au diapason du mieux qu'elle pouvait.

– Eh bien, vous alors! Comment faites-vous pour arriver presque à expliquer des choses qui dépassent l'entendement?

Aurélia s'était plaqué les deux paumes sur le visage pour se cacher les yeux.

– Je suis honteuse, Marilou. Excusez-moi, s'il vous plaît. C'est votre faute aussi. Vous racontez si bien que j'ai cru... que j'ai cru entrer dans sa chambre à votre place.

– Cela s'est passé pour vous de la même façon?

– A peu près, du moins pour ce soir-là. Seulement...

– Seulement...?

– Je ne l'ai jamais entendu jouer de la flûte. S'il y avait eu la flûte en plus, je serais devenue folle.

Marilou sauta du lit, s'empara de son sac de voyage posé sur une chaise à bras. La glissière ne fonctionnait pas bien. La femme s'énerva si fort pour en avoir raison que le mot qu'elle avait pu retenir lui échappa trois fois de suite et vigoureusement. Le sac finit par s'ouvrir. Elle y plongea la main, en sortit un paquet enveloppé d'un foulard qu'elle déplia fébrilement. A l'intérieur, il y avait la flûte.

– La voilà! dit-elle en la jetant sur les genoux d'Aurélia. Je n'ai jamais voulu la lui rendre.

C'était une flûte de sureau, un de ces rustiques instruments que taillent les petits vachers dans une branche coupée sur un talus. Elle paraissait racornie, incapable d'émettre un son. Quelle importance! Le flûtiste avait rendu son dernier souffle. Aurélia la dévorait des yeux, mais n'osait pas la toucher.

– Prenez-la, Aurélia. N'ayez pas peur. C'est seulement une flûte. L'air, je l'ai dans la tête. L'air, c'était son haleine à lui. Son haleine, Aurélia. Je ne sais ni chanter ni siffler. Je garde l'air pour moi. Tant pis pour vous.

– Gardez aussi la flûte. Qui donc pourrait vous la disputer? A moins que...

– A moins que quoi?

– Et si vous la lui mettiez dans la poche de son veston pour l'accompagner dans son dernier voyage! Si j'avais eu quelque droit sur elle, c'est ce que j'aurais fait.

Marilou reprit la flûte dans le giron d'Aurélia. Elle fut pour l'envelopper de nouveau dans le foulard, hésita, finit par la poser sur la table de nuit. Elle se tint le dos tourné à l'autre femme.

– Il n'aimait pas garder de souvenirs. Est-ce vrai?

– Aucun souvenir.

– Mais il est mort maintenant.

– Il est mort.

– Vous me rappellerez de la lui mettre dans sa poche, Aurélia. Je suis capable d'oublier. Vous avez meilleure tête que moi.

Marilou se rejeta sur son lit avec un grand soupir qui s'acheva en rire.

– C'est quand même étonnant, dit-elle. Nous voilà deux vieilles femmes – et moi de dix ans plus vieille que vous, je suppose – en train de parler d'amour. Enfin, de ce qu'on appelle comme ça. Vous le savez, vous, ce que c'est?

– Quelqu'un l'a-t-il jamais su! On a écrit des montagnes de livres à ce sujet. Aucun d'entre eux ne décrit exactement ce que j'ai éprouvé. Il s'en faut de beaucoup. Il y a autant d'amours que d'êtres vivants, Marilou. Il y en a même plus puisque chacun peut en connaître ou en inspirer plusieurs qui sont toujours différents. Nous avons cru aimer le même homme. Ce n'est pas vrai. Le mien avait dix ans de plus que le vôtre quand c'est arrivé pour moi. Et le sentiment que nous éprouvons pour quelqu'un, même s'il ne semble pas changer de nature, ne cesse de se modifier à mesure que le temps passe. S'il ne dure pas, c'est qu'il n'est qu'illusion, emportement de jeunesse. Ce n'est pas le cas pour nous deux, je crois, sinon nous ne serions pas ici. C'est pourquoi il n'est pas ridicule de parler d'amour à notre âge, surtout si cela reste entre nous.

– C'est trop compliqué pour moi. Mais plus je vous écoute et plus je suis d'accord. Je n'ai jamais aimé que lui, même dans les moments où je le maudissais. Et c'était souvent. Quand j'avais cessé de le maudire, tout absent qu'il était, il reprenait tranquillement possession de moi. J'ai cherché à l'oublier par tous les moyens. Quand je croyais y être à peu près parvenue, il se manifestait à moi, toujours de très loin, au téléphone, et c'était à recommencer. Si seulement il avait disparu pour de bon.

– Aujourd'hui c'est fait.

– Ce n'est pas vrai. Il est encore là-haut. Mort, bien sûr, mais nous l'avons revu. Et le pire, c'est que nous ne saurons probablement jamais pourquoi il nous a fait venir.

– Pas seulement nous. Il a aussi invité les hommes qui sont là. Et pourquoi pas d'autres qui n'ont pas pu venir. Ce n'est pas pour les raisons qui valent pour nous deux, mais lesquelles ? Les hommes n'ont pas l'air de se connaître. Nous ne nous connaissions pas non plus. A-t-il voulu faire se rencontrer ceux qui ont marqué sa vie à un titre quelconque ? Nous le saurons peut-être demain. Aucun de ceux qui sont là ne pourra s'empêcher de parler comme nous n'avons pas pu nous en empêcher nous-mêmes. Et puis il y a le jeune secrétaire, maître Louis Lestonan. Je ne sais pas pourquoi il me trouble, celui-là. Il doit en savoir plus que nous tous sur Vent de Soleil.

– Vent de Soleil. C'est vrai, je n'ai pas fini mon histoire. Donc, le lendemain, quand nous nous sommes levés pour aller au travail, il m'a dit que Vent de Soleil était le seul nom qu'il reconnaissait comme sien.

– Il me l'a dit aussi. Il devait le dire à d'autres qui n'avaient pas avec lui les mêmes rapports que nous. C'était à la fois une marque de confiance, un nom de code pour des initiés et un avertissement : « Ne vous faites pas d'illusions, je m'en irai quand il me prendra l'envie de partir. »

– J'ai bien compris. Il n'y a rien eu de changé sinon que je pouvais aller chez lui chaque fois que j'en avais envie. Mais jamais il n'est venu chez moi. Et cela se passait toujours très bien. Il avait toujours l'air content de me voir. Il ne m'a pas demandé une seule fois d'espacer mes visites. Le mercredi soir, nous allions manger dans le restaurant dont j'ai parlé ou dans un ou deux autres pour y rencontrer des clients à lui. Les autres soirs, il venait manger sans faute au *Rendez-vous des Amis*. La seule différence était qu'il m'appelait Marilou tout court et moi je lui disais Julien. Bien entendu, les patrons et les habitués savaient que nous couchions ensemble, mais cela ne dérangeait personne. Il n'était pas le premier, mais le plus discret et, comment dire, le plus imposant. On m'enviait même dans le quartier, on se demandait comment j'avais pu faire pour me mettre bien avec un tel homme. N'allez pas croire que j'étais une marie-couche-toi-là, mais enfin, malgré sa charrette à bras et son bleu d'ouvrier, il avait une telle allure qu'à côté de lui je ne faisais pas le poids, comme on dit. Je n'étais pas laide, mais je manquais d'éducation. Orpheline, livrée à la charité publique, houspillée plus souvent qu'à mon tour, j'avais à peine douze ans que je faisais la plonge dans un bistrot à vin rouge, vous pensez.

– Vous êtes orpheline ?

– Oui, je viens de le dire. Pourquoi ?

– Il le savait ?

– Quelqu'un le lui avait dit. Qui ? Enfin, il le savait.

– Excusez-moi, mais je suis orpheline aussi. Plutôt riche, recueillie d'abord par des parentes, élevée dans des pensionnats huppés. Nous devons avoir quelque chose de commun. J'ai toujours eu du mal à m'attacher à quelqu'un. Une sauvagesse disaient mes tantes. Et vous ?

– Méfiante, oui, je l'ai été toute ma vie. J'ai toujours pris mes précautions avec tout le monde.

Même avec lui. Tenez! Plusieurs mercredis de suite, je l'ai suivi en me cachant. Il allait faire ses livraisons. Pas le ramassage, c'était les autres jours. Mais le patron l'a vu au volant d'une camionnette qui portait le nom de Julien L'Hostis en grosses lettres. C'est avec elle, garée au centre de Paris, qu'il débarrassait les greniers et les caves. La charrette à bras ne servait que pour rapporter à l'entrepôt les objets qui lui semblaient vendables et les répartir entre ses clients après les avoir souvent remis en état. Je l'ai vu travailler dans son entrepôt. Il était très habile. Ses clients étaient des antiquaires avec de belles boutiques dans les beaux quartiers ou des brocanteurs plus modestes. Ce qui n'intéressait pas ces gens-là, il l'écoulait aux Puces. Je n'ai jamais osé lui proposer de l'accompagner. Il m'aurait dit non. Il avait sa vie, moi la mienne. Les deux vies se confondaient à certains moments et dans certains lieux, mais il ne m'était pas permis de prendre de lui plus que ma part. Je n'ai pas tenté le diable. Vent de Soleil a quand même disparu sans le moindre avertissement.

Elle parut soudain très fatiguée.

– Voulez-vous que je vous laisse, Marilou. Vous avez besoin de dormir.

– Attendez un peu, je n'ai pas fini. Un jour, il n'est pas revenu. J'ai couru à l'entrepôt. Il était vide. Vide aussi l'appartement. Après tout, c'était son métier de débarrasser ce qui ne servait plus à rien, n'est-ce pas! Je suis entrée dans une fureur folle, j'ai crié, j'ai hurlé des injures, j'ai donné des coups de pied dans les murs, il n'y avait plus rien à casser. Je suis rentrée chez moi, je me suis enfermée pendant deux ou trois jours, je ne sais plus. C'est là que mon patron et sa femme sont venus m'annoncer qu'ils se retiraient du commerce, que Julien L'Hostis leur avait acheté le *Rendez-vous des Amis.* Acheté en mon nom. Pour moi. J'ai encore piqué une crise, je les ai mis à la porte, ils n'ont rien compris. Un tel cadeau pour avoir couché un peu plus de deux ans avec un de leurs clients, beaucoup plus riche qu'il n'y paraissait. Quelle veine elle avait, cette Marilou !

« Et puis je me suis calmée. J'ai tenu mon bar-restaurant pendant dix ans. La maison marchait bien les premières années. C'était pourtant celles de la guerre, de l'Occupation, des restrictions en tout genre, mais je me suis arrangée, je ne vous en dis pas plus. Seulement j'étais sans nouvelles de lui. Alors, je me suis mise à boire. Je ne supportais pas de voir occupé le coin où il allait s'asseoir directement en entrant. Et la nuit, je rêvais de la boîte en fer-blanc où il mettait ses billets de banque, Vent de Soleil. " J'ai toujours vu ranger les petites économies dans des boîtes à gâteaux vides ", disait-il en souriant. Ses économies à lui étaient importantes, il aurait déjà pu tenir une banque. Et moi, il m'était facile de me remplir les poches en vidant la boîte à gâteaux quand elle était bien pleine. Je ne lui ai jamais fait tort d'un sou. Mon salaire de bonniche me suffisait.

« J'ai vendu le *Rendez-vous des Amis* pour acheter un petit hôtel, croyant me délivrer de son image. Je n'avais pas assez d'argent, il est arrivé un chèque par l'intermédiaire d'un homme de loi. Et j'ai continué à boire. J'ai bu l'hôtel et puis, et puis… A chaque fois que j'étais dans la mouise, il trouvait le moyen de m'en tirer. Et moi je retombais de plus belle, je ne vous dirai pas jusqu'où, toujours à cause de lui qui avait traversé ma route avec sa sacrée charrette à bras, ses yeux clairs, son sourire et sa dent d'or. Ce soir, ses yeux sont fermés. Fermée aussi sa bouche où manque la dent d'or. Je vais peut-être pouvoir dormir, Aurélia.

« Dites, vous me raconterez votre histoire avec lui demain, n'est-ce pas? En tout cas avant que nous nous séparions, après l'avoir...

– Mais nous nous reverrons aussi plus tard, Marilou. Il faudra nous revoir non pas pour parler de lui, mais pour nous aider à vivre, vous ne croyez pas?

– Pourquoi prendriez-vous la peine de revoir une femme comme moi, Aurélia. Nous ne sommes pas de la même catégorie. Du même monde, comme on dit.

– Si justement. Plus proches l'une de l'autre que si nous étions jumelles. Je voulais vous proposer quelque chose. L'avez-vous jamais entendu tutoyer quelqu'un?

– Lui? Quelle idée! Il n'en était pas capable, je crois. Il y a eu des hommes qui l'ont entrepris en le tutoyant. Au comptoir, vous savez, des buveurs de passage qui le voyaient dans sa tenue d'ouvrier. Ils le faisaient cordialement, en copains, quoi. C'était la grande fraternité du Front Populaire, en ce temps-là. Et lui, il semblait ne pas les entendre. Alors, ils n'insistaient pas. Quant aux petits voyous de la première fois, je vous ai dit comment il les avait traités. C'était seulement pour leur faire comprendre qu'ils n'avaient pas gardé les vaches avec lui.

– Et vous?

– Lui dire « tu »? Jamais. J'avais trop peur de le voir s'en aller, ne plus revenir. Il m'a toujours dit « vous ». Même au lit.

– Il faisait de même avec moi. Cela m'allait bien, j'ai été élevée à ne tutoyer personne à part les enfants et encore tout petits. Mais je l'ai vu se faire tutoyer par quelqu'un. Une femme. C'était dans un déchaînement de colère, par désespoir de n'être rien pour lui.

– D'abord, c'est impossible de tutoyer longtemps quelqu'un qui vous dit « vous ». Ou alors on s'en va. Quand on peut.

– C'est possible en se mettant sur pied d'égalité. Alors, si nous décidions de nous tutoyer toutes les deux. Ce serait une façon de le conjurer, lui.

– Le conjurer? Qu'est-ce que cela veut dire? Vous m'expliquerez plus tard, Aurélia. Ce soir, je suis trop fatiguée. C'est une fameuse idée que tu viens d'avoir.

– A la bonne heure. Jusqu'à demain, Marilou. Je frapperai à ta porte pour le petit déjeuner à Porz-Kuz.

CHAPITRE V

AURÉLIA

AURÉLIA est revenue dans sa chambre. Elle n'a aucune envie de dormir, persuadée d'autre part qu'elle ne trouvera pas le sommeil avant d'avoir mis de l'ordre dans les événements de la journée, le plus inattendu et le plus grave étant la mort de Vent de Soleil. Cette mort la privait d'apprendre par sa bouche pourquoi il l'avait fait venir dans cet étrange lieu de ses origines, ce fantôme de port au fond d'une crique auquel on accède par un puits creusé dans la roche à partir d'une ancienne auberge de rouliers sur la falaise. Il ne lui avait jamais dit d'où il était. Elle se doutait bien qu'il était né quelque part en Bretagne à cause de ce nom insolite qu'elle avait lu sur ses papiers d'identité quand il ne pouvait pas faire autrement que de les montrer : Clet Urvoas, un nom à ne pas déparer un roman de la Table Ronde. Mais était-il le sien ? Leur rencontre avait eu lieu en 1945 à Paris. En ce temps-là, ils n'étaient pas rares, les résistants qui conservaient encore leurs faux papiers de l'Occupation. Maintenant, elle en était sûre. C'est d'ici qu'il avait levé l'ancre, ici qu'il venait la jeter, ce Vent de Soleil toujours impatient de rompre ses amarres. Croyait-il avoir fini de se chercher ?

Pendant vingt-cinq ans, elle avait vécu de son

souvenir. De le savoir vivant et loin d'elle ne troublait pas l'espèce de sérénité qui était la sienne depuis qu'étaient retombés, avec son départ, les feux d'une passion qu'elle avait toujours été assez forte pour réprimer au moins dans ses manifestations extérieures, jalouse de garder en elle-même son trésor. Elle n'espérait rien, surtout pas son retour. Elle en était même venue à se demander si elle avait envie de le revoir. Elle allait entrer dans sa vieillesse, dans un âge où le passé l'emporte sur le présent et qui se soucie de moins en moins de l'avenir. Et cependant, quand elle avait reçu la convocation – c'est le mot qui convient le mieux – elle avait été saisie d'une intense curiosité et d'une exaltation difficiles à analyser, même pour une femme comme elle, habituée à démêler les pourquoi et les comment des actes et des sentiments, y compris les siens. Elle avait beaucoup réfléchi à ce qu'elle dirait et ferait en présence de Vent de Soleil. Elle avait pesé ses phrases, établi un plan d'approche et des positions de repli, connaissant la répugnance de l'homme à se livrer. Maintenant qu'il était mort, tout était remis en question. Elle ne pouvait plus compter que sur les témoins qui étaient là, parfaitement inconnus d'elle.

Pourquoi les avait-il réunis, ceux-là? Etait-ce pour les faire se rencontrer, pour les avoir sous la main tous ensemble? Et qu'attendait-il de cette confrontation? Mis à part Mène et son frère Nest le Roitelet, ils sont étrangers les uns aux autres, ce qui veut dire qu'ils ne sont pas intervenus dans sa vie à la même époque. De là un malaise qu'elle a cru déceler dans leur comportement et qu'il lui faudra dissiper si elle veut les faire parler à cœur ouvert. Car elle aimerait savoir, apprendre d'eux ce qu'ils connaissent de lui et qui lui reste caché à elle, leur tirer les vers du nez comme elle oserait le dire si l'expression n'était pas si déplaisante alors que ses intentions ne le sont pas. Mais voudront-ils? A moins qu'ils ne soient habités par la même soif d'avoir d'autres images d'un homme aussi déroutant que lui. Ou peut-être les mêmes, ce qui serait rassurant. En ce cas, pour sa part, elle les aiderait à éclairer leur lanterne en racontant l'épisode de sa propre vie qu'elle a vécu à ses côtés. Ils ne pourraient pas faire moins que de lui rendre la pareille. Ce serait donnant, donnant.

Elle a bien commencé. Il ne lui a pas été difficile de faire se confesser Marilou, une fois mise en confiance et habilement encouragée par ses confidences à elle, Aurélia. Marilou n'en pouvait plus de se retenir. Elle avait besoin de se débonder, de se libérer dans un flux de paroles et sans vaines réticences si bien qu'elle n'avait même pas eu la présence d'esprit d'interroger en retour Aurélia sur sa propre expérience de Vent de Soleil. Il n'est pas dit que les autres se prêteront avec autant de complaisance aux sollicitations ouvertes ou indirectes. Surtout les deux hommes dont elle ignore les noms et la qualité, le solennel au costume trois pièces et le grognon au blazer. Mais n'est-elle pas assez fine mouche pour en avoir raison?

Cependant, elle compte plus sur la vieille Mène et sur Nest le Roitelet, pour l'aider à prendre la plus totale possession du seul homme qui ait bouleversé sa vie et donné un vrai relief à ses jours car elle se reconnaît la femme d'une seule passion et de tous les justes milieux qui l'ont aidée à s'en remettre. Ces deux-là ont assisté aux commencements de Vent de Soleil et il n'est pas douteux qu'ils sont restés les plus proches de lui. On sait assez que les premières années d'un être sont révélatrices de son tempérament futur. Seuls les témoins de ces années-là sont capables de dire si

163

l'être en question a persévéré dans ses voies ou s'il a renié ses promesses, peut-être pour mieux s'accomplir. Nest le Roitelet n'est pas assez futé, croit-elle, pour la voir venir. Il est visible qu'il a toujours admiré Vent de Soleil, que sa mort brutale le laisse désemparé et qu'il se réfugie dans le bavardage pour échapper à sa douleur. Mais son bavardage même, dans son apparente inconsistance, éclaire mieux la personne de son frère de lait que ne le ferait sa réponse appliquée à des questions précises. Il n'y aura qu'à le laisser parler. Il y a toute apparence que Mène ne se laissera pas apprivoiser facilement ni même approcher. D'abord, c'est elle qui commande ici et il devait en être de même quand Vent de Soleil était là, tout propriétaire qu'il fût. Ensuite, elle voit d'un mauvais œil son domaine envahi par des gens qu'elle ne connaît pas, bien qu'ils soient les invités du maître des lieux. Et enfin, il apparaît que Vent de Soleil était son préféré, qu'elle aurait voulu le garder pour elle seule et que les nouveaux arrivants ne peuvent être les bienvenus puisqu'ils l'ont frustrée d'une part de lui pour la simple raison qu'ils l'ont connu et fréquenté. Mène, il faudra l'amadouer. Reste à en trouver le moyen. Aurélia espère qu'il se découvrira tout seul pour qu'elle n'ait pas à faire appel à de sournoises inventions. Elle ne réussit jamais mieux que dans la franchise. Vent de Soleil l'en a parfois complimentée autant qu'il pouvait le faire sans s'affaiblir.

Reste aussi ce monsieur – pardon, maître – Louis Lestonan. Aurélia ne sait pas quoi en penser. Il est une énigme pour elle. Non seulement parce qu'il est d'une autre génération mais parce qu'elle ne sait pas quel est son rôle. Elle serait prête à jurer, pourtant, que sa fonction est plus importante qu'il n'y paraît. Il suffit de l'entendre parler, de le voir évoluer avec autorité et prendre les décisions qu'il faut pour en être convaincu. Il est évident que pour affronter la situation avec cette maîtrise et en même temps cette souplesse, il faut qu'il ait été investi par Vent de Soleil de responsabilités particulières et probablement délicates. En tout cas, c'est une sorte d'homme de loi, rompu aux affaires et à même de les débrouiller au mieux, quelles qu'elles soient. Au total, l'homme de confiance de Vent de Soleil qui ne se confiait guère, pour autant qu'elle sache. Celui-là, elle en mettrait sa main au feu, n'a pas été seulement un juriste. Sinon, pourquoi se serait-il fait aussi chauffeur ? Cet observateur rigoureux doit en savoir à lui seul sur le mort plus que tous ceux qui sont là, sans excepter Mène et le Roitelet, incapables d'un jugement impartial à son sujet. N'a-t-il pas, d'ailleurs, vécu constamment près de lui sa dernière étape alors qu'elle-même et certains autres témoins ne peuvent se référer qu'à des souvenirs anciens qui ont dû s'altérer au cours des ans pour devenir de plus en plus subjectifs ! Peut-être connaît-il les intentions qui étaient celles de Vent de Soleil en les invitant à venir le retrouver dans son repaire du bout du monde. Aurélia soupçonne qu'il pourrait être le juge et l'arbitre quand il s'agira, dans les jours qui viennent, non pas seulement de tirer au clair la succession de son patron, mais de dresser son image la plus juste, celle qui réunira en elle, avec l'assentiment de tous, les traits qui composèrent, de son vivant, la personnalité d'un homme hors du commun. Et chacun y trouvera son compte. Ce qu'elle n'arrive pas à s'expliquer, c'est la gêne qu'elle éprouve en rencontrant son regard et qui lui fait baisser les yeux comme cela ne lui est pas arrivé depuis très longtemps. Jeune orpheline de riche bourgeoisie, elle a été élevée en état d'humilité malgré la fortune qui attendait qu'elle fût majeure pour la libérer des tantes abusives. Les yeux baissés et la réserve de tout le corps étaient les composantes obligées de l'attitude qui convenait à son éducation. De s'en être dégagée, elle le devait à son vieil ami La Paluche, le clochard de Conflans Sainte-Honorine, qui se fit pour elle professeur de maintien après l'avoir aidée de son expérience dans ses études de sociologie :

– Redressez-vous, demoiselle, intimait-il, cambrez-vous un peu en arrière! Tâchez de me regarder droit et franc dans les yeux si vous arrivez à les trouver entre ma barbe et mes sourcils. Voilà! Ce n'est pas trop mal. Avec un peu d'entraînement vous y arriverez. C'est le regard à l'usage des inconnus et des indifférents, autant dire de presque tout le monde. Il vous fait prendre quelque distance, mais pas trop. Pour vos amis le même regard, mais avec une chaleur qu'ils ne manqueront pas d'y trouver. Mettez-y une lueur d'agressivité pour ceux qui voudraient avoir barre sur vous. Et aussi ceux qui entreprendraient de vous faire la cour sans que vous les ayez autorisés. Quant aux autres jeux de prunelles, aux œillades et à toutes les mines qui vont avec, ce n'est pas à moi de vous les enseigner. Je peux seulement vous avouer que je m'y suis laissé prendre trop souvent au temps de ma folle jeunesse « auquel j'ai plus qu'autre gallé ». Pourquoi riez-vous, demoiselle? Me prendrez-vous jamais au sérieux?

La dernière interrogation était seulement pour entendre protester son élève. Il savait bien, ce riboteur impénitent et philosophe à toutes mains, que la demoiselle ne mettait pas ses paroles en doute. La Paluche était ainsi nommé, dans son milieu et derrière son dos, à cause de ses énormes mains. Mais on ne s'adressait à lui qu'en l'appelant

Saint-Honorin parce qu'il était né à Conflans. Il s'en trouvait flatté, ne manquait pas d'accorder sa bénédiction à tout interlocuteur qui lui parlait en bon français. Ce fut lui qui fit connaître Vent de Soleil à la demoiselle Aurélia, cette héroïne de Nerval s'il fallait l'en croire, et tous les clochards des bords de la Seine le voulaient bien.

Elle approchait de la trentaine quand la guerre avait pris fin, lui permettant de regagner Paris après plus de quatre années passées, non point par obligation mais par choix délibéré, dans une propriété villageoise de l'Ardèche qui lui venait de sa famille. A peine était-elle arrivée que le hasard mit l'ancienne paroissienne de Saint-Honoré d'Eylau en présence du Saint-Honorin de Conflans, dit La Paluche, dont elle ne saura jamais vraiment le nom, d'ailleurs sans importance comme tous les noms qui ne servent guère. Elle était née dans les beaux quartiers de la capitale, y avait vécu une enfance de luxe, protégée et choyée par des parents qui lui passaient tous ses caprices pour se racheter de n'être pas souvent auprès d'elle et toujours en coup de vent. Ils étaient fort répandus dans un certain monde littéraire et artistique, fréquentaient les figurants titulaires du Tout-Paris et la faune des noceurs cosmopolites. Sa mère à la cervelle d'oiseau courait les soirées mondaines, les présentations de mode, les concours hippiques, les plages estivales les plus huppées et les casinos à roulette. Son père était un curieux personnage, à la fois brasseur d'affaires très habile et incorrigible chevaucheur de chimères, toujours à l'affût de nouvelles inventions. Ce fut en essayant la plus rapide automobile du moment qu'il s'était tué avec sa femme sur une route de Normandie encombrée par un tombereau de betteraves.

A neuf ans, Aurélia échoua entre les mains de deux tantes, les sœurs de son père, racornies dans un célibat hargneux et qui n'avaient pas pardonné à leur frère, outre la futilité de sa femme, toutes les fantaisies dont il s'était rendu coupable et dont la dernière avait été sa propre mort. Ce frère n'avait pas été aussi léger qu'elles se plaisaient à le dire, ni sa femme aussi frivole puisqu'ils avaient laissé derrière eux, malgré de folles dépenses de toilettes et de joujoux sportifs, une fortune inentamée. Quoi qu'il en soit, la fillette paya en austérités de toutes sortes les excès mondains de ses parents. Elle connut les institutions les plus sévères, les plus gourmées, elle subit les disciplines les plus étroites, les restrictions de lectures les plus bornées, les défenses absolues de fréquenter quiconque n'était pas de son monde ou plutôt du leur. Même bachelière et inscrite en Sorbonne, les deux duègnes la faisaient encore surveiller de près, outre qu'elles lui imposaient de porter des vêtements à leur goût suranné. La jeune fille ne disait rien, ne se rebutait pas. Elle attendait son heure.

Son heure était sa majorité. Dès qu'elle fut en possession de sa fortune, elle s'empressa de casser sa corde sans changer pour autant de conduite, trop conditionnée qu'elle était depuis trop longtemps. A mère prodigue fille avare, aurait pu dire plus tard Vent de Soleil, injustement d'ailleurs. Ce n'était pas du tout de l'avarice. Elle était seulement embaumée dans une règle de vie dont elle ne sentait pas les contraintes, étant d'un tel caractère qu'elle s'en accommodait fort bien. Elle abandonna aux deux tantes revêches l'hôtel particulier pour aller s'installer, avec l'une de ses nourrices retrouvée, dans un appartement du quartier de l'Odéon. Elle n'avait pas eu de compagnons de jeux ni d'amis ni d'amoureux ni même de prétendant coureur de dot. Elle n'aura pas de camarades de faculté, étant trop réservée et trop farouche d'abord. Trop mal ficelée aussi car elle n'avait pas appris à s'habiller et n'avait cure de la mode. Entre eux, les étudiants la traitaient de pimbêche ou de bonne sœur sécularisée alors qu'ils eussent été en peine de justifier ces appellations gratuites, non plus que celle de vierge-et-martyre dont usaient les plus mal embouchés en parlant d'elle. Elle alimentait d'autant plus les quolibets que ses résultats dans les matières étudiées étaient sans conteste les meilleurs. Au demeurant pas plus laide qu'une autre, pas plus belle non plus, quand on n'attachait pas sur elle un regard assez attentif pour lui trouver un charme un peu sévère, mais capable d'exercer une étrange séduction. Il ne s'était trouvé personne pour s'y prendre et elle n'avait jamais tenté d'en user. Aurélia était une « externe », comme on disait dans le jargon universitaire de l'époque, une fille qui n'appartenait à aucun groupe, aucune bande, coterie ou même association, qu'on ne voyait jamais dans aucun de ces cafés dits littéraires où l'on refait le monde en pétunant et chopinant à longueur de soirées pour soutenir des inspirations bavardes. Elle prenait ses repas chez elle, avec sa vieille servante. Elle faisait ses commissions dans son quartier, elle plaisantait volontiers avec les fournisseurs et les gens de sa rue. Si quelqu'un s'était avisé de lui dire qu'elle était malheureuse, elle lui aurait ri au nez comme on fait d'une bonne plaisanterie. Elle ne savait pas pleurer.

Il lui aurait suffi d'abandonner sa réserve pour suivre le courant et se faire accepter dans le milieu estudiantin une fois pour toutes. Même les plus férocement railleurs à son égard n'auraient pas hésité à lui faire accueil. Elle le savait. Mais elle répugnait à faire la moindre avance et, d'autre part, elle avait été trop tenue, trop esclave des conventions familales pendant trop d'années décisives pour abandonner sa présente liberté, ce qu'elle aurait dû faire, peu ou prou, en se laissant emprisonner dans la société des chasseurs de diplômes. Mais elle se rendait bien compte qu'elle manquait d'ouvertures sur le monde, du moins autres que livresques. C'est pourquoi, sa licence de philo terminée et n'ayant pas le moindre souci de faire carrière, elle se lança à corps perdu dans la sociologie, une science qui n'était pas encore reconnue à part entière. L'effervescence des années 30, l'avènement du Front Populaire lui fournirent les plus riches occasions de s'initier au comportement des travailleurs. Elle entreprit d'établir les bases d'une thèse dont le sujet précis ne lui apparaissait pas encore clairement, mais qui nécessitait une bonne connaissance de la vie quotidienne, les ouvrages sur le sujet ne lui donnant pas entière satisfaction. On la vit fréquenter assidûment les quartiers populaires de Paris, particulièrement les marchés de plein air. Ou plutôt on ne la vit pas car elle savait se faire si insignifiante qu'elle se fondait dans la foule et que, même seule sur une scène, on l'aurait à peine distinguée du décor. Elle croyait bien avoir trouvé sa vocation.

Là-dessus éclata la Seconde Guerre mondiale, survint la défaite de 1940 suivie de l'occupation allemande. Ce fut la division de la France en deux zones, celle du Nord avec Paris sous la botte, celle du Sud réputée libre si le mot de liberté pouvait encore avoir un sens, étant donné la tournure que prenaient les opérations. Malgré l'intérêt nouveau que revêtaient ses observations parisiennes en raison d'un état de guerre qui éclairait d'un jour impitoyable le comportement des gens, Aurélia fut tout de suite tentée de franchir la ligne de démarcation. Elle possédait en Haute-Vienne une petite propriété rurale qui lui venait de sa mère. Elle n'en conservait qu'un vague souvenir pour y avoir séjourné, toute petite, du vivant de ses parents. Si elle décida de s'y rendre, ce fut d'abord d'instinct, pour échapper à l'emprise de l'occupant. Elle s'était toujours gardée de toute sujétion à qui que ce fût, ce n'était pas pour servir d'otage à un vainqueur arrogant. Outre cela, il lui fallait bien se l'avouer, elle se promettait d'étudier de près le milieu paysan, inconnu d'elle jusque-là, du moins directement, et qui pourrait fournir un autre volet contrasté de sa future thèse. Peut-être s'est-elle reproché de considérer la situation sous l'angle de ses travaux intellectuels, mais elle n'en était pas moins sensible aux misères du temps, déterminée à secouer le joug et solidaire de ses concitoyens comme elle le prouvera par la suite.

Elle passa donc la ligne et ce ne fut pas sans mal à cause de sa nourrice presque invalide et qu'elle voulut emmener avec elle malgré ses protestations. Ses années campagnardes furent apparemment sans histoire malgré certains dangers mortels qu'elle courut en cachant des réfractaires et en servant de boîte aux lettres aux réseaux de résistance. Si elle échappa aux arrestations et aux tortures, surtout dans les derniers mois de la guerre, les plus terribles, ce fut par son insignifiance même et son habileté à jouer les ingénues un peu simplettes. Et son extrême prudence aussi, avec ce don qu'elle avait de flairer les pièges. Bref, elle revint à Paris juchée sur un camion de maquisards bardés de mitraillettes et de fusils. Elle n'avait jamais touché une arme à feu. Et elle se remit à une thèse qu'elle ne passerait peut-être jamais. Les événements et les hommes s'étaient chargés d'ébranler sérieusement les quelques assurances qu'elle avait cru pouvoir tirer de ses observations d'avant-guerre.

Si elle persévéra pourtant dans la voie où elle s'était engagée, ce fut parce qu'elle dut s'avouer incapable de se fixer d'autres buts. Elle avait toujours manqué d'enthousiasme et de conviction assez forte pour devenir une militante digne de ce nom. Et quant à s'engager dans un de ces partis ou mouvements qui tenaient le haut du pavé à la Libération, elle n'avait pas les qualités qu'il faut, même pour faire nombre, encore moins pour jouer les vedettes de la parole ou de la plume. L'idée de mariage ne l'avait jamais effleurée. Elle aurait pu l'envisager si quelqu'un s'était épris d'elle : ce n'était pas arrivé et elle n'avait sans doute à s'en prendre qu'à elle-même. Ou si ses tantes s'étaient activement employées à lui trouver un parti acceptable auquel elle aurait peut-être fini par consentir. Heureusement elles n'en avaient pas sous la main. Il y avait enfin cette fortune confortable qui la faisait indépendante sans qu'elle eût à lutter pour son indépendance. Dans ses moments de doute sur son destin, elle en venait à regretter que son écervelée de mère et son risque-tout de père n'eussent pas poussé l'inconscience jusqu'à dilapider leur bien jusqu'au dernier sou. La condition d'orpheline pauvre en aurait peut-être fait une lutteuse, qui sait! Trente ans. Il était trop tard pour se refaire. D'ailleurs, elle n'était pas femme à se plaindre d'elle-même. Aucune vie n'est ratée quand elle offre assez d'intérêts renouvelés pour donner du goût, et même du piquant, à la succession des jours. Par exemple, elle n'épuiserait jamais les ressources des livres. Elle se remit à hanter les bibliothèques.

Un jour, elle se trouvait à la Nationale, dans la grande salle de lecture, occupée à prendre des notes sur *les Nuits Attiques* d'Aulu-Gelle, un écrivain de la basse latinité qui lui avait échappé jusqu'alors. En face d'elle se présenta une sorte de géant hirsute, la barbe et les cheveux relevant de l'étrille plus que d'un peigne qui aurait pu s'activer utilement sur les sourcils. Dans une main il tenait un chapeau melon passablement verdi, dans l'autre un livre à couverture grise. Des mains de maçon, pensa-t-elle. Il était enveloppé d'une sorte de houppelande à larges manches qui avait dû faire les beaux jours du dernier cocher de fiacre de Paris. Il fit à la jeune femme un salut cérémonieux, posa le melon sur la table et tapota celle-ci d'un index énorme en regardant Aurélia de ses petits yeux rieurs comme pour lui demander si la place était libre. Elle le comprit ainsi, fit oui de la tête. Alors il posa le livre et se défit de sa houppelande. Dessous, il portait une queue-de-pie sur un gilet croisé, l'une et l'autre pièces de vêtement ayant connu leurs jours de gloire au début du siècle. Sur la chemise d'un blanc douteux, un col en celluloïd à coins cassés, largement cravaté d'une soie grise élimée. Il prit place sur la chaise, non sans relever d'abord soigneusement la queue de son habit. D'une poche intérieure de sa houppelande, il sortit une liasse de ces papiers couleur moutarde qui servent aux bouchers pour envelopper la viande, puis une bouteille d'encre et un mince rouleau de papier journal qui révéla, une fois défait, un porte-plume d'écolier. Enfin, il extirpa de sa poche de gilet une paire de bésicles et une enveloppe. Les bésicles chaussés, les coudes sur la table, il lut et relut la lettre en hochant la tête, vérifia le titre du livre, l'ouvrit, le feuilleta pour arriver à une certaine page. Il déboucha sa bouteille d'encre, éprouva sa plume sur la paume de sa main. Et le voilà en train de griffonner sur son papier moutarde, reportant sur lui ce qu'il prenait dans les pages du livre. Aurélia, médusée par le spectacle, ne pouvait se retenir de risquer un coup d'œil furtif de temps à autre sur ce bonhomme sorti tout vif d'un roman de Balzac. Elle lisait *les Nuits Attiques* sans y rien comprendre, mais continuait à prendre automatiquement des notes qu'elle aurait grand-peine à relire plus tard.

Une bonne heure se passa ainsi. Des souvenirs d'enfance lui remontant à la mémoire, Aurélia se plut à imaginer qu'elle avait en face d'elle un ogre. Cependant, l'ogre continuait à couvrir imperturbablement son papier de boucherie d'une superbe écriture, même vue à l'envers. De temps en temps, il grommelait en secouant la tête ou laissait échapper de petits bruits de gorge. A un moment, il dut prendre son livre à deux mains pour le rapprocher de ses yeux. Il avait du mal à déchiffrer une note en bas de page. Elle vit le titre du livre. C'était une étude sur les Légendes Epiques du Moyen Age. Puis ce fut son tour à elle de se trouver en difficulté. Son porte-plume à réservoir était à sec. Elle eut beau manœuvrer le piston, le solliciter de toutes les manières, la plume se refusait à tracer la moindre lettre. Alors, l'ogre poussa vers elle sa bouteille d'encre et se pencha pour lui souffler :

– Bleu-noir. La même encre que vous.

– Merci, monsieur.

Et elle remplit son stylographe. L'ogre, cependant, fouillait dans la poche intérieure de sa queue-de-pie. Il lui tendit un morceau de buvard-réclame.

– Ne vous tachez pas les mains, souffla-t-il.

– Merci, monsieur.

Ils se remirent à leurs notes jusqu'à la fermeture de la salle. Comme le vieillard, tout ogre qu'il fût, avait du mal à revêtir sa houppelande, elle l'aida de son mieux. Ils sortirent les derniers. Il pleuvait à verse dehors. Ni l'un ni l'autre n'avait de parapluie.

– Mettez-vous à l'abri, demoiselle, dit le bonhomme. Ne vous faites pas mouiller. Cette pluie ne va pas durer.

– Mais vous, monsieur...

Il s'éloignait déjà sur le trottoir. Il se retourna en riant.

– Je ne crains rien, cria-t-il. J'aime la pluie comme les canes. Elle et moi, nous sommes de vieux amis.

Aurélia rentra chez elle en chantonnant. Il y avait longtemps que l'une de ses journées n'avait eu autant de relief.

Le lendemain, elle était à la même place, espérant que l'ogre reviendrait. Elle n'avait qu'une peur qui était de voir quelque lecteur venir occuper la chaise qui lui faisait face. Mais il arriva plus tôt que la veille et dans le même équipage. Comme ils se connaissaient déjà un peu, il y eut des sourires des deux côtés. Et que celui de l'ogre fût largement édenté ne le rendait que plus sympathique. Elle fut déçue quand il se leva pour partir au bout d'à peine une heure en lui glissant sur le ton de la confidence :

– J'ai des obligations auxquelles je ne puis me soustraire.

Sans s'être concertés, ils prirent l'habitude d'arriver quelques minutes avant l'ouverture de la salle. Ainsi étaient-ils assurés de pouvoir se mettre l'un en face de l'autre. Ils ne se parlaient pas sauf en se quittant à la fermeture : « A vous revoir, demoiselle. – Au revoir, monsieur. »

Un après-midi vint à passer un conservateur auquel elle avait eu affaire plusieurs fois pour ses recherches. Il s'arrêta pour lui serrer la main avec un sourire. Mais tout de suite après, quelle ne fut pas la surprise d'Aurélia quand il se tourna vers l'ogre pour lui faire la même politesse. Quelques jours plus tard, rencontrant le conservateur dans une librairie de son quartier, elle se permit de lui demander qui était ce personnage qui travaillait en face d'elle à la bibliothèque et qui piquait sa curiosité.

– Ah ! M. Charles ! lui fut-il répondu. Charles Lavessant, le roi des clochards broute-livres. Nous ne savons pas grand-chose à son sujet sinon qu'il est parfaitement en règle à tous égards, qu'il prend grand soin des ouvrages qu'il consulte, s'exprime dans un français châtié comme on n'en entend plus guère et qu'il est d'une érudition à faire pâlir les spécialistes. Alors, qui est-il ? Un ancien professeur en rupture de chaire ? Un ancien religieux qui aurait jeté la soutane aux orties ? Ou simplement un autodidacte ? Peu importe. En tout cas un vrai clochard qui assume totalement sa clochardise, une certaine grandeur en plus. Essayez seulement de lui faire le moindre don avec toutes les précautions que vous voudrez et vous le verrez faire appel à toutes les ressources de l'argot les plus énergiques pour vous envoyer au diable.

– Mais où trouve-t-il de quoi vivre ?

– Il n'a pas de grands besoins, mais il semble avoir des ressources. L'une d'elles est le travail qu'il vient faire chez nous et qui semble lui plaire beaucoup. Vous savez, mademoiselle, il y a pas mal de jeunes professeurs, dans les collèges éloignés de tout centre, qui s'acharnent à mener leurs études ou leurs travaux jusqu'au bout. Ils n'ont pas de bibliothèques convenables à leur disposition. Ils sont trop désargentés pour se payer des voyages à Paris ou même dans les universités de province. Alors, M. Charles leur sert de correspondant. Ils lui demandent de consulter pour eux tel ouvrage, d'y relever les éléments qui les intéressent de près. Ou même d'établir des bibliographies. M. Charles prend sa bouteille d'encre et son porte-plume, passe chez un boucher de ses amis pour se munir d'une provision de papier moutarde et fait le travail du mieux qu'il sait. Les fiches sont expédiées au client avec le coût de l'opération, très raisonnable, au bas de la dernière. Il n'a pas de domicile connu, mais un petit bistrot, quelque part au centre de Paris, qui lui sert de poste restante. Je me suis laissé dire que lorsque l'un ou l'autre de ses... correspondants vient à Paris, M. Charles l'invite à déguster une somptueuse entrecôte dans un restaurant des Halles. Et voilà !

– Les hivers ne sont pas trop durs pour lui ? Il n'est plus jeune.

– Ecoutez ! Je ne saurais vous dire, mais cela doit faire partie de la règle de vie qu'il s'est donnée pour d'obscures raisons et il s'y tient. Vous avez vu comment il s'habille pour venir en salle de lecture ? C'est par dérision à l'égard de la société avec laquelle il a rompu pour la vie courante. Je l'ai rencontré en ville, sous divers accoutrements, aussi clochardesques si j'ose dire, mais sans rapport avec la tenue qu'on lui voit chez nous. En tout cas, je puis vous assurer d'une chose, mademoiselle : ce n'est pas un ivrogne à vin rouge. Il ne boit pas. Il s'est mis en marge, mais je crois qu'il pourrait donner des leçons de rigueur à certains moralistes que je connais.

Il se passa encore une semaine et un soir, quand

ils se séparèrent à la sortie de la bibliothèque, M. Charles déclara qu'il en avait fini avec son travail et qu'il serait probablement un certain temps sans revenir.

– D'ailleurs, ajouta-t-il, malgré l'intérêt que je professe pour les livres, je dois vous avouer, demoiselle, que je préfère le spectacle du monde. Je ne peux pas durer longtemps entre quatre murs. Je ne vis bien que sur les bords de la Seine, dans les rues, les squares, les jardins. Et vous, vous devriez prendre l'air plus souvent. Je vous trouve un peu pâle.

– Je vais très bien, monsieur Charles. J'aimerais bien, s'il m'arrive de vous rencontrer quelque part, j'aimerais bien, si vous le permettiez, rester bavarder un peu avec vous. Oh, pas longtemps. Quelques minutes. Cela me ferait plaisir.

– Tout le plaisir sera pour moi, demoiselle, dit M. Charles après un silence qui parut très long à la jeune femme. A vous de me trouver. Je suis incapable de vous dire où ma fantaisie, c'est-à-dire ma nécessité, me conduira. Je dois me reposer assez souvent sur les bancs publics à cause d'une jambe qui ne m'obéit plus comme je voudrais. Mais vous savez mon nom et j'ignore le vôtre. Demoiselle qui?

– Aurélia, dit-elle.

– Aurélia. Je l'aurais presque parié. Le rêve est une seconde vie.

Il ôta son chapeau melon, le plaqua contre sa poitrine. Il courba respectueusement son grand corps devant Aurélia interdite et il s'en alla d'un pas rapide en oubliant de se recoiffer.

Elle eut la patience d'attendre presque un mois avant de se mettre à sa recherche. D'abord, savoir si elle aurait vraiment envie de revoir l'ogre dans son état de vagabond citadin. Elle serait peut-être déçue. Ensuite, éviter de lui donner l'impression qu'elle s'intéressait à lui seulement pour sa marginalité. Il la savait occupée de sociologie. Ne pas lui faire offense, à aucun prix. Elle était portée vers lui par une sympathie complexe mais réelle. Aussi, quand elle se mit en devoir de le retrouver, parcourut-elle inlassablement le centre-ville jusqu'à s'en faire rentrer les jambes dans le corps. Des clochards, elle en vit beaucoup, solitaires ou en groupes. Aucun n'évoquait de près ni de loin M. Charles. Jamais elle n'aurait cru qu'il y eût tant de clochards à Paris. Avant, elle ne les voyait pas. Combien de tas d'humanité acagnardés dans les recoins ou avachis sur les bancs alla-t-elle reconnaître pour plus de sûreté! Ce n'était jamais lui. Elle n'aurait pas voulu que ce fût lui. Elle se risqua même à jeter un œil dans des asiles de nuit aux violents effluves d'où elle sortit avec la conviction qu'elle faisait fausse route : M. Charles devait être aussi un marginal au Royaume de Clochardie, même s'il en était le roi. Elle le voyait bien menant son aventure à la limite indécise qui sépare les nantis des dépourvus, évitant de trop se compromettre avec les uns et les autres, mais capable de se prêter à eux pour le temps qu'il voudrait. Si c'était vrai, c'était là une singularité qui justifiait la quête d'une jeune femme, elle-même singulière. A bien y réfléchir, M. Charles n'était pour elle qu'un prétexte pour s'évader de son propre enfermement ou plutôt un intercesseur entre elle et un ou plusieurs mondes d'autant plus ignorés qu'ils étaient trop impliqués dans le sien, rendus invisibles par leur proximité même. Il avait fallu la rencontre d'un personnage caricatural pour lui dessiller les yeux. Peu importait, après tout, qu'elle le retrouvât ou non. Son office avait été rempli. A elle, maintenant, de faire ses comptes. Elle renonça dès lors à le poursuivre sans cesser pour autant de patrouiller à travers la ville. Elle glissait insensiblement vers l'errance et le vagabondage, la rupture avec la vie bourgeoise.

Le hasard la remit en présence de M. Charles, un soir qu'elle traînait sans but le long du boulevard Saint-Germain. Sur les trottoirs, la foule était très dense et la circulation très vive dans les deux sens. Pour éviter la bousculade, Aurélia rasait le front des immeubles, ayant remarqué que les gens pressés n'y trouvaient pas leur avantage. Passant devant une entrée de porte, elle vit à la hauteur de ses yeux deux mains énormes qui roulaient une cigarette de tabac brun. Les deux mains sortaient d'un manteau de l'armée américaine auquel manquait un bouton. Levant la tête, Aurélia devina une barbe grise à peine visible sous le col du manteau. Du visage penché sur les mains elle ne pouvait rien distinguer, occulté qu'il était par le large bord d'un chapeau de boy-scout ou de police montée canadienne. L'homme éleva ses deux mains vers ses lèvres pour mouiller son papier à cigarettes et dressa du même coup le menton. C'était lui.

– Bonsoir, Aurélia.

Il alluma sa cigarette en articulant, entre les bouffées, des bribes d'une phrase qu'il n'acheva pas :

– Il n'y a... que... les... montagnes...

Elle demeurait immobile, un peu bête, ne trouvait rien à lui dire. Il la prit par le bras, fermement.

– Justement je pensais à vous. Si j'ai bien compris, vous aimeriez rencontrer des gens extraordinaires. Il se trouve que j'ai rendez-vous, ce soir, avec un de ceux-là. Suivez-moi ! Je vous en donne

180

ma parole, vous ne perdrez pas votre temps comme vous l'avez perdu avec moi.

Il la poussait devant lui sur le trottoir, écartant d'avance, de son bras libre, les passants qui arrivaient en face, impressionnés par cette haute stature dépenaillée qui semblait échappée d'un western. Les militaires américains eux-mêmes, encore assez nombreux à Paris en cette année 1946, s'ébahissaient à la vue de ce grand vieillard à la barbe carrée, arborant avec négligence des pièces d'uniforme difficilement identifiables avec précision.

– Mais où m'emmenez-vous, monsieur Charles?

– Monsieur Charles, demoiselle, c'est pour le bureau, je veux dire la bibliothèque. Chaque nom pour son temps et lieu. Là où nous allons, vous m'entendrez appeler autrement.

– C'est encore loin?

– Tout près. La place Furstenberg. Je parie qu'il est déjà là-bas à nous attendre. Toujours à l'heure, lui. Moi, je n'ai pas de montre. Il a dit ce soir. Nous sommes bien le soir, n'est-ce pas! Alors il nous attend. Il ne se lasse jamais d'attendre quand il a donné rendez-vous.

– C'est une affaire entre vous deux. Moi, il ne me connaît pas.

– Je lui ai parlé de vous. Je lui ai promis de vous amener à lui s'il m'arrivait de vous revoir. Vous verrez bien. Je ne sais pas ce qu'il vous veut, mais il n'est pas homme à contraindre quelqu'un ni à se laisser faire la loi.

Les abords de l'église Saint-Germain grouillaient de monde. Un monde plutôt bruyant, une jeunesse provocante qui se défoulait dans une agressivité bon enfant. On la sentait avide de tout refaire à neuf, non pas pour mille ans, mais pour le temps de sa génération. Elle ne se savait pas guettée par des philosophes déjà mûrs dont elle serait la revanche ou l'alibi. Les cafés étaient brillamment éclairés. La débauche d'électricité renvoyait aux calendes, et sans danger, le couvre-feu de naguère. Les clients se pressaient autour des tables et sur les banquettes comme harengs en caque. Telle était l'allégresse ambiante qu'on eût été mal venu de se formaliser sous prétexte que le voisin avalait votre bière ou revendiquait la moitié de votre chaise pour en céder le quart à une chère amie qu'il ne connaissait ni d'Eve ni d'Adam. Les alertes de la guerre avaient fait découvrir les caves-abris. Comme on n'avait pas eu l'occasion d'en user suffisamment pour en épuiser les prestiges, on y avait institué d'enthousiasme un avatar de bal populaire fortement relevé d'intellectualisme sans concessions. L'air y était rare, les odeurs fortes et mélangées. Aurélia s'y était aventurée une nuit par conscience culturelle, en était ressortie rompue, ahurie et rétrospectivement ravie d'une expérience qu'elle qualifiait d'attendrissante. Ce soir, elle se demandait ce que M. Charles venait chercher là. L'atmosphère nocturne était ébranlée par des percussions sauvages et les éclats d'instruments à vent.

La petite place Furstenberg était livrée à des conciliabules animés, mais les échanges entre de petits groupes étaient moins véhéments que sur les trottoirs et devant les terrasses du boulevard, peut-être à cause d'un éclairage moins violent, presque intime. A intervalles irréguliers tombait du ciel une proclamation aussi brève que définitive. Les têtes des palabreurs se levaient vers le haut d'un arbre où se devinait l'ombre du prophète inspiré. Il régnait sur la place une certaine complicité car des filles et des garçons ne cessaient de passer sans la moindre gêne d'un groupe à l'autre, attrapant au vol quelques graines de sagesse ou de folie qui les faisaient s'esclaffer ou s'indigner. Quand le vieil homme parut, poussant devant lui Aurélia par les épaules, quelqu'un l'interpella, gouailleur :

– Alors papa! On vient initier sa fille aux problèmes existentiels?

La réplique fut vive et de bonne humeur :

– Je voudrais bien. Je n'ai pas de descendance. A moins que vos mères n'aient fauté avec moi dans le temps. Vous devriez leur demander.

La voix énorme avait couvert un instant les conversations. « Bravo, le Sudiste » cria le proclamateur du haut de son arbre. Il y eut des rires et des applaudissements. M. Charles avançait vers le fond de la place, guidant toujours Aurélia qui n'en menait pas large, exposée à tous les regards comme elle était. Son compagnon, dominant la foule de presque une tête, ne fut pas long à trouver l'homme qu'il cherchait. Il dirigea la jeune femme vers les marches de l'église Saint-Germain. Quelqu'un s'était assis là, dans l'ombre, et autour de lui se démenait une sorte de furie.

– Attendons qu'elle en ait fini, glissa M. Charles à l'oreille d'Aurélia. Venez! Il ne faut pas qu'elle nous voie. Ce serait encore pire.

Et il la fit reculer de deux pas, assez pour se rendre pratiquement invisibles tous les deux.

– Elle le poursuit partout et lui ne veut pas d'elle. Ni d'aucune autre, d'ailleurs, de celles qui le poursuivent. Et maintenant, Aurélia, instruisez-vous.

La femme se déchaînait d'une voix éraillée contre l'homme impassible et c'était cette impassibilité même qui la mettait en fureur. Elle n'aurait pas détonné en compagnie du M. Charles de la bibliothèque. Sur des souliers à talons hauts tirebouchonnait un pantalon d'homme. Une veste de gros lainage tombait inégalement sur les hanches. Autour des épaules, un châle de pacotille aux tons criards. La chevelure était opulente, mais embrouillée. Le visage eût été assez beau sans la déformation des traits sous l'effet de la colère. Il n'y avait pas de doute. Il s'agissait d'une clocharde encore jeune, de l'âge d'Aurélia ou un peu plus âgée. Elle vociférait sans se soucier des promeneurs qui passaient devant elle en lui jetant un regard amusé avant d'aller plus loin, indifférents à cette scène qui n'était même pas de ménage, de dépit amoureux tout au plus, entre sujets de truanderie. Il faut au moins une belle bataille ou un crêpage de chignons pour ameuter un instant les badauds. Aurélia s'instruisait.

— Pourquoi ne veux-tu pas de moi, hurlait la mégère aux oreilles de l'homme.

Et lui de répondre tranquillement :

— Des autres je ne veux pas non plus.

— C'est ça. Nous ne sommes pas assez bonnes pour Monsieur. Monsieur voudrait de la peau tendre dans du linge fin.

— Ne dites pas de bêtises, s'il vous plaît.

— Alors pourquoi pas moi ? Voilà six mois que je suis aux petits soins pour lui et il me crache dessus.

— Je n'ai jamais craché sur personne, mais je ne demande rien à personne, vous le savez bien. Vous me dérangez.

— Vous me dérangez. Je le dérange. Il ne peut même pas dire que je l'emmerde. Ça lui écorcherait autant la bouche que de me dire « tu ». C'est comme ça quand Monsieur se retire dans ses appartements. Une fois, tiens, je tomberai sur un instrument bien coupant, je t'ouvrirai la tête en deux comme un fruit malade et je verrai quelle graine il y a dedans.

– Allez donc le chercher, cet instrument. Vous reviendrez quand vous l'aurez trouvé.

– Bonne idée. Je vais faire un tour, tu me donnes soif. Mais promets-moi que tu seras encore là quand je reviendrai.

– Je ne promets jamais rien.

Du coup, la femme atteignit le comble de la fureur.

– Ecoutez-le! Des bonshommes comme lui il n'y en a qu'un et il faut que je tombe dessus. Il n'est pas sorti d'un ventre de femme, celui-là, pas possible. Il va me faire finir à Sainte-Anne ou dans un tiroir de la Morgue. File-moi une baffe au moins, espèce de dégueulasse! Traite-moi de salope, de traînée, dis-moi « ferme ta gueule ». Parle-moi comme il faut, quoi, quand on a un peu de sentiment!

– Je ne peux pas.

D'un seul coup, l'excitation de la malheureuse tomba. Elle se mit à pleurer sans bruit, se moucha dans son châle et se retira, pitoyable, en direction du boulevard. L'homme assis, les coudes sur les genoux, se prit la tête dans les mains. M. Charles s'approcha de lui.

– Vent de Soleil, je suis là.

– Excusez-moi, Honorin. Ce lieu était mal choisi.

– Je vous amène la personne dont je vous ai parlé.

Celui qui répondait à l'appellation de Vent de Soleil se mit debout, lentement. Il portait un costume de velours à grosses rayures. De la veste boutonnée jusqu'en haut dépassait le col roulé d'un épais gilet de laine du même gris que les cheveux tombant presque sur les épaules et encadrant un visage que l'absence de regard faisait sans expression. Les paupières demeuraient fermées. L'homme devait avoir besoin de se reprendre avant de se prêter à nouveau.

– Je dois vous laisser avec elle, dit Honorin. J'ai donné rendez-vous à l'équipe d'arrondissement devant Notre-Dame. Comme convenu.

– Qui est-ce?

– Elle? Une jeune amie à moi. Aurélia Desalvy. Je lui crois toutes les compétences et les qualités voulues. A vous de la convaincre. Au revoir, mademoiselle Aurélia. Si c'est non, dites-lui non. Il n'aime pas les « si » ni les « mais ». Au cas où vous diriez oui, n'attendez pas qu'il vous dise merci. Cela mis à part, vous pouvez avoir entière confiance en lui. Bonsoir, Vent de soleil.

Il n'y eut pas de réponse. M. Charles dit Honorin s'éclipsa sur-le-champ. Pas trop rassurée, elle suivit des yeux le chapeau de cow-boy qui sinuait à travers une foule devenue plus dense. On aurait dit une caravelle affrontant une mer en travail sous des vents incertains. Cette image imprévue lui fut un réconfort avant l'épreuve qui l'attendait. Quand elle se retourna vers son futur interlocuteur, il avait ouvert les yeux et la fixait d'un regard si clair qu'elle en fut subjuguée. Pourtant, nulle trace d'intérêt d'aucune sorte ne se lisait dedans. Un miroir aux alouettes. Elle était sur le point de se laisser gagner par la peur, avec l'impression de se trouver devant une créature presque irréelle, lorsque les lèvres de l'inconnu esquissèrent un sourire, se détendirent même pour découvrir les dents. Il manquait une molaire à gauche. Du coup, elle se sentit rassurée, mise en confiance et persuadée qu'elle dirait oui sans même savoir de quoi il serait question.

– Aurélia Desalvy. C'est un nom qui me plaît.

– C'est mon vrai nom, monsieur. Vent de Soleil n'est pas le vôtre.

– Justement. Votre nom vous suffit, mademoiselle. Moi, il m'en faut plusieurs. Vent de Soleil est le plus commode parce qu'il me rappelle le mieux qui je suis quand j'ai tendance à oublier ma véritable identité. Pour votre commodité à vous, et si nous devons nous revoir, appelez-moi Urvoas. Clet Urvoas. Vous ne risquez pas de trouver des Clet Urvoas hors de mon canton d'origine.

– Cela ne me dit toujours pas ce que vous me voulez, monsieur Urvoas.

– Nous allons y venir. Mais nous serions plus à l'aise pour parler si nous allions nous asseoir quelque part. Avez-vous dîné?

– Je n'ai besoin de rien. Mais il en sera comme vous voudrez.

– Allons sur le boulevard. Nous arriverons bien à trouver une place dans une brasserie ou un café, au milieu de ce... pandémonium. C'est bien ce mot-là? Je ne sais pas le latin. J'ai dû attraper ce... pandémonium dans Victor Hugo.

Aurélia éclata de rire. Elle n'avait plus aucune appréhension devant l'homme aux yeux clairs qui ne savait pas le latin.

– Ce n'est tout de même pas la Cour des Miracles, ici.

– Je parle du bruit, du grouillement, de ce mélange de populations et de langues, de cette liberté qui s'exprime. Cela me plairait assez, n'était que j'arrive de trop loin dans les lieux et les temps. C'est justement pourquoi j'ai besoin de vous.

– Vous savez, je ne suis pas dans le mouvement, moi non plus. Je ne suis venue ici qu'une fois la nuit, par curiosité.

– Mademoiselle, si j'avais voulu entrer dans le mouvement, comme vous dites, rien ne m'eût été plus facile. Vous représentez pour moi autre chose que je vous dirai tout à l'heure. Maintenant, j'ai besoin d'une bière et vous peut-être aussi. Je passe devant, vous me suivez.

Ils gagnèrent le boulevard, Vent de soleil ouvrant la marche avec sa large carrure, elle derrière lui, presque contre son dos de velours rêche, ravie d'avoir une telle avant-garde pour lui éviter les inévitables bourrades de la progression à travers la foule. Ils eurent la chance, entrés dans le premier café venu, d'arriver à un guéridon juste au moment où les occupants s'en allaient.

Quand ils furent assis, attendant les consommations qui allaient tarder à venir, Vent de Soleil promena son regard autour de lui pour prendre la mesure du spectacle et elle en profita pour l'observer dans la lumière qui lui faisait les yeux glauques. Quel âge pouvait-il avoir ? Dix ou quinze ans de plus qu'elle, à l'estime d'Aurélia. Des traits réguliers, une peau mate, une chevelure abondante et d'aspect rude où le brun l'emportait encore sur le gris. Elle fut surtout surprise de l'élégance avec laquelle il portait son vieux costume de velours et qui lui venait de la souplesse de son corps et de l'aisance de ses moindres mouvements. Elle-même, dans sa toilette de bonne couture mais un peu vieillotte, ne se faisait remarquer qu'en bien dans ce milieu où chacun affectait de rompre avec l'ancienne mode sans s'être fait encore piéger par la nouvelle. Ces sortes de flottements peu durables marquent la sortie des années de guerre et de restrictions avant que l'instinct de bourgeoisie ne reprenne ses droits sous les couleurs mêmes de la contestation.

Les deux demis finirent par arriver. Pour Aurélia, c'était le premier de sa vie. Elle était décidée à vivre la révolution.

– Mademoiselle, commença Clet Urvoas dit Vent de Soleil, voici pourquoi je désirais vous voir. N'attendez pas que je vous raconte ma vie. Sachez seulement que je me suis fait tout seul à travers beaucoup d'expériences que j'ai d'ailleurs multipliées à plaisir pour ne pas m'enchaîner à une seule. J'ai remédié à un certain nombre de mes ignorances, exercé des activités très diverses dans des milieux très différents, appris à me débrouiller dans trois ou quatre langues en plus de ma langue maternelle qui est le breton. J'ai beaucoup lu, mais dans le désordre et sans les références qu'il m'aurait fallu. Dans le domaine des lettres, des arts et même de la philosophie, je ne fais pas le poids, même en face de médiocres bacheliers, et cela m'interdit certaines entreprises qui m'intéresseraient fort au point où j'en suis. Vous savez fort bien que ces matières ne sont pas seulement des éléments de culture, mais des enjeux très importants dans le commerce des hommes et le commerce tout court. Je pourrais me faire éditeur ou marchand de tableaux, mais je ne voudrais pas m'y risquer sans savoir de quoi je me mêle. Je veux bien que ces activités me mènent à la ruine, ce n'est pas grave, mais j'aimerais en tirer au moins les satisfactions que je suis en droit d'en attendre. Cela ne peut se faire que si je suis en mesure d'apprécier la qualité du produit et au besoin de favoriser l'inspiration des producteurs, c'est-à-dire des écrivains et des artistes dignes de ce nom. Comprenez-moi bien, mademoiselle, ce n'est pas l'argent qui m'intéresse, mais ce qu'on peut faire avec l'argent et qui justifierait mon existence à mes propres yeux. Mon égoïsme, c'est ça. Et qu'il profite aussi à d'autres, tant mieux. Je ne suis pas un idéaliste ni un moraliste, pas même un homme de devoir ni surtout un bienfaiteur possible de l'humanité. Je ne fais qu'obéir à mon envie de vivre aussi pleinement et complètement que je peux. Je vous déçois, n'est-ce pas?

– Vous me surprenez un peu, c'est tout. Continuez, je vous prie.

– Cela ne m'empêche pas de fournir du travail à pas mal de gens et, ce que j'ai en trop, je le distribue non seulement à ceux qui en ont besoin mais à ceux qui en ont envie, ces derniers étant peut-être les plus nombreux. C'est pour me débarrasser de ce qui pourrait m'alourdir, m'empêcher d'aller plus loin et ailleurs.

« Mais j'en ai trop dit. Je vous propose d'être mon initiatrice et ma conseillère en littérature et en art, de guider mes lectures, d'organiser mes visites de musées et de galeries, de discuter avec moi des œuvres qui auront ma préférence, même si elles ne sont pas les vôtres ou le contraire. Enfin de répondre, de votre point de vue, à toutes les questions que je pourrais être amené à vous poser au sujet des activités humaines dont il s'agit. Il va de soi que vos conditions financières seront les miennes. Souvenez-vous seulement que j'ai besoin d'aller vite.

– Je ne sais pas, monsieur Urvoas, si je serai à la hauteur d'une pareille tâche. Vous feriez mieux de…

– Je ne veux surtout pas de spécialistes, encore moins de ces experts qui ne peuvent pas se regarder sans rire. Je vous demande de m'aider à devenir ce qu'on appelle un amateur éclairé. J'ai besoin de quelqu'un qui m'enseigne les règles du jeu, même si je ne m'y soumets pas, de quelqu'un que je puisse harceler sans cesse et qui me renvoie la balle sans ménagement. Regardez l'endroit où nous sommes : un café littéraire, dit-on. Beaucoup de bavards impénitents autour de nous et combien de paroles vaines. Il n'empêche que des idées neuves peuvent surgir de ces parlotes qui ont au moins le mérite de remettre en question un certain nombre de clichés, de poncifs, de lieux communs dont on ne s'aperçoit pas toujours qu'ils ont fait leur temps. Or, autant je suis en avance pour certaines formes de commerce, autant je me trouve en retard pour le discours intellectuel.

– A vous entendre, on ne le dirait pas.

– De la poudre aux yeux, de la faconde. Je peux faire illusion, mais je connais mes limites. Vous ne m'avez pas répondu.

– Je... je veux bien faire un essai. Mais c'est parce que moi-même je manque d'interlocuteurs. Et je ne veux pas qu'il soit question d'argent. Je n'en ai ni envie ni besoin.

– Nous verrons. Vous pouvez venir à mon bureau tous les matins à partir de dix heures. C'est tout près de la gare Montparnasse. Demain serait le mieux. Voici ma carte. Il vous suffira de la montrer au secrétariat. Voulez-vous que j'appelle un taxi?

– Inutile, monsieur. Je rentre à pied. J'habite rue de Rennes.

Il s'est levé, il a fouillé dans sa poche de veston. De l'une il a tiré une liasse de billets, de l'autre une poignée de monnaie pour l'addition. Il règle largement. Distraitement.

– Je compte sur vous demain, mademoiselle. Dormez bien.

Et le voilà parti en souplesse, sans se retourner. Aurélia reste assise, un peu étourdie. Elle fixe d'un œil absent la carte qui porte : Clet Urvoas, négociant. Avec l'adresse et le numéro de téléphone.

C'est un porche délabré qui donne sur une cour intérieure assez vaste. Des deux côtés de la cour, une rangée de bâtiments disparates, élevés contre la base de hauts murs aveugles. D'anciennes loges d'artisans désertées par leurs occupants. Au fond de la cour se dresse un grand pavillon de pierre à deux étages et toiture carrée, percé de hautes fenêtres, et qui a connu des jours meilleurs en qualité d'hôtel particulier. Il aurait besoin d'une sérieuse remise en état. Il y a de la lumière au rez-de-chaussée. Les fenêtres des étages sont sans rideaux. Aurélia se dirige vers la double porte centrale à la peinture écaillée. A droite, sur le chambranle, brille la plaque de cuivre du négociant Clet Urvoas. Un coup d'œil suffit pour remarquer qu'elle n'est pas posée depuis longtemps.

A peine la jeune femme a-t-elle appuyé sur le bouton de sonnette que la porte s'ouvre largement. Apparaît un personnage imposant, impeccable et sévère dans son costume de dignité notariale, le visage encadré de favoris roux. Sans attendre que la visiteuse ait décliné son nom, il lui fait de la tête un salut un peu raide et prononce d'une voix de père noble :

– Si mademoiselle veut bien me suivre.

Derrière l'huissier majestueux, elle avance à travers un espace du genre hall de banque, mais sans caisse ni guichet. Une dizaine d'employés s'y activent dans des cellules isolées les unes des autres par des panneaux de verre. Rien que des hommes. Ceux qui n'ont pas un écouteur à l'oreille tapent sur une machine. Aucun ne s'occupe de ses voisins, ne daigne accorder le moindre regard à Aurélia. Au bout du hall, sous un escalier en fer à cheval, le digne portier ouvre une porte capitonnée et la fait entrer dans un petit salon Empire mâtiné de Louis-Philippe.

– Veuillez vous asseoir, mademoiselle, monsieur le président est en communication avec l'étranger. Il vous prie de l'excuser quelques minutes.

Là-dessus, il se retire après s'être incliné de tout le buste. Aurélia comprend que d'être admise dans ce sanctuaire lui donne de l'importance. Au lieu de s'asseoir, elle s'approche de l'une des portes-fenêtres pour jeter un coup d'œil sur une terrasse à balustres donnant par un perron sur un assez grand jardin retourné à l'état sauvage au bout duquel se dessine une grille en fer forgé. Derrière la grille on devine une placette. En bonne Parisienne elle essaie de la reconnaître quand s'élève, dans son dos, la voix de Vent de Soleil :

– Ainsi vous êtes là! J'ai grand plaisir à vous voir.

Il est devant elle, vêtu comme la veille et les yeux bleu-de-mer. De ses bras en croix, il écarte les deux battants de la porte qu'il vient d'ouvrir, celle de son bureau. Quand il fait un pas en avant, les battants lâchés se referment sans bruit. Sans s'approcher d'elle, du geste, il l'invite à s'asseoir.

– Nous serons mieux ici pour parler que dans mon bureau. Les téléphones n'arrêtent pas. Un de mes collaborateurs me remplace avec ordre de ne pas me déranger, même en cas d'incendie. Comment allez-vous?

Elle est assise. Il s'assoit aussi.

– Bien, monsieur. Je ne m'attendais pas à voir ce que je vois.

– Et pourquoi donc, mademoiselle?

– Je croyais trouver un magasin, un entrepôt, que sais-je, peut-être un atelier. Et je tombe sur un établissement assez surprenant, c'est le moins qu'on puisse dire. Est-il indiscret de vous demander ce que vous... négociez, monsieur Urvoas?

– Mais pas du tout. Je m'apprêtais à vous le dire car il est important que vous le sachiez si nous devons travailler ensemble. Voilà. Je vends tout ce qui peut trouver acheteur. J'achète tout ce qui peut être revendu à l'exception des denrées périssables. Mais toujours en grandes quantités, le détail n'est pas mon affaire sauf pour les objets d'art ou précieux à quelque titre. J'importe ce qui manque, j'exporte les excédents. Je joue de l'offre et de la demande, de la désaffection et de la mode, des nécessités et des superfluités. J'aime surtout à fournir ce qui est réputé introuvable. J'ai établi un réseau de distribution qui fonctionne aussi en réseau de ramassage. Vous attendiez des magasins et des entrepôts. Il y en a partout sauf ici. Ici, je ne veux que des téléphones, des machines à écrire et des dossiers. Ici, c'est l'état-major. L'intendance est ailleurs. Vous voyez que c'est simple.

– Je n'aurais jamais cru que vos affaires avaient tant d'importance. A vous voir assis, hier, sur les marches de Saint-Germain...

– J'aime beaucoup les marches pour m'asseoir. je les préfère aux bancs et aux chaises. Je vais dormir de temps en temps sur les marches de Saint-Sulpice. Je m'y trouve particulièrement bien, je ne saurais vous dire pourquoi. Mais savez-vous d'où je viens ce matin, mademoiselle? J'ai passé la nuit en compagnie de notre ami Honorin La Paluche et de quelques-uns de ses congénères dans leur quartier général provisoire. Et savez-vous où il est? Ici même, dans le plus grand des ateliers de la cour que vous avez traversée. Nous y tenions un conseil cette nuit. On y dort très bien sur des paillasses et des tas de chiffons, vous savez. Bien mieux que sous les ponts en tout cas. Il y faut un peu d'habitude, bien sûr, mais ce n'est pas d'hier que je fréquente ces endroits. Je m'y suis fait des relations. On y apprend quantité de choses qu'il n'est guère possible de connaître ailleurs.

– Mais comment vous, qui brassez tant d'affaires et de si grandes, si je vous en crois… ?

– Vous pouvez m'en croire, je n'invente jamais rien. Je dispose de quelques dizaines de clochards parisiens triés sur le volet et organisés en équipes sous la direction d'Honorin. Il ne s'agit pas, comprenez-moi bien, de déchets d'humanité, d'ivrognes fieffés, de mendigots sans vergogne ni de fainéants « intraveineux ». Ce sont des gens qui ont choisi ce genre de vie pour diverses raisons dont la première est la vocation de n'en faire qu'à leur tête et de suivre leur pente. L'un d'eux m'a appris un adage latin que j'ai retenu par cœur : *trahit sua quemque voluptas*. Je ne vous ferai pas l'offense de traduire. Ils sont une aristocratie, en somme. Ils ne sont pas à ma solde, ils ne font pour moi que ce qu'ils veulent et je me garde bien de leur demander quoi que ce soit. Mais ils savent qu'ils peuvent compter sur moi en cas de maladie ou de trop fort dénuement. Je suis en quelque sorte leur assurance. Moyennant cette convention tacite, je suis l'un d'eux, je les vois quand je veux, je les écoute et ils me sont très précieux pour ma gouverne. Ils connaissent Paris mieux que personne, ils savent les trésors potentiels que la ville recèle et dont ne s'avisent pas les trafiquants les plus fins ni les sociologues les plus avertis. Et surtout ils tirent d'autant plus profit de leurs observations qu'ils n'en attendent rien de plus que ce qui peut les conforter dans leur résolution de vivre en marge de la société. Au reste, assez susceptibles, un peu imbus de leur personne et prêts à se mettre en quatre pour éviter de perdre une once de leur réputation. Voulez-vous un exemple! Le mois dernier, un de mes clients désirait un de ces chevaux de bois qui servaient de jouets aux enfants riches du début du siècle. J'ai passé la commande à l'équipe de La Paluche. Quelques jours ont suffi à ces messieurs pour m'en procurer cinq. Ils n'ont pas leurs pareils pour se faire des informateurs parmi le petit personnel des beaux quartiers. Quant à leur flair pour deviner les ressources de certains dépotoirs et même le contenu de certaines poubelles, il est rarement pris en défaut. Il vaut largement celui que j'avais affiné moi-même avant la guerre quand j'écumais les rues en tirant une charrette à bras. Ces gens-là, mademoiselle, sont capables de vous faire la description complète, quartier par quartier, de toutes les couches de la société parisienne. Mais n'attendez pas d'eux qu'ils le fassent pour d'autres que leurs pareils, leurs relations privilégiées, ceux qu'ils admettent pour leurs frères adoptés. J'ai gagné patiemment la faveur d'être l'un de ceux-ci. Mais ils peuvent me rejeter du jour au lendemain dans les ténèbres extérieures s'ils estiment que j'ai démérité. Il y en a toujours un autour de moi, qui ne se cache pas d'ailleurs d'être là pour observer mes faits et gestes. Il n'y a pas d'homme seul dans leur confrérie. Et ils désirent me protéger contre on ne sait quoi ou qui et c'est là le problème. Pour le moment, je dispose d'un garde du corps, si j'ose dire, celui qui vous a conduite jusqu'à moi, un clochard de première classe qui répond au nom de Firmin, un nom de son choix, bien entendu.

— Comment! Ce personnage solennel à favoris roux ?

— Hé oui! Il s'amuse en même temps à jouer un rôle. Il a été comédien dans le temps. C'est pour s'entretenir qu'il se travestit. Ses favoris sont postiches. Un de ces jours, vous le verrez peut-être en gilet rayé avec un plumeau, en habit avec monocle jouant les Arsène Lupin ou en cocher de fiacre. Et le fiacre sera dans la cour. Naturellement, c'est moi qui paie son costumier de théâtre quand il né se procure pas lui-même ses défroques. Je ne discute jamais les notes les plus inattendues, je sais qu'il a déjà mené un marchandage serré avec le loueur car il ne voudrait jamais me faire tort d'un sou. Quant à son jeu, il est irréprochable. Quand je dois aller dans le grand monde pour traiter des affaires, je l'emmène avec moi pour la figuration intelligente. Il adore ça. Et il s'en tire d'autant mieux que jamais la comédie humaine n'est plus artificielle que dans ce monde-là. Ce qui le déçoit, cependant, c'est que les femmes de ces milieux jouent beaucoup plus mal que les hommes, selon lui. Et il prend un malin plaisir à me faire jouer, moi aussi, à me prendre à témoin pour des histoires extraordinaires qu'il invente en même temps qu'il les raconte. Je m'y perds quelquefois, je dois attendre qu'il me repêche, ce qu'il ne manque jamais de faire. Tout cela m'arrange. Comme il est plus brillant que moi, c'est à lui qu'on s'intéresse. Il détourne l'attention sur lui, me donnant ainsi les coudées plus franches. C'est amusant, non?

— Je pense que vous ne jouez pas ce jeu seulement pour vous amuser. Si j'ai bien compris, vos activités s'exercent sur des théâtres qui nécessitent d'autres acteurs que des figurants, même à transformations. Je suppose que ce sont ceux qui travaillent au rez-de-chaussée.

— Bien vu. Si j'étais ministre, je dirais que c'est là mon cabinet. Chacune des cellules de verre que vous avez vues assure les relations avec une partie du monde où fonctionne une organisation calquée sur celle d'ici dans ses grandes lignes. Ceux qui les occupent sont des spécialistes éprouvés, responsabilisés à leurs risques et périls, mais bénéficiant d'une très large liberté d'action dans les limites d'instructions générales sans appel, acceptées une fois pour toutes. Ceux-là ne s'amusent pas. Ils ne se connaissent pas entre eux, ne veulent pas se concerter. Je suis le seul à tenir les rênes de l'ensemble, le seul à décider en dernier ressort, le seul aussi à essuyer les revers. Et il y en a. Mais je n'hésite pas à couper les branches mortes. Eventuellement, je n'hésiterais pas à abattre l'arbre tout entier et à reprendre ma charrette à bras.

Aurélia, un peu abasourdie mais attentive, comprenait bien que ces confidences, à elle faites par quelqu'un qui ne devait pas se confier inutilement, avaient pour but de lui faire savoir qui était ce quelqu'un afin qu'elle pût mieux juger de ce qu'il attendait d'elle. Déjà elle réfléchissait aux moyens auxquels elle pourrait avoir recours pour intéresser un tel homme. Les risques d'échec étaient grands, songeait-elle. Elle en serait quitte pour se retirer du jeu, mais avec l'humiliation d'avoir laissé passer, par sa faute, par son insuffisance, une aventure inespérée dans une vie bien terne jusque-là. Mais un esprit combatif s'éveillait en elle. Cet homme en velours froissé qui lui faisait face lui communiquait une ardeur qu'elle ne se connaissait pas. Il l'observait de ses yeux qui, pour être clairs, n'en étaient pas moins changeants à donner le vertige. Elle avait du mal à supporter son regard, elle dut s'en détacher plusieurs fois sous prétexte de chercher dans son sac un mouchoir inutile ou de tirer sur sa jupe pour mieux s'asseoir.

Comme elle ne soufflait mot, Vent de Soleil acheva ce qu'il avait à dire :

– Bien. Vous avez été étonnée, sans doute, en arrivant ici, dans ce vieil hôtel extérieurement assez délabré qui sert de siège social à une organisation des plus modernes. L'hôtel est à moi ainsi que ses dépendances. J'aurais pu le rénover de fond en comble pour impressionner les populations et attirer une certaine clientèle. Pourquoi l'aurais-je fait? Je ne reçois, je ne veux recevoir personne. Aucun de mes clients n'a besoin de mettre les pieds là où je suis. Ils ne me connaissent que par représentants interposés, mandatés pour traiter dans le respect absolu des lois et règlements, us et coutumes de chaque profession et de chaque pays. Je suis l'homme le plus anonyme de la terre.

« D'autre part, je suis ainsi fait que lorsque je risque de m'enliser dans des habitudes, j'entreprends autre chose, je change au moins de lieu, je libère mes collaborateurs, je repars quelquefois à zéro. Il en sera ainsi jusqu'à ma fin. Cet endroit-ci me plaît assez parce qu'une partie du quartier doit tomber bientôt sous la pioche des démolisseurs, comme on dit. Pour le moment, il me convient. Vous êtes entrée par la cour de derrière. Vous avez vu les anciens ateliers d'artisans. Ils servent aujourd'hui de refuges pour La Paluche et ses équipiers. C'est là que j'ai dormi avec eux cette nuit, c'est là que je dors souvent et qu'il m'arrive de travailler pour ne pas perdre la main, c'est le mot juste. Je suis un bon vannier, mademoiselle. J'ai vécu pendant quelques années de la vente de mes paniers d'osier. J'en ai tressé pour de fort grandes dames qui en tiraient vanité parce que chacun d'eux était une pièce unique. Elles ne risquaient pas de retrouver le même chez leurs bonnes amies comme cela leur arrive quelquefois pour les robes, même de haute couture. Si cela vous amuse, je vous en ferai dont vous n'aurez pas à rougir. J'en vois déjà un qui vous irait comme un gant.

La porte du hall fut ouverte sans avertissement, un escogriffe en salopette et béret basque fit un pas à l'intérieur. Aurélia eut bien du mal à reconnaître l'huissier compassé de tout à l'heure, le comédien fieffé. Ses rouflaquettes avaient disparu.

– Je dois m'en aller, Vent de Soleil, dit sa voix graillonneuse. Un défilé de protestation contre je ne sais quoi. Vous n'avez rien pour moi ce soir?

– Vous pouvez disposer, Firmin, lui fut-il répondu. Si je devais aller dans le monde, mademoiselle que voici me servirait d'assistante.

– Les femmes! bougonna l'autre en se retirant. Elles vous ôteraient le pain de la bouche.

– Il a tout un vestiaire personnel au premier étage, dit Vent de Soleil en souriant. Maintenant, si vous n'avez rien d'autre à me demander, nous pourrions commencer pour de bon.

– Je vous écoute, monsieur.

– Ne vous étonnez surtout pas de ce que vous allez entendre de moi. A vous de me convaincre que je ne suis qu'un médiocre, ce qui ne serait pas pour me déplaire.

De cette première séance de travail avec Vent de Soleil qui allait être suivie de beaucoup d'autres, Aurélia garde un souvenir si vif qu'elle s'en étonne encore après trente ans. Combien de fois n'a-t-elle pas relu les notes qu'elle s'est imposé de prendre le soir même par nécessité, pour pouvoir trouver les réponses à certaines questions directes ou indirectes qui l'avaient laissée sans voix et réfuter des objections inattendues mettant en cause les idées les plus communément admises. Elle devait s'avouer que les autodidactes du genre de celui qu'elle avait devant elle sont des gens déroutants et coriaces, peu disposés à se rendre aux jugements des autorités reconnues et réfractaires aux idées généralement admises quand leur propre expérience les récuse sans appel. Elle devait remettre en question toute son échelle des valeurs, faire entrer en ligne de compte des éléments négligés jusque-là et dont la considération éclairait d'un jour nouveau l'ensemble des notions acquises soit au cours de ses études, soit à la faveur de ses observations personnelles.

Elle n'était pas résolue, pour autant, à rendre les armes sur tous les points. Elle combattrait pied à pied pour ses convictions, persuadée qu'elle trouverait assez d'arguments pour mettre son contradicteur en difficulté. Mais ce diable de Vent de Soleil, en deux heures de temps, lui avait porté de rudes coups. C'en était fini de son confort intellectuel. A se demander si les intentions du personnage n'étaient pas de lui faire la leçon au lieu de quêter auprès d'elle des compléments de culture. Sinon, pourquoi aurait-il tenu à lui faire sentir, en préambule, une sorte de philosophie qui régentait son art de vivre et faisait de lui non pas un contestataire fieffé, mais au moins un rebelle aux conventions les mieux établies. En dehors de tout cela, elle avait été frappée par une certaine véhémence qu'il n'arrivait pas toujours à refréner par le recours à l'ironie. Tout maître de lui qu'il devait être dans l'ordinaire de la vie, il ne pouvait s'empêcher de laisser transparaître une passion indéfinissable et tyrannique. Voulait-il se mettre à l'écart des autres par souci de s'en préserver ou se fuyait-il lui-même en occupant tous ses instants? En tout cas, la tension qu'il s'imposait devenait parfois trop forte, croyait-elle, et il lui fallait céder à l'envie de nouer des relations personnelles avec des individualités de son choix. Honorin La Paluche, par exemple. Ou le comédien à transformations. Et d'autres, sans doute, qu'elle ne connaissait pas. Et elle-même dont c'était le tour d'entrer en scène. Elle ferait tout ce qui est permis honnêtement pour tenter d'apprivoiser ce Vent de soleil. Tout ignorante qu'elle fût des finesses du sentiment, son intuition féminine lui suggérait qu'elle avait produit quelque impression sur l'homme d'affaires. Elle s'en trouvait secrètement flattée. Peut-être était-elle arrivée à un moment où il était vulnérable. Elle ne pensait pas à l'amour, n'en ayant jamais connu les feux jusque-là, mais il y a tant d'autres richesses à découvrir dans les relations humaines.

Il avait commencé par déplorer son incapacité à entrer dans certains milieux où il aurait désiré être admis pour y entretenir un genre de commerce sans aucun rapport avec l'argent. Autrement dit, ce qui lui manquait c'était de pouvoir fréquenter des intellectuels désintéressés, des gens hautement cultivés dont les questions matérielles étaient le dernier des soucis. Ils sont rares, mais il y en a et l'on sait où les trouver. Cela supposait d'avoir assez de connaissances pour participer, sans rougir ou rester coi, à des conversations sur la littérature et les arts, deux sujets de la plus grande importance à tort ou à raison, interdits à quiconque n'avait pas reçu la formation des écoles ou bénéficié d'un environnement favorable.

Il avait appris le français comme une langue étrangère pratiquement inconnue dans son canton natal du bout du monde. A force d'écouter autour de lui, de côtoyer les catégories sociales les plus diverses, depuis les asiles de nuit jusqu'aux salons du noble faubourg, sans s'y intégrer jamais de peur de s'en faire esclave, à force de lire tous les livres, journaux et papiers imprimés qui lui tombaient sous la main, il s'était acquis un langage qui faisait illusion jusqu'à en imposer quelquefois. Mais il demeurait malhabile aux spéculations abstraites. Il y avait certains jargons qu'il entendait mal. Et cela entretenait en lui un complexe assez irritant. Il se devait de le dissiper, ce qui n'allait pas sans problèmes. Il demandait à Aurélia de l'aider à combler ses lacunes, ce qu'il appelait ses trous. Quant à ses bosses, elles lui appartenaient en propre.

Ainsi avait-il remarqué que les intellectuels de profession ou de goût parlaient volontiers comme on écrit. Et qu'au lieu de parler leurs conférences, ils les lisaient, généralement assez mal. Lui n'avait jamais de papier, même pour les tractations les plus délicates. Il se mettait tout en tête avant d'avoir à prendre la parole. Cela venait sans doute, disait-il, de l'habitude qu'il avait prise, dans sa première jeunesse, de lire à haute voix et avec expression ce qu'il voulait retenir. Rien de tel que de parler juste pour être convaincant. La difficulté commençait pour lui avec les références aux civilisations, aux littératures et aux arts. Il n'en était pas dépourvu, certes, mais les siennes n'étaient pas celles que les autres avaient en commun. Une ou deux fois, il s'était hasardé à faire appel à des ouvrages ou à des œuvres qu'il connaissait fort bien. Il était tombé à plat, étant évident que l'assistance cultivée ne savait pas à quoi il faisait allusion. On l'avait regardé comme une bête curieuse. Il avait dit adieu. Ces gens-là avaient été introduits aux mêmes connaissances de base, aux mêmes règles d'analyse et d'appréciation suivant des critères qui n'étaient pas les siens. Ils s'y conformaient jusqu'au moment où naissait parmi eux un mouvement de contestation qui passait pour révolutionnaire. C'était seulement, d'après lui, une mise à jour provisoire des grandes questions par application de nouvelles théories ou emprunts à des arts exotiques. Rien n'était résolu pour autant et il était le premier à s'en féliciter. Il regrettait seulement qu'on en restât toujours aux

mêmes grands hommes, aux mêmes chefs-d'œuvre, ce qui avait pour effet d'ensevelir dans un
oubli immérité des témoignages importants qui
eussent été capables de donner une autre impulsion à la recherche, de l'engager dans d'autres
voies. Mais on s'entêtait à distinguer le premier
rayon du second, les grands maîtres des petits. Les
ouvrages sur les écrivains reconnus, les artistes
cotés pullulaient au point que les lecteurs et les
amateurs, à ce qu'il avait cru observer, s'en remet-
taient à eux pour se faire une opinion et négli-
geaient, à la limite, de lire ou de regarder de près
les œuvres. Les arts, disait-il, étaient tributaires de
la littérature qui se faisait à leur propos. On faisait
naître, autour de certains artistes, une idolâtrie qui
ne pouvait se tourner qu'en commerce. Leur maison natale devenait un lieu de pèlerinage dont les
étapes étaient les domiciles successifs. Leur cabinet
de travail était pieusement laissé dans l'état où il
était à leur mort. Leur plume d'oie, leurs chaus-
sons, leurs derniers barbouillages, étaient vénérés
comme des reliques qu'on se disputait aux enchè-
res : Encrier ayant appartenu à... Les œuvres en
arrivaient à compter moins que le personnage que
l'on faisait de leur auteur.

Et puis, on parlait de génie là où le mot talent
aurait suffi. Vent de Soleil était contre les superla-
tifs, estimant que le mot « bien » était une approbation suffisante. Il se méfiait autant des héros de
l'Histoire que des vedettes de l'actualité. Ces dernières, au moins, avaient l'avantage d'être éphé-
mères tandis que les premiers renaissaient toujours
de leurs cendres.

Il ne se dissimulait pas que de telles positions de
sa part étaient excessives alors que c'était l'excès
même qui l'indisposait. Il ne demandait pas mieux
que de mettre de l'eau dans son vin, encore

fallait-il lui donner de bonnes raisons pour l'affadir. Il n'avait pas grand espoir de changer quoi que ce fût. Il savait aussi que de mettre des moustaches à la Joconde ne l'empêcherait pas d'être le chef-d'œuvre absolu pour les uns, une grosse dame au sourire niais pour les autres. Au reste, il ajoutait que la dispersion des tableaux hors de leurs lieux d'origine leur ôtait une part de leur signification. Ce qu'il préférait, c'était la réunion de l'architecture, de la sculpture, de la peinture et de la musique dans le même édifice. Et en tout état de cause, il avait une dilection particulière pour les œuvres d'auteurs inconnus.

Voilà ce qu'il avait exposé en vrac, sans y mettre de nuances, à une Aurélia un peu scandalisée, qui ne trouvait rien à lui objecter sur le moment tant ses affirmations péremptoires s'enchaînaient les unes aux autres, toute transition abolie. Elle comprenait bien que ces déclarations brutales étaient destinées à lui fournir du fil à retordre, lui donner matière à rassembler les arguments contraires avec des justifications dont lui-même regrettait de ne pas disposer, à s'inscrire en faux contre ses assertions. Il espérait bien qu'ainsi agressivement sollicitée, elle ne le ménagerait pas dans ses mises au point, même si elle devait faire violence à sa réserve naturelle. Il termina cette profession de foi par une revendication de liberté, apparemment hors du droit fil de son discours, mais qui avait valeur de conclusion. « Quand je change de pays, dit-il, je n'emporte pas sa terre à la semelle de mes souliers. Je la laisse où elle est. Ailleurs, son or se tournerait en feuilles mortes. »

Il se tut. Elle l'avait écouté avec tant de bonne volonté, mal posée sur sa chaise Louis-Philippe, qu'elle en avait mal partout. Vent de Soleil sourit, découvrit le creux de sa dent manquante qui le marquait de naïveté et ses yeux clairs perdirent presque aussitôt de leur éclat.

— Si nous allions déjeuner, mademoiselle. Nous parlerons d'autre chose. Mais dites-vous bien que je n'en ai pas fini.

Elle s'entendit répondre, évaluant tout ce pain qui l'attendait sur la planche :

— J'ai une faim de loup, monsieur.

Aurélia ne se doutait pas que cette rencontre avec Vent de Soleil allait engager plusieurs années de sa vie. Elle subirait si profondément son empreinte que même après l'avoir physiquement perdu, elle n'en continuerait pas moins à penser et à agir comme s'il était encore auprès d'elle. Et tout le reste de son existence serait ponctué par de rares coups de téléphone arrivant de très loin sous les prétextes les plus anodins, leur véritable raison étant de s'assurer qu'elle allait bien, qu'elle demeurait toujours celle qui s'était faite à son image bien qu'il se fût toujours gardé soigneusement de l'endoctriner en aucune manière ou de l'amener à ses vues par son seul exemple. Il ne cesserait pas de répéter, au contraire, qu'ils ne devraient rien l'un à l'autre, que leur accord était dû précisément à cette indépendance. Quand il se serait éloigné sans espoir de retour, cela ne ferait aucun drame ni pour l'un ni pour l'autre, le parfait contentement auquel ils étaient parvenus au cours de leur alliance étant une sorte de point idéal que l'absence ne pouvait plus détruire, ce que la présence aurait peut-être fait. Ils étaient devenus amants parce que c'était là l'inéluctable aboutissement de leur familiarité sans lequel ils n'auraient pu atteindre à la sérénité que procure la jubilation des sens quand elle est l'effet d'une entente où les corps servent de catalyseurs définitifs. Elle n'avait rien perdu de lui quand il s'était départi d'elle si bien que, le revoyant sur son lit de mort, elle s'était étonnée de son indifférence à l'égard de sa dépouille. Il y avait trop longtemps qu'elle avait procédé à sa transfiguration. Sa mort ne pouvait rien lui en ôter. Il vivrait en elle autant qu'elle aurait de durée. Et elle plaignait sincèrement Marilou d'avoir été victime de sa passion pour n'avoir pas compris qu'avec un tel être il ne pouvait s'agir de sentiments communs, même portés au paroxysme jusqu'à la purification. Dans ses moments de vanité, Aurélia n'était pas loin de croire que le couple qu'elle avait formé avec Vent de Soleil pourrait en remontrer aux amants les plus célèbres de la mythologie et de l'Histoire. Pour la simple raison qu'il demeurerait anonyme jusqu'à la fin des temps. On ne peut être connu et célébré qu'en abandonnant une part de ce qui est essentiellement à soi.

Donc, le jour où Vent de Soleil lui fit sa profession de foi, ils allèrent déjeuner et ils parlèrent d'autre chose. D'abord de quelqu'un d'autre, d'Honorin La Paluche, pour se demander quelle prescience lui avait fait distinguer Aurélia pour la jeter en pâture à son ami. Aucun d'eux ne trouva de réponse à la question. Ils se racontèrent comment ils l'avaient connu, c'était à la même bibliothèque, à la même place de lecteur, face à la sienne. Etait-ce un commencement d'explication? Et puis ils parlèrent comme tout le monde des sujets qui faisaient l'actualité avant de fixer un emploi du temps pour leurs rencontres futures. Ce serait deux heures par jour ouvrable, confirmation ou report tous les matins avant neuf heures. Ils déjeuneraient ensemble sauf s'il avait besoin d'elle pour l'assister à des dîners d'affaires ou des soirées mondaines. Elle serait sa collaboratrice, sans précision.

C'était un restaurant connu où M. Urvoas l'était aussi. Au cours du déjeuner, un chasseur vint à deux reprises lui porter un pli cacheté. Il l'enfouit dans sa poche sans commentaire. La jeune femme admira l'aisance avec laquelle son commensal en costume défraîchi se conduisait en ce haut lieu de gastronomie pour cadres supérieurs ou présidents-directeurs généraux, strictement cravatés sur des costumes coupés dans des tissus de belle draperie sans plus aucun rapport avec la médiocre fibranne du temps de guerre. S'il n'était pas un habitué – et il ne l'était pas, assura-t-il, mais ceux qui devaient impérativement le toucher savaient toujours où il était – il impressionnait visiblement les gens du service. Il n'avait pas de portefeuille. Il régla l'addition, négligemment, avec quelques billets tirés d'une liasse qu'il sortit d'une poche de son veston. Taxi. Sans attendre la monnaie. « Tout de suite, monsieur. » Vestiaire. « Merci, madame, monsieur. » Il reconduisit Aurélia jusqu'à sa porte, la laissa descendre. « Au revoir mademoiselle. A demain donc, même heure, même lieu... » Froidement. Il avait déjà la tête ailleurs. Aurélia eut besoin de tout l'après-midi pour rassembler ses esprits. Elle eut du mal à s'endormir le soir en se rappelant qu'elle n'avait pas pensé à lui donner son numéro de téléphone.

Elle avait tort de s'inquiéter. Le lendemain, quelques minutes avant neuf heures, ledit téléphone sonna. Une voix cérémonieuse, dans laquelle pourtant elle crut reconnaître celle de Firmin, se fit entendre après un toussotement délicat :

– Bonjour, mademoiselle. Puis-je vous rappeler que le président Urvoas vous attend à dix heures.

– Dites-lui que j'y serai sans faute, monsieur.

– Parfait. Veuillez m'excuser. Je vous remercie.

Cette seconde séance se passa comme la première pour l'essentiel, sinon que Firmin se présenta en gilet rayé, la raie au milieu, avec un zozotement très étudié. Ce jeu la mit de bonne humeur. Il y avait un peu de fébrilité dans le personnel de direction au rez-de-chaussée. Le président Urvoas, en costume prince de Galles gris fer assorti à ses cheveux, lui annonça qu'il devait prendre un avion en début de soirée. Il serait absent quatre jours. Pour le reste, il entreprit d'énumérer pour la jeune femme la liste des livres qu'il avait lus de près, de ceux qu'il avait seulement parcourus et de ceux dans lesquels il n'avait pas pu entrer par ignorance du sujet ou ésotérisme du langage. C'était un mélange de romans populaires et d'œuvres savantes en passant par les ouvrages d'écrivains célébrés dans les morceaux choisis pour candidats au bachot. Il avait vraiment lu au hasard, au petit bonheur la chance. Mais quelques analyses rapides qu'il fit du contenu des plus célèbres textes convainquirent Aurélia qu'elle aurait à compter avec un esprit critique à la fois des plus fins et des plus déconcertants. Elle s'y attendait d'ailleurs. La plus grande surprise pour elle, quand on en vint à la poésie, fut de l'entendre dire de mémoire, et presque sans faute, la *Saison en Enfer* de Rimbaud, les rondels de Tristan Corbière et *La Chanson du Mal Aimé*, les transitions étant bizarrement faites par des fables de La Fontaine et de Florian. Elle avait affaire à forte partie. Finalement, elle lui proposa de passer en revue les grands thèmes de la mythologie et de la littérature des Grecs. On passerait ensuite à l'art. Il voulait bien.

– L'art, je m'y connais un petit peu, dit-il, pour

avoir beaucoup regardé ce qu'il en reste. De la littérature grecque je n'ai lu qu'Eschyle et Hérodote, en traduction bien sûr. J'oubliais : un nommé Théocrite et Homère bien entendu.

Elle avait préparé une bibliographie sommaire des ouvrages généraux concernant la civilisation grecque. Mais il refusa tranquillement d'en prendre connaissance.

– Ce que vous m'en direz me suffira avec vos réponses à mes questions. Je vous promets de lire les ouvrages que vous m'indiquerez comme de première importance. Les œuvres, pas les commentaires. Quant aux biographies, celles des livres scolaires me suffiront. Et ne vous offensez pas si je ne prends jamais de notes. Ce que ma mémoire ne retient pas m'est inutile.

Et il en fut ainsi pendant tout le temps que dura leur entente. De toute évidence, il n'avait besoin que d'une interlocutrice avec qui s'entretenir des questions qu'il se posait et « frotter sa cervelle » comme le recommande un des auteurs français qu'il pratiquait pour son plaisir. A sa courte honte, elle l'entendit quelquefois disserter sur des sujets assez ardus pour elle et dans lesquels il se trouvait parfaitement à l'aise. Le plus étonnant était qu'il abondait en citations des plus précises, mais qu'il ne se souvenait presque jamais du nom de leur auteur. Ni la sagesse ni la folie n'avaient de noms pour lui.

Ce ne fut qu'au bout de quelques semaines de conversations quotidiennes qu'il lui demanda de l'accompagner à une soirée où il se devait de paraître en compagnie de certaines personnalités de ce qu'il est convenu d'appeler la culture.

– Il vous faudra, s'excusa-t-il, vous mettre, comme je le ferai moi-même, dans l'appareil qui convient à ces réceptions dans ce milieu. Vous pouvez refuser, bien sûr. Si vous acceptez, nous irons dans la maison de couture qu'il vous plaira de choisir. Cela fait partie de mes frais de représentation. Vous êtes la première femme à tenir ce rôle, c'est un essai que je fais. Nous avons quarante-huit heures devant nous. C'est plus qu'il n'en faut. Nous y arriverons.

Ils y arrivèrent. Elle en était déjà au point où elle ne s'étonnait plus de rien. L'autorité tranquille de Vent de Soleil, le charme indéfinissable qui émanait de sa personne firent merveille dans ces officines de l'élégance où l'on sait juger très vite de la qualité des clients. Aurélia faisait plus jeune que son âge, sa timidité n'était pas feinte. Aux yeux des dames de couture et des esthéticiennes qui s'empressèrent autour d'elle, elle ne sut si elle passa pour la pupille de son accompagnateur ou pour une jeune maîtresse qu'il désirait faire débuter dans le monde. Toujours est-il qu'on n'eut guère de mal à la transformer selon le souhait nettement exprimé par lui : ne pas en faire une gravure de mode, mais une jeune femme au meilleur goût du jour et qui, cependant, ne devait pas attirer les regards par quelque originalité que ce fût. Aurélia se prêta au jeu de bonne grâce. Sans être une beauté dans le sens banal du terme, elle avait un corps harmonieux, des traits réguliers, un regard brillant d'intelligence et de très belles mains. Les vêtements qu'elle portait jusque-là ne la mettaient pas en valeur, certes, ils retardaient passablement sur le dernier cri, mais la matière et la coupe en étaient de qualité. Somme toute, lorsqu'elle sortit des mains expertes des spécialistes, elle n'éprouva pas de difficulté pour s'assumer dans sa nouvelle apparence. Ce fut tout juste si de se voir en pied dans une glace lui donnait envie de pouffer de rire. Quant à Vent de Soleil, il souriait d'aise comme quelqu'un qui a visé juste. Et Aurélia, le voyant sourire, se disait qu'il avait bien raison de ne pas remplacer la dent qui lui manquait.

Cette première soirée d'initiation se passa beaucoup mieux qu'elle n'aurait osé l'espérer. Elle n'y alla pas sans appréhension, sa position étant aussi fausse que celle de Vent de Soleil lui-même. Il s'était arrangé pour se faire inviter dans ce cercle assez fermé par l'intermédiaire d'une relation d'affaires qui avait de fortes obligations envers lui. Un renvoi d'ascenseur, à ce qu'elle crut comprendre. Il fut présenté pour ce qu'il semblait être et qu'il était sans doute, une éminence grise du commerce international, amateur d'art et mécène en puissance. Quant à elle, qualifiée de secrétaire, collaboratrice ou assistante selon l'inspiration des uns et des autres, elle vit bien qu'on la créditait d'autres rapports avec son patron. Cela ne lui déplut pas. Elle faisait des progrès énormes dans son éducation sentimentale jusqu'à ne plus se reconnaître elle-même dans son comportement et ses propos de salon. Après tout, n'était-elle pas la fille de l'une des femmes les plus brillantes des années 20, celle dont un écrivain célèbre avait dit qu'elle avait l'art de parler pour ne rien dire, assurée qu'il se trouverait toujours quelqu'un pour trouver un sens flatteur à ses paroles. Elle avait donc de qui tenir. Les conversations qu'elle saisissait au vol, allant de groupe en groupe sur les pas de Vent de Soleil, n'étaient pas de nature à la désorienter. Elle eut tôt fait de repérer, dans l'assistance, les rares personnes dont les interventions présentaient quelque intérêt au milieu du bavardage anodin qui régnait dans ces lieux.

Son compagnon aux tempes grises, en smoking bleu nuit, les traits le plus souvent impassibles, le regard plus lointain que jamais et à peine marqué d'un soupçon d'ennui, excitait la curiosité des dames présentes. Il écoutait beaucoup, parlait peu, toujours flanqué d'une Aurélia respectueuse et qui n'avait pas à se forcer pour l'être. Il devait cependant prendre part à quelques discussions sur des sujets d'actualité, les derniers livres parus, les films nouvellement sortis en salle, les expositions, les thèmes philosophiques à la mode. Elle admirait son art de noyer le poisson. Quand il était pris de court, mis au pied du mur, c'était à Aurélia d'intervenir : « A ce propos, monsieur, vous me disiez justement, hier encore, que... » Et elle répondait du mieux qu'elle pouvait comme si l'opinion venait de lui. Il prenait sa revanche quand il avait lu tel ou tel auteur en question. Et le jugement qu'il émettait en quelques phrases surprenait même les critiques professionnels. Ils se gardaient bien d'engager le fer avec un tel amateur, non pas tellement par prudence que parce qu'ils sentaient bien n'avoir aucune chance de lui faire partager leurs vues. Mais c'était sur le sujet des poètes connus de lui qu'il damait le pion à tous. Sa prodigieuse mémoire lui permettait de citer sans faute de nombreux passages, lui évitant du même coup de les commenter. Indéniablement, il avait produit son effet. La soirée finie, ramenant Aurélia chez elle, il avait un petit rire au fond du taxi avant de se permettre quelque appréciation vulgaire du genre : « On les a bien eus, mademoiselle, vous ne croyez pas ? » Elle ne répondait pas, se contentait de pouffer de rire en le quittant.

Ils recommencèrent à « les avoir » une bonne douzaine de fois pendant la saison d'hiver. Tous les deux défrayaient la chronique des « salons où l'on cause ». On se posait la question : lequel est le plus fort des deux, lui ou elle, elle ou lui ? Comment répondre puisqu'on ne savait d'eux rien de plus que ce qui se colportait en public et ne touchait jamais à leur vie privée. Lui, disait-on, c'est le véritable patron de la société (ici suivaient quatre initiales bien connues). Et elle? Une aventurière, mais de classe. Ils ne se lièrent avec personne bien qu'acceptant les invitations dans les salons où l'on tirait gloire de les avoir, tant ils piquaient la curiosité des mondains par leur goût du paradoxe et de la provocation. Elle avait compris que pour faire figure dans de tels endroits, il suffisait de préparer quelques phrases ambiguës que l'on lâchait hors de propos à intervalles irréguliers. Les petites phrases qui donnent de la tablature aux abstracteurs de quintessence. Lui, quand on regrettait de ne pas l'avoir vu – les avoir vus – au concert du célèbre pianiste Untel, s'excusait férocement d'une voix suave : « Nous n'allons jamais au concert ni au théâtre, jamais dans les endroits où l'on applaudit. » Et Aurélia précisait, avec un ravissant sourire : « Le vrai contentement est intérieur. » Ils étaient redoutables. On en était réduit à se demander, une fois de plus, s'ils couchaient ensemble. Ne faut-il pas trouver matière à perdre son temps en futilités quand vous échappent les raisons qui ne sont pas en votre honneur ou quand vous feignez de les ignorer!

Et l'on perdit son temps en effet. Les deux personnages mirent fin à leurs apparitions après avoir, pour solde de tout compte, organisé une somptueuse réception pour tous leurs hôtes dans le plus grand hôtel de Paris. Vent de Soleil avait jugé l'expérience suffisante. Et le Tout-Paris respira.

Fut-ce pour se désintoxiquer qu'ils se rendirent plusieurs fois à des soirées d'un autre genre, celles qui réunissaient, autour d'Honorin La Paluche, dans sa cave du Marais, la crème des clochards parisiens? Aurélia se plut à courir les puces et les friperies pour y découvrir des nippes dont elle s'affublait pour son propre plaisir comme pour celui de ses invitants. Elle estimait qu'il n'était pas moins nécessaire de s'habiller à leur façon pour aller en visite chez eux qu'il ne l'était pour se présenter sous les lambris bourgeois. Après tout, n'y a-t-il pas des gens qui se déguisent pour le carnaval! Et le carnaval n'est-il pas un moment de liberté! Les habitués de la cave – pas plus d'une dizaine quand ils étaient tous là – avaient pris en amitié la protégée de La Paluche, assistante de leur protecteur Vent de Soleil. Et ils se moquaient comme d'une guigne de savoir s'ils couchaient ensemble, elle et lui. Il y avait celui qui prodiguait à la jeune femme de précieux conseils pour se trouver à l'aise dans les vêtements que l'on a sur le corps. Les clochards de vocation, contrairement à ce qu'un vain peuple pense, ne s'habillent pas n'importe comment. A défaut d'élégance, ils soignent le confort. Il y avait celui qui lui apprenait à manger le saucisson à la main et au couteau de poche, la règle élémentaire étant de le mâcher lentement en le gardant le plus longtemps possible dans la bouche. Il y avait le petit homme qui lui montrait comment boire au goulot de la bouteille et qui n'avait jamais su lui-même boire dans un verre sans attraper le hoquet. Il y avait le plus haillonneux de tous, incapable de s'exprimer autrement que par un seul mot ou dédaignant de se répandre dans une phrase entière, et disposant, dans un coin, de tout ce qu'il fallait pour infuser un thé à couvrir d'opprobre tout le Royaume-Uni. Ils employaient le « tu » et le « vous » en s'adressant les uns aux autres mais non pas indifféremment comme Aurélia s'en aperçut assez vite.

C'était selon l'importance du sujet en question. « Tu me passes le bricheton, Totor! Vous ne devriez pas vous mêler d'affaires qui ne sont pas les vôtres, monsieur Victor! » Ils abordaient tous les sujets, ne se faisaient pas faute de porter des jugements sur les grands problèmes comme sur les menus incidents de leur vie quotidienne. Ils discutaient sévèrement de la valeur esthétique des murs couverts d'affiches. Il y avait celui qui se prêtait comme homme-sandwich pour faire la publicité de certains restaurants, mais qui n'endossait le panneau à bretelles qu'après avoir mis lui-même à l'épreuve sourcilleusement l'art du cuisinier dans sa cuisine. Les lettrés de la cloche commentaient les articles des journaux ramassés par eux au hasard de leurs pérégrinations dans les rues. Le nommé Firmin excellait dans cette revue de presse quand ses multiples rôles lui permettaient de rendre visite à ses pairs dans leur quartier général.

Ce qui était évident, à les voir et les entendre, c'était qu'il existait, chez eux, les mêmes hiérarchies, les mêmes ententes et les mêmes luttes que dans les sociétés régulièrement reconnues. Pour ne pas dire les mêmes classes. La coterie de La Paluche était faite de marginaux de premier choix. Ce qu'on appelle une élite ailleurs. Aurélia fut témoin d'une discussion serrée qui eut lieu, une nuit, pour savoir s'il fallait admettre quelqu'un qui avait fait acte de candidature. Il fut débouté pour insuffisance de mérite, invité à s'acquérir des titres plus solides avant de se représenter. Aurélia, quant à elle, se bornait à répondre aux rares questions qui lui étaient posées. Elle s'enhardit cependant, une fois, pour demander pourquoi elle était la seule femme de ce club si fermé. Il lui fut répondu que chacun des membres avait ailleurs sa vie privée, son logis où il retrouvait sa compagne s'il lui plaisait d'en avoir une, mais la tradition voulait que ces dames ne fussent admises à ce conseil qu'une fois l'an. Et le conseil se tenait non pas dans la cave, mais dans une vraie campagne dont elles avaient toujours la nostalgie. D'autre part, les clochardes tenaient parfois des sessions de leur côté. Leurs débats étaient plus houleux, aboutissaient quelquefois à de sérieux crêpages de chignons. « Et pourquoi moi ? Pourquoi suis-je tolérée parmi vous ? » interrogeait Aurélia. Il n'y avait pas de réponse, les regards se tournaient vers Vent de Soleil, muet et songeur dans son coin, assis sur une vieille couverture dans la position du lotus.

– Vous avez l'air fatigué, mademoiselle Aurélia, lui dit-il un matin. Vous devriez vous reposer pendant quelque temps. Nous reprendrions nos travaux après.

Elle répliqua vivement qu'elle ne s'était jamais sentie si bien. C'était vrai, mais encore plus vrai qu'elle s'abrutissait à travailler comme une perdue pour sa documentation. Tout le temps qu'elle ne lui donnait pas, elle le passait dans les bibliothèques, les librairies, les conférences d'histoire de l'art, les débats académiques ou sulfureux. Elle n'avait pas trop peur d'être remerciée pour incompétence ou pour quelque autre motif d'incompatibilité, mais pour manque de résistance à la vie qu'il lui faisait mener. Cet homme était une force de la nature. Elle savait qu'en dehors des quelques heures qu'il s'accordait pour dormir et de celles qu'ils vivaient ensemble, il était accroché à une batterie de téléphones, en relation avec des représentants répartis à travers le monde et débattant d'énormes intérêts financiers, élaborant de vastes projets, dont l'issue pouvait entraîner sa ruine, ou recevant des émissaires venus lui rendre des comptes à grand renfort de mallettes et d'attaché-cases bourrés de graphiques et de bilans alors qu'il n'écrivait pas, qu'elle ne lui voyait jamais un papier entre les mains. Quelle tête il avait! Elle était fatiguée, c'était vrai. Elle ne l'aurait avoué pour rien au monde, mais les deux heures du matin devenaient de plus en plus éprouvantes. Il l'assaillait de questions de plus en plus précises sur les civilisations et les œuvres qui jalonnaient, à tort ou à raison, l'évolution du monde, il lui opposait les arguments les plus inattendus avant de se lancer lui-même dans des développements qu'elle avait parfois de la peine à suivre tant ils étaient nourris. Elle n'avait de cesse, l'ayant quitté, que de se précipiter dans les lieux susceptibles de lui fournir une documentation sur des sujets qu'elle le soupçonnait de vouloir aborder dès qu'il y avait fait la moindre allusion. Elle savait qu'il allait y revenir. Et impossible de lui cacher qu'elle était quelquefois à bout de ressources pour lui tenir tête.

Mais il s'en était bien aperçu. Pouvait-on lui cacher quelque chose, à cet être aux yeux clairs! Ce n'était pas une brute ni un profiteur sans vergogne. Il ralentit progressivement le rythme de ses questions, il laissa respirer sa collaboratrice, il se garda même de se lancer dans des considérations trop excessives. Un entretien sur trois ou quatre fut remplacé par une visite de musée ou d'exposition durant laquelle ils ne disaient presque rien. Leurs commentaires étaient pour la séance suivante. Et puis il s'absenta de plus en plus souvent, de plus en plus longtemps. Elle profitait de ces absences pour reprendre son souffle, se coucher tôt et se lever tard. Et un jour, cela faisait plus de six mois qu'elle était à son service, il lui annonça qu'il n'avait rien d'important en train pour le moment et qu'il allait s'offrir un mois entier de vacances. Dans une île bretonne, précisa-t-il. Du vent sûrement, de la pluie peut-être. C'était exactement ce dont il avait besoin.

— Qu'allez-vous faire pendant ce temps, mademoiselle Aurélia?

— Je ne sais pas, monsieur. J'ai une petite maison en Haute-Vienne où je vais passer quelques jours quand l'envie m'en prend. A vous dire la vérité, je ne suis pas vacancière du tout.

— Si vous n'avez rien à faire ni personne à voir, accompagnez-moi. Il est entendu que je ne vous importunerai d'aucune manière. Vous ferez ce qu'il vous plaira et moi aussi. Je me suis habitué à vous. Je n'aurais pas dû, mais c'est ainsi.

Elle n'avait rien ni personne. Elle aimait le vent, n'avait jamais mis les pieds dans une île et la pluie ne lui faisait pas peur.

— Il y a une condition, dit-il.

— Laquelle, monsieur?

Il sortit une enveloppe de sa poche.

— Vous devez prendre ce chèque. Ce sont les émoluments que je donne à mes chefs d'agence.

— Mais, monsieur...

— Je ne veux rien devoir à personne. Pas plus à vous qu'à d'autres.

Et elle accepta aussi le chèque, le mit même en banque aussitôt afin que tout fût bien réglé. Cela lui causa une curieuse impression où entrait, pour une part, l'idée d'avoir mérité un salaire. C'était le premier argent qu'elle gagnait de sa vie. Elle était donc entrée dans le monde du travail. Et de chercher le mot qu'elle pourrait substituer à celui d'étudiante à la rubrique profession de ses papiers officiels. Mais comment désigner le genre d'emploi qui était le sien?

On était à la fin d'août. L'île était déjà désertée par les estivants. Il n'eut aucun mal à trouver une location. Une maisonnette de quatre pièces dont deux mansardes, entourée d'un courtil qui fleurissait, impavide, à l'abri d'une enceinte de pierres sèches. Une voisine, femme de pêcheur, s'offrait pour s'occuper du ménage. A moins de cent mètres, un hôtel restait ouvert jusqu'en fin septembre.

– La maison est pour vous, mademoiselle Aurélia. On m'en a dit grand bien. J'espère qu'elle vous plaira.

– Et vous, monsieur ?

– Je serai à l'hôtel tout près. Nous nous retrouverons pour les repas si vous voulez. Et pour les promenades à pied où à bicyclette. J'ai la ferme intention de ne rien faire d'autre.

Elle prit le temps de respirer à fond avant de se risquer tout à trac, mesurant mal son audace :

– Cette maison est bien trop grande pour moi, monsieur. Ne pourrais-je pas inviter quelqu'un à la partager avec moi ?

Les yeux de Vent de Soleil s'assombrirent. Il était contrarié.

– Comme vous voudrez. Vous êtes libre. Mais je ne vous promets pas de fréquenter cette personne.

– Cette personne c'est vous, monsieur, si vous voulez bien.

– Ah ! Voilà autre chose.

A Paris, elle ne l'avait jamais invité à monter chez elle, sachant d'avance qu'il aurait dit non. Plusieurs fois, pourtant, elle avait fleuri, illuminé son appartement, mis le champagne au frais, revêtu sa plus belle robe, libéré ses cheveux comme s'il allait sonner à sa porte. Elle ne savait pas s'il avait quelque part ce qui s'appelle un appartement. Il payait ses dépenses « pour les besoins du service ». Mais jamais il ne lui avait offert le moindre bijou qu'elle aurait d'ailleurs refusé, n'en portant jamais. Voilà où ils en étaient et il n'y avait aucune raison, vraiment aucune, pour que cela dût changer.

– J'aurais mieux fait de prendre la maison et de vous mettre à l'hôtel. Mais j'ai l'habitude des hôtels et j'ai pensé que vous seriez mieux chez vous dans une maison.

– Vous savez bien que nous n'avons pas toujours la même façon de voir les choses. D'ailleurs, vous pouvez refuser.

– Ce qui est fait est fait. Et puis, nous sommes ici en terrain neutre. Ni chez vous ni chez moi. D'accord !

Ils se partagèrent la maison, convinrent d'un emploi des lieux et du temps strictement établi qui garantissait à chacun d'eux son indépendance. Et dès le milieu de la première nuit, comme dans un accès de somnambulisme, elle sortit de son lit pour aller frapper, toute tremblante, à la porte de Vent de Soleil. Ce ne fut ni un commencement ni une fin. Mais pour elle un sommet. Elle devait s'y tenir pendant plus de trois ans.

Pour le reste, rien ne fut changé dans le train de leurs jours sinon qu'il l'appela Aurélia tout court. Et elle, quand ils étaient totalement rendus à eux-mêmes, l'appelait Ned. C'était son prénom véritable, avait-il dit sans plus de détails, les autres ne comptaient pas. Vent de Soleil n'en est pas un.

– Je suis un enfant trouvé, Aurélia. Descendant de grands seigneurs ou de bandits de grands chemins, c'est à peu près la même chose. Mais plus probablement de deux pauvres hères qui n'avaient pas de quoi me nourrir. Enfant de Noël, qui se dit Nédélec au pays où je suis né. Ned pour aller plus vite.

Quand il lui avait ouvert sa porte, la première nuit, il l'avait regardée pendant quelques secondes interminables. Ses yeux clairs avaient viré au violet.

– Souvenez-vous. Je ne fais que passer.

– C'est de passer qui est important, avait-elle soupiré en s'avançant tout contre lui et se mettant dans ses bras. Il n'y a rien eu avant, il n'y aura rien après.

Pendant un mois entier ils parcoururent l'île, explorèrent les recoins les plus cachés de ses côtes. Ils étaient bons marcheurs tous les deux et Aurélia, qui n'avait jamais enfourché une bicyclette, se passionna pour ce mode de locomotion, peut-être parce qu'elle découvrait en elle des forces insoupçonnées. On ne voyait qu'eux par les routes et les chemins de l'île, toujours ensemble, marchant ou roulant côte à côte, mais sans jamais se regarder dans les yeux ni se prendre la main ou le bras comme le font naturellement les couples unis, même au-delà de la première jeunesse. Ils ne parlaient pas beaucoup. Ils étaient bien sympathiques, M. et Mme Urvoas puisque c'était là leur nom. Des gens polis, pas fiers, appliqués à ne jamais déranger personne, sans exigences particulières à l'hôtel et toujours en appétit. Voilà qui faisait plaisir. La femme de pêcheur qui tenait leur ménage ne tarissait pas d'éloges à leur sujet. Il avait l'air un peu sévère, le monsieur, il était plus âgé que la dame, n'est-ce pas, mais il avait un visage si attachant quand on s'était habitué à ses yeux si clairs. La dame était toujours souriante, il lui arrivait même de pouffer de rire avant de se mettre la main devant la bouche, comme honteuse. A la fin de septembre, il n'y avait plus qu'eux d'étrangers dans le bourg. Ils saluaient tout le monde et personne ne serait passé auprès d'eux sans leur dire un petit mot sur le temps qu'il faisait.

A la date fixée par Vent de Soleil pour la fin des vacances, des télégrammes curieusement libellés arrivèrent à la poste de plusieurs pays du monde. C'était le signal du départ. Il y eut du public à l'embarcadère pour les voir prendre la vedette pour le continent. On les regretterait, ces deux-là.

Revenus à Paris, ils reprirent leur vie d'avant, mais Vent de Soleil avait loué un appartement dans un grand hôtel. Selon sa règle, il n'était pas question qu'il allât chez elle et il n'avait pas de chez lui. Le terrain neutre était bien le symbole du non-engagement de l'un et l'autre. Quand il prenait l'avion pour régler ses affaires à travers le monde, elle rentrait dans son appartement du quartier Saint-Sulpice. A son retour, il téléphonait de l'aéroport, elle était toujours chez elle, il passait la prendre en taxi et ils regagnaient l'hôtel. Si l'absence était trop longue, elle allait passer une soirée ou deux dans l'antre de La Paluche qu'elle appelait parrain. Mais il arrivait qu'il eût besoin d'elle pour des tractations subtiles dans certains milieux internationaux plus ou moins impliqués dans le commerce des œuvres d'art. Il lui demandait de bien vouloir l'accompagner. Elle était sa secrétaire, son assistante, son chef de service selon le cas. Son label de culture. Sa présence à côté de lui, un peu en retrait et généralement muette, intimidait toujours un peu les plus experts. Et quand on la faisait intervenir dans les débats, elle avait recours à toutes les ressources de l'érudition langagière pour emporter le morceau.

Trois ans se passèrent ainsi sans qu'elle y prît garde. Elle était sur un nuage. Et il arriva un temps où elle fut sans nouvelles de lui pendant deux semaines, ce qui ne s'était jamais produit. Elle résolut d'aller l'attendre à l'hôtel. Dès qu'elle fut entrée dans la chambre, elle comprit. Sur le lit, il y avait un petit panier d'osier d'un travail sans défaut. De l'osier rouge. C'était pour prendre congé. Vent de Soleil avait fini de passer. Elle attendrait longtemps avant d'entendre de nouveau sa voix, ne le reverrait plus que mort après trente ans. Mais il avait un tel pouvoir qu'il la faisait protéger de loin. Si elle avait connu quelque grave infortune, elle était sûre qu'il lui aurait fait porter secours. Sans revenir. Il avait téléphoné dix-sept fois en trente ans, il avait envoyé des fleurs. Lors de sa disparition, elle n'avait pas résisté à l'envie de retourner à cet hôtel particulier délabré de Montparnasse où il avait fait étape. Les bulldozers étaient déjà en action pour tout raser. Dans la cave du Marais, les membres de la confrérie clocharde lui avaient appris, non sans réticence, que La Paluche « menait la vie de château » quelque part à la campagne. Elle n'avait pas pu en savoir plus. Elle était préparée à tout cela, bien sûr, elle s'était préparée. Ses seules faiblesses avaient été de lui écrire, ce qui lui avait valu de se faire renvoyer ses lettres qu'elle avait toujours dans son sac.

Aurélia se réveille en sursaut. Elle s'est assoupie dans le fauteuil en se remémorant sa grande, sa seule aventure. Et elle a dormi des heures puisque le jour se lève déjà. Elle s'arrache du fauteuil dans l'intention de prendre un bain. C'est alors qu'elle entend un bruit de moteur qui tousse avant de tourner rond. Elle va à la fenêtre sans rideaux, aux contrevents ouverts. Dans le petit jour blême, le Cap de la Chèvre semble une énorme cheville d'argent qui s'apprête à entrer dans l'entraille de Porz-Kuz ou achève d'en sortir, libérant l'étroit chenal d'accès. Au bord du quai, Louis Lestonan vient de mettre en route le moteur auxiliaire du vieux voilier et s'affaire sur le pont. Aurélia ne sait pas quelle impulsion la saisit soudain comme à chaque fois qu'elle s'est laissée aller sans réfléchir. Elle s'empare de son manteau et de son sac, bondit dans le vestibule et sort en courant sans refermer la porte. Elle dévale la pente vers le quai.

– Monsieur Lestonan, s'il vous plaît! Attendez-moi!

– Bonjour, madame. Vous voilà dehors de bien bonne heure.

– Vous partez en mer?

– Seulement faire un tour dans la baie pour m'aérer la tête. Je n'ai pas réussi à fermer l'œil cette nuit.

– Vous voulez bien m'emmener? Je me mettrai dans un coin, je ne bougerai pas, je ne dirai pas un mot.

– Vous parlerez autant que vous voudrez, madame. Nous avons tous quelque chose à nous dire. Donnez-moi vos mains.

Il fait déjà assez clair pour qu'elle puisse lire le nom du voilier sur la joue avant. Il est peint en lettres noires enjolivées de crochets en forme d'hameçons. Vieille superstition de pêche. A voix haute, elle déchiffre péniblement le nom :

– *Avel Heol.* Qu'est-ce que cela veut dire?

– Vent de Soleil en français, madame.

Pour échapper à un trouble qu'elle sent venir, elle détourne les yeux, regarde Louis Lestonan qui lui tend les bras pour l'aider à embarquer. Et elle manque de défaillir sous le coup d'une illusion qui lui fait voir devant elle l'homme de sa vie tel qu'il lui est apparu pour la première fois, il y a très longtemps, quand il s'est levé sur les marches de Saint-Germain-des-Prés. Louis doit la saisir à pleine taille pour lui éviter la chute.

– Hé là, madame! Faites attention!

Elle est tout contre lui, la vieille femme, il la tient par les épaules pendant qu'elle se ressaisit. Elle retrouve les sensations d'autrefois sur la vaste poitrine de celui à qui elle a dû le plus grand bien et le meilleur mal de son existence. Elle se dégage dès qu'elle peut. Elle aurait aimé s'évanouir comme elle était là. Et même mourir.

– Excusez-moi, monsieur. Je n'ai pas le pied marin.

– Ce n'est rien, madame. C'est plutôt que vous n'avez pas les chaussures qu'il faut.

CHAPITRE VI

GERMAIN

L'HOMME au costume trois pièces sortit à l'aube de l'habitation la plus haut perchée de Porz-Kuz, au bout du dernier lacet. Lucas l'y avait conduit la veille en même temps que Van Steeren, tandis que Léonie s'occupait d'installer les deux femmes plus bas. Mais ce matin, le costume trois pièces n'était plus qu'un souvenir presque incongru. Il avait été remplacé par une vareuse de gros drap, un pantalon de cette toile universelle appelée « djin », une casquette à visière et des chaussures de basket. Qui l'aurait vu à son arrivée dans l'auberge de Mène aurait eu de la peine à le reconnaître. C'était pourtant bien lui. Malgré le nouvel accoutrement, le visage empreint d'une imperturbable dignité n'avait pas changé d'expression.

La maison qui leur avait été affectée, à Van Steeren et à lui, était la réplique à peu près exacte de celle où étaient logées Marilou et Aurélia. Lorsque Lucas les avait laissés après leur avoir présenté leurs appartements, ni l'un ni l'autre n'avaient éprouvé le besoin d'échanger leurs impressions, encore moins de se faire des confidences. Van Steeren était préoccupé, presque fébrile, il avait manifestement envie de se trouver seul. Et quant à l'homme au costume trois pièces, c'était

227

une franche antipathie que lui inspirait l'homme au blazer. Avant d'entrer dans sa chambre, il avait seulement tenu à observer la politesse la plus élémentaire.

– Si vous permettez que je me présente, mon nom est Germain Nicol. Je vous souhaite une bonne nuit, monsieur. Monsieur... ?

– Hugo Van Steeren, avait articulé l'autre. Bonsoir.

Et sans accorder l'ombre d'un sourire, il avait disparu dans sa chambre, prenant aussitôt la précaution de faire tourner la clef dans la serrure. La confiance ne régnait pas, semblait-il, mais Germain Nicol n'en avait cure. Avant d'aller dormir de son côté, il ouvrit le réfrigérateur pour se pourvoir d'un solide casse-croûte accompagné d'une demi-bouteille de bordeaux pour l'aider à descendre. Pendant qu'il se restaurait, les cloisons n'étant pas des plus épaisses, il entendait Van Steeren téléphoner sans arrêt d'une voix pressante et avec des moments de grande excitation. S'il avait voulu prêter l'oreille ou seulement se tenir dans le vestibule, il aurait pu comprendre de quoi il était question entre Van Steeren et ses correspondants, mais le personnage ne l'intéressait nullement et Vent de Soleil était mort, ce qui ôtait toute importance à ce qui pouvait se passer maintenant. Il se doutait bien qu'il était question d'affaires, mais les affaires avaient toujours été le cadet de ses soucis. Vent de Soleil y était passé maître et Vent de Soleil était sa bible et ses prophètes. Pour sa part, il n'avait jamais été tenté de s'initier aux questions d'argent. Il se contentait d'échanger son travail et son dévouement contre un salaire. Là se bornaient ses ambitions avec le constant désir de rester sans reproche et en règle avec sa conscience. Il n'oublierait jamais que c'était précisément pour ces scrupules que Vent de Soleil l'avait pris sous sa protection.

De temps en temps, aux éclats de voix de Van Steeren, il devinait que l'autre s'exprimait en anglais ou en espagnol. Il en conclut que l'homme au blazer transmettait à des correspondants étrangers la nouvelle de la mort de Vent de Soleil et que cette mort faisait l'effet d'un énorme pavé dans les eaux troubles de la finance internationale. Mais Vent de Soleil, qui avait déjoué tant de pièges au cours de sa vie, n'avait plus à en redouter aucun. Germain Nicol ne tarda pas à se mettre au lit. Mais, dès qu'il fut allongé, il sentit monter en lui un chagrin qu'il avait réussi à cacher aux autres et à lui-même. Il n'y avait plus de Vent de Soleil en ce monde. Ce n'était pas juste. De tels hommes ne devraient jamais mourir. Et à quelques pas de là, Van Steeren téléphonait toujours. Il téléphonait encore quand Germain Nicol émergea péniblement d'un sommeil agité alors que l'aube commençait seulement à blanchir sa fenêtre. Il se tira de son lit non seulement pour faire diversion à ses cauchemars, mais parce qu'il voulait avoir la preuve irréfutable qu'il était déjà passé par Porz-Kuz bien des années auparavant. Ce qu'il avait vu la veille, en sortant du puits, il n'était pas possible que ce fût seulement une illusion de ses sens abusés. Il n'aurait de cesse avant d'en être certain.

A peine sorti de la maison, il n'en crut pas ses yeux. La vedette était toujours au mouillage, agitée d'un léger roulis sous la marée, mais le bateau de pêche avait pris le large. Qui donc avait cru bon d'appareiller pendant la nuit ou ce matin de très bonne heure ? Sur le quai, il apercevait le couple de gardiens et les deux Asiatiques qui discutaient avec animation. Rien d'autre à faire que d'aller les rejoindre et s'informer auprès d'eux s'ils savaient quelque chose.

Or, il n'était pas encore parvenu au bord du quai que Lucas, de son bras tendu, attirait l'attention des autres sur l'entrée du chenal. Le bateau était de retour, il descendait sa voile. Quelques instants plus tard, le moteur était mis pour venir accoster. Germain Nicol avait déjà rejoint les autres, maintenant silencieux et discrètement interrogateurs. Debout sur le pont, il reconnut Louis Lestonan et l'une des deux invitées, la plus élégante.

– Nous avons fait une petite sortie dans la baie, cria Louis en manière d'excuse. Je ne suis pas assez bon marin pour me hasarder au-dehors. Et d'ailleurs, le bateau commence à prendre l'eau.

Il avait sauté sur le quai et aidait Aurélia à débarquer.

– Vous avez bien fait de rentrer, dit Lucas.

On le sentait soulagé.

– On ne peut plus lui faire confiance, à ce rafiot, poursuivit-il. Beaucoup trop vieux. Quand le maître voulait aller en mer, nous prenions la vedette. Mais il tenait à garder son bateau de guerre, comme il disait. Il n'en parlait jamais que pour me prier de le tenir en état. « Nous aurions dû être au fond de l'eau tous les deux », m'a-t-il dit un jour. Et je suis encore là, moi. Pourquoi pas lui ? Il avait encore plus de considération pour sa vieille barcasse que pour sa charrette à bras. C'est drôle.

– Quelle charrette à bras ?

C'était Marilou, arrivée sans bruit sur des espadrilles de corde et les yeux battus, qui posait la question.

– Elle est dans une des remises, derrière la maison là-haut. Quand la débâcle est survenue, en 1940, on l'a vu arriver en la tirant derrière lui.

Mène m'a dit qu'il n'y avait rien dedans. Il n'était pas ordinaire, Noël.

Germain Nicol avait relu plusieurs fois le nom sur la joue du bateau : *Avel Heol*. Il ne savait que trois mots de breton mais il avait retenu ces quatre syllabes qu'Henri Lannuzel, le maître du navire, lui avait traduites quand ils avaient débarqué dans un port anglais : Vent de Soleil.

– Je peux jeter un coup d'œil à l'intérieur? demanda-t-il. Je crois que j'ai déjà passé quelques heures là-dedans.

Les autres le regardèrent avec étonnement.

– Bien sûr, dit Louis. Faites seulement attention. Il y a de l'eau au fond.

– Donnez-moi la main, s'il vous plaît. Je ne suis pas marin du tout.

Quand il fut sur le pont, il s'introduisit dans le rouf. Il y resta moins d'une minute avant de reparaître.

– C'est bien lui, dit-il. C'est une assez longue histoire. Si nous allions déjeuner! Je vous expliquerai si vous le désirez.

Ils se dirigèrent vers la grande habitation, Yeng et Long presque en courant pour s'occuper du service. Quand les quatre invités du défunt se furent assis à table, les deux femmes serrées l'une contre l'autre, Germain Nicol se mit à parler aussitôt à cœur ouvert, conscient de l'attente des trois autres et désireux lui-même de les entraîner aux confidences. Loin d'être contrarié par l'absence de Van Steeren, il s'en trouvait plus à l'aise, persuadé que l'autre n'aurait pu s'empêcher de jouer le trouble-fête. Quelque chose lui disait que les témoins présents étaient du même parti que lui, Van Steeren étant de l'autre bord, celui des financiers internationaux dont l'ancien maître des lieux s'était joué toute sa vie. La suite allait montrer qu'il ne se trompait pas.

– Vous avez été surpris par ma conduite de tout à l'heure et je vous comprends. Si j'ai voulu descendre à l'intérieur de ce bateau, c'était pour m'assurer qu'il s'agissait bien de celui qui m'a fait passer en Angleterre au début de l'hiver 1943. Hier soir, en sortant du puits, j'ai cru reconnaître le navire, le petit port et le paysage environnant. Mais il faut vous dire que nous avions embarqué par une nuit assez sombre, presque à bout de forces et avec des poursuivants à nos trousses, y compris des chiens. Nous n'avions qu'une hâte, c'était de larguer les amarres avec la chance de déjouer ensuite la surveillance côtière des Allemands. Ce n'était pas là une situation propice à l'observation minutieuse des lieux. En fait, à force de progresser la nuit par divers moyens et de nous cacher pendant le jour, nous ne savions plus où nous étions. Et il n'y avait pas à compter sur notre guide pour nous éclairer là-dessus. Nous avions en lui une confiance totale, mes deux compagnons et moi, mais jamais il n'aurait laissé échapper un mot de trop. Lui-même avait sa tête mise à prix par l'occupant sans que l'on sût exactement qui il était. Manœuvrant avec prudence, audace et habileté, il nous a ramenés jusqu'à la côte, il nous a fait descendre difficilement dans une crique étroite par des sentiers périlleux au flanc d'un petit promontoire. Il aurait pu, nous a-t-il dit plus tard, nous faire accéder au petit port plus vite et plus aisément par un très ancien puits ménagé dans la roche sous une auberge, mais ce puits avait été miné pour le cas où les Allemands l'auraient découvert, et miné de telle sorte qu'il était impraticable. Ce puits, nous l'avons descendu hier sous la direction de Nest tandis que vous, Louis Lestonan, vous avez préféré la piste à ciel ouvert, celle que notre guide nous a fait prendre par nécessité en 1943.

Ce matin, en revoyant le nom du bateau, avec ses lettres curieusement enjolivées de crochets, je n'avais plus guère de doute. Mais trente ans suffisent pour qu'un bateau s'en aille au cimetière vaseux d'un arrière-port et soit remplacé par un autre du même nom, un numéro deux. C'est pourquoi j'ai voulu retrouver à l'avant, sous la proue, un repère incontestable. Un précédent fugitif avait gravé au couteau dans le bois le mot breton qui signifie à la fois, m'a-t-on dit, au revoir et adieu : *kenavo*. Il y est toujours, je l'ai retrouvé, vous pouvez y aller voir : c'est bien ce bateau-là qui m'a fait traverser la Manche, habilement mené par le guide lui-même avec l'assistance d'un jeune marin parfaitement muet mais d'une adresse exceptionnelle sur ses pieds nus autant que nous pouvions en juger. Ce n'est qu'au débarqué, en Angleterre, que nous avons pu le regarder à loisir. Ce jeune marin était une femme, une jeune femme au visage sans expression. Quand nous l'avons remerciée de nous avoir sauvé la mise, elle a fait un geste pour signifier que cela n'avait pas d'importance. Nous n'avons pas entendu le son de sa voix.

J'ai été membre de l'une des premières organisations de résistance à l'occupant. C'est devenu par la suite un réseau. Je n'en dirai rien, c'est de l'histoire ancienne. Toujours est-il qu'au début de 1943, j'étais repéré, pourchassé par la Gestapo, non seulement inutile, mais dangereux pour mes camarades. J'en étais réduit à me terrer dans les forêts autour de Rennes. J'y ai retrouvé deux aviateurs de la R.A.F. abattus dans la région. Par diverses voies, on m'a fait rejoindre un certain Netra[1], réputé pour faire passer en Angleterre, infailliblement, les clandestins « brûlés » de ma sorte. Quand nous avons été mis en présence l'un de l'autre, nous nous sommes reconnus. Il y avait pourtant plus de quinze ans que nous nous étions quittés sans espoir de nous retrouver. Nous nous sommes reconnus au premier sourire à cause de la dent d'or qui nous tenait lieu de première molaire en haut à gauche. Regardez mesdames, regardez messieurs, j'ai toujours la mienne.

Et il écarta ses lèvres, il tapota de l'index la dent en question. Les deux femmes se montrèrent émues de cette démonstration, plus significative pour elles que pour Louis Lestonan.

– Elle manque dans sa mâchoire à lui, fit remarquer ce dernier. Que lui est-il arrivé ?

– Je sais. Je l'ai revu une fois après la guerre et sur sa demande. Il voulait me confier une tâche à remplir. Une tâche qui est toujours la mienne aujourd'hui et ne le sera sans doute plus demain. Il est tombé entre les mains de la Gestapo quelques semaines avant la Libération. Il a été torturé, inutilement d'ailleurs. Au cours des mauvais traitements qu'il a subis, il s'est trouvé quelqu'un pour lui arracher sa dent d'or avec des tenailles. L'or, vous savez, même en bouche, c'est une tentation pour la basse humanité quand elle a le dessus. Cette dent en moins ne l'a pas empêché de s'évader du train qui l'emmenait en déportation.

Il y eut un silence. Yeng et Long le mirent à profit pour servir le café ou le thé. Louis Lestonan but quelques gorgées et ce fut tout. Les deux

1. *Netra* signifie Rien en breton.

femmes s'efforcèrent de grignoter, mais le cœur n'y était pas. Quant à Germain Nicol, tout heureux d'avoir eu la preuve que ses suppositions étaient justes, il prit un solide petit déjeuner tout en continuant sa narration. Et d'abord, il eut à répondre à une question d'Aurélia qui aurait pu aussi bien être posée par Marilou. Mais Aurélia se décida la première :

– Cette dent d'or que vous aviez tous les deux, la même...

– Pas seulement nous deux, madame. D'autres l'avaient aussi.

– C'était quoi? Un signe de ralliement? Une société secrète? Une franc-maçonnerie? Ou peut-être un talisman?

Germain Nicol secouait la tête à chaque interrogation. Il avait l'air de s'amuser.

– Je vais vous étonner. Cette dent d'or était comme le sceau de notre appartenance à la même maison, au personnel domestique d'un marquis richissime et résolument noceur des années 20. Cet original, entre autres extravagances, avait imaginé d'imposer à ses serviteurs du premier rang – nous étions cinq dont deux femmes pour une vingtaine d'employés – de faire sauter la même molaire parfaitement saine pour la remplacer par la même en or. A ses frais, bien entendu. C'était sa façon à lui de nous faire porter sa livrée en un temps où la livrée ne témoignait plus guère que de la prétention des parvenus, nouveaux riches et profiteurs de guerre. Aux vedettes du Tout-Paris qui se pressaient dans les salons de son hôtel particulier de l'Etoile, il avait la satisfaction de faire remarquer cette originalité, source pour lui d'une vanité enfantine et qui ne manquait pas de lui valoir les compliments intéressés de ses courtisans de tous acabits. Lorsque nous, ses maîtres d'hôtel, nous servions à sa table ou dans ses salons, il nous recommandait de sourire largement en penchant la tête à droite afin que tout un chacun fût en mesure de voir briller l'or au coin de nos mâchoires. « C'est leur Légion d'honneur », précisait-il en prenant des poses à la Napoléon bien qu'il fût d'Ancien Régime. Encore heureux que l'idée ne lui eût pas traversé la tête de faire graver ses armoiries sur la dent d'or. Quand nous étions d'humeur à plaisanter, nous cinq, les dorés sur dent, nous déclarions que s'il décidait un jour de nous marquer au fer rouge, nous le mettrions à la broche dans la plus grande cheminée de l'hôtel et nous le rôtirions à point pour en faire un festin d'anthropophages. En réalité, cette exigence de notre marquis ne nous déplaisait pas pour de multiples raisons. D'abord, parce qu'au nombre de ses foucades, celle-là était la plus inoffensive, outre qu'elle flattait en nous un sens de la dérision fort à la mode en ces années d'après-guerre. Et puis, nous n'étions pas fâchés de servir un tel maître qui passait pour être d'avant-garde et déjà surréaliste avant la lettre. Et enfin parce que le maître en question était une très bonne pâte d'homme, soucieux de ne pas nous humilier – il n'ordonnait jamais, demandait toujours, nous pouvions dire non – et porté aux largesses, ce qui ne gâtait rien. Il devait d'ailleurs se ruiner sans rémission après avoir dévoré, en plus de sa fortune, les dots considérables de deux épouses dont une américaine. En ces années-là, c'était le moins que l'on pouvait faire pour asseoir sa réputation dans un monde promis à une prochaine disparition.

– J'ai un peu de mal à me représenter Monsieur Ned M. Zivad dans un rôle de maître d'hôtel, même avec une dent d'or, dit Louis Lestonan.

– Si vous l'appeliez Vent de Soleil, du seul nom

qui lui convienne, répliqua Aurélia, ce serait plus facile. Il voulait connaître toutes les conditions humaines, fréquenter toutes les couches de la société. Les quatre personnes que nous sommes ici l'ont connu dans des états différents. Mais avec sa soif de tout apprendre, de tout expérimenter lui-même, il ne pouvait faire autrement que de changer... de nous quitter les uns après les autres.

– C'est Aurélia qui a raison, dit Marilou.

Germain Nicol reprit la parole. Il était de ceux qui aiment parler.

– Je l'ai vu arriver chez le marquis notre maître. Et croyez-moi, cette arrivée fut peu banale dans un hôtel particulier qui avait été le théâtre de toutes les extravagances. J'avais quinze ans, j'étais le groom, le commissionnaire, le messager, le coursier, le portier, le saute-ruisseau, celui que les belles dames appelaient petit garçon et à qui les autres domestiques tiraient les oreilles ou bottaient le cul. Je faisais mon éducation et mon apprentissage en même temps. Un de mes parents, le cocher du marquis, m'avait fait venir de notre village avant de s'y retirer lui-même au profit d'un chauffeur d'automobile. J'avais une chambrette dans les sous-sols. Heureux comme un roi. Je n'ai jamais si bien dormi que dans cet endroit. D'ordre du marquis, mon travail finissait tôt le soir, mais commençait le matin de très bonne heure. Cela m'arrangeait bien. Petit paysan que j'étais, on m'avait habitué à me lever avec le soleil et à me coucher avec lui. Je m'en étais tenu à cette règle de vie jusqu'à ma venue en ville. C'est pour vous dire que je n'étais pas du tout gêné de prendre le service de conciergerie dès l'aurore pour relever le veilleur de nuit. Et c'est ainsi que j'ai vu revenir au logis, assez souvent, une troupe de fêtards conduits par le marquis lui-même, noceur invétéré dont l'emploi du temps était à l'inverse du mien.

Les joyeux drilles s'annonçaient de loin par des interpellations, des rires et des bouts de chansons en chœur discordant. J'étais fin prêt pour les recevoir. Le marquis montait le premier les marches du perron, non sans mal quelquefois, en habit, le haut-de-forme dans une main, l'autre tenant une canne à pommeau d'argent pour toquer à la porte en criant de tout ce qui lui restait de voix : « Ouvrez aux vaillants chevaliers, retour des Croisades! » Je m'empressais d'ouvrir. En passant devant moi, il me saluait du chapeau comme on fait d'une épée. « Bonsoir, gentil page », disait-il. Et moi, avec une profonde révérence, je répondais, comme on me l'avait appris : « Soyez le bienvenu en votre seigneurie! » Derrière lui, à peu près dans le même appareil, entraient ceux qu'il appelait ses Compagnons de la Marjolaine, se soutenant mutuellement et braillant du mieux qu'ils pouvaient, mais toujours faux : « Qui est-ce qui passe ici si tard... » « Soyez les bienvenus en ce franc-castel, messeigneurs », devais-je dire. Il n'y avait jamais de femmes dans la bande. Sans doute avaient-elles capitulé l'une après l'autre en cours de route, l'épreuve nocturne étant trop dure. Je m'amusais comme un fou. Je n'aurais pas laissé ma place pour tout l'or de Golconde.

Et un beau matin, ces fieffés noctambules se présentèrent devant l'entrée de l'hôtel particulier dans un tel état d'excitation que je fus sur le point d'aller chercher du secours à l'intérieur. En habits de soirée comme d'habitude, mais plus fortement éméchés cette fois-là, ils entouraient de près une charrette à bras, de celles que tiraient encore, dans les rues de Paris, les derniers adeptes des petits métiers. Et dans les brancards il y avait qui ? Notre marquis lui-même, ravi de se rendre utile. La charrette contenait trois femmes, couchées plutôt qu'assises dans leurs falbalas en désordre et clamant des chansons de corps de garde : « Holà, du Châtelet ! Baissez le pont-levis ! L'engagement fut rude, mais l'ennemi est en déroute, abandonnant entre nos mains des prisonnières de haut parage. Qui voudra les délivrer devra payer forte rançon. Montjoie Saint-Denis ! Vive le roi de France ! »

Ainsi vociférait mon maître sur le mode épique. Et les compagnons d'enchaîner aussitôt, les trois femmes s'efforçant d'unir aux leurs des voix mal assurées :

Et merde pour le roi d'Angleterre
Qui nous a déclaré la guerre !

J'ai compris qu'il me fallait d'urgence ouvrir la porte à deux battants en espérant que cela suffirait. Je l'ai fait, j'ai attendu. « Hoo hisse ! » intima fort démocratiquement le marquis, la tête baissée, le corps tendu pour faire monter au véhicule les cinq marches du perron. Et les Compagnons de la Marjolaine poussaient par-derrière ou s'appliquaient aux rayons des roues en s'encourageant mutuellement par des « hoo hisse », qui manquaient d'unisson. Les femmes poussaient des cris effarouchés sous les chocs successifs. Ce fut dur, mais on parvint à faire entrer la charrette à bras et son chargement dans le vestibule. De là, avec des hurlements de triomphe, on la fit rouler dans le grand salon du rez-de-chaussée. Mission accomplie, les joyeux lurons se relâchèrent pour souffler, le marquis abandonna les brancards et le charreton, déséquilibré, déchargea sur le tapis de la Savonnerie, pêle-mêle, les trois belles-de-nuit emberlificotées dans leurs robes et leurs jupons. Elles poussèrent des cris d'orfraie, mais leurs cavaliers, estimant leur tâche accomplie, ne s'en émurent point. Ils cherchaient un fauteuil ou un canapé pour se laisser aller à la bienfaisance du sommeil. Les trois femmes s'endormirent en tas sur le tapis. Planté devant la grande glace au-dessus de la cheminée, le maître de la maison déclamait des vers.

Veuillez m'excuser, il y a plus d'un demi-siècle que cette scène s'est déroulée sous mes yeux, mais je la revois encore avec la même précision, je l'ai évoquée bien des fois avec le marquis lui-même et nous en avons pleuré de rire tous les deux.

Et le digne Germain Nicol, l'homme au costume trois pièces de la veille, à mesure qu'il avançait dans son récit, laissait monter en lui la joie de ses quinze ans à la vue d'un pareil spectacle. Ses trois auditeurs, oubliant à l'entendre la gravité du moment, n'étaient pas tristes non plus. Dans le fond de la salle, on pouvait voir Yeng et Long, attentifs.

– La charrette à bras, put enfin dire Marilou en se retenant de pouffer, c'était celle de Vent de Soleil ?

Germain Nicol reprit son sérieux du mieux qu'il put.

– En ce temps-là, il s'appelait Henri Lannuzel. Quand j'ai voulu refermer la porte sur la rue, je l'ai vu dans l'embrasure, très grand, très droit, vêtu de toile bleue, la casquette en tête, aux pieds des chaussures de gros cuir. Je me serais étonné de sa présence s'il n'y avait pas eu la charrette. Mais il était évident que l'homme et le véhicule allaient ensemble. Quant aux fêtards fatigués du salon, je n'avais pas à m'en occuper. Portier j'étais à cette heure, la porte seule était à mon compte. Je me suis approché de lui, j'ai attendu.

« Il faut bien que richesse se passe, m'a-t-il dit.

– Qui êtes-vous ?

– Qui je suis ? Le souverain maître et seigneur de la charrette à bras. Du diable si je me serais imaginé la voir trôner un jour dans un salon des beaux quartiers. De mon état, je suis présentement rempailleur de chaises et vannier. A d'autres moments rémouleur de couteaux, ciseaux, rasoirs, graveur de plaques à chiens et à bicyclettes, quelquefois porteur d'eau dans les étages et inspecteur de poubelles en dernier recours. Voyez-vous, jeune homme, je fais ce qu'il me plaît de faire, jamais rien d'autre. Ce matin, comme je commençais ma journée, j'ai rencontré ces messieurs-dames qui finissaient leur nuit. Il n'y avait plus de taxis et pas encore de fiacres. Le meneur de la troupe m'a demandé de lui prêter mon charreton pour ramener au logis trois femmes fourbues qu'ils traînaient avec eux, des demi-mondaines à ce que j'ai cru comprendre. J'ai toujours été plein de mansuétude envers la faiblesse humaine. D'ailleurs, le monsieur qui est là-bas devant la glace, occupé à déclamer des vers pour se remettre d'aplomb, m'a demandé mon assistance fort courtoisement et dans le grand style, sinon je me serais fâché. Et quand je me fâche... Mais j'aime bien me divertir et je suis curieux de tout ce qui sort de l'ordinaire. Cela étant, j'aimerais reprendre mon carrosse. »

Moi, petit voltigeur que j'étais, je ne savais pas quoi lui répondre. C'est alors que le marquis, mon maître, a fini sa tirade. Ce petit exercice lui avait rendu l'œil vif. Autour de lui, c'était le château de

241

la Belle au Bois Dormant. Il haussa les épaules, vint vers la porterie, sans doute pour me demander quelque chose, et aperçut près de moi l'impressionnant homme du peuple auquel il avait emprunté sa charrette à bras. Il le reconnut aussitôt, ouvrit les bras et lui prit la main pour la serrer entre les deux siennes.

« Mon cher monsieur, je manque à tous mes devoirs. Veuillez me pardonner, j'ai failli vous oublier tant j'avais hâte de me rafraîchir la cervelle par quelques vers de circonstance après une nuit, je dois le dire, assez mouvementée. Et quel secours puis-je attendre de mes acolytes que vous voyez là, répandus à travers ce qui n'est plus un salon, mais un champ de bataille, encore que la bataille ait eu lieu ailleurs ? Il y a même, parmi eux, un ou deux visages qui me sont aussi inconnus que les trois personnes du sexe, recrutées au cours de nos déambulations nocturnes. Ah ! Monsieur ! Ce n'est pas à la belle époque d'avant-guerre que l'on aurait vu des gentlemen dignes de ce nom capituler ainsi au crépuscule du matin. On avait de la tenue, on rentrait chez soi debout après avoir satisfait à toutes les politesses d'usage dans notre monde. Je me demande s'il n'y a pas quelque chose de pourri au royaume de Danemark.

– Cela ne fait pas le moindre doute, monsieur. J'aimerais seulement reprendre possession de mon véhicule.

– Véhicule, quel joli mot ! Et comme ce « véhicule » mérite bien d'occuper la place d'honneur au centre de ce salon, comme il fait honte par son architecture, par la riche symbolique de ses parties et de son tout, à ces corps mous, amorphes, abandonnés à un sommeil sans gloire. Quelle leçon il serait, s'ils pouvaient le voir, pour les poètes du nouveau surréalisme !

– Je suis d'accord, monsieur, mais c'est aussi pour moi un instrument de travail.

– Je n'en disconviens pas. J'aurais aimé que tous ces dormeurs puissent le contempler à leur réveil pour leur édification. Mais il est à vous, je vous le rends. Il ne me reste plus qu'à vous dédommager pour le service rendu.

– Le service est gratuit, monsieur. Et le spectacle que vous m'avez donné, vous et vos amis, m'a largement payé de mon obligeance. Je vous demanderai cependant, pour la bonne règle, de me dédommager de la perte que j'ai subie.

– Cela va de soi. Quelle perte ?

– Je suis vannier. Je tresse des paniers d'osier pour gagner ma vie. Dans ma charrette, quand vous l'avez réquisitionnée, il y avait treize paniers ronds – je ne suis pas superstitieux – que j'allais tâcher de vendre. Vous et vos amis, vous avez joué au ballon avec, les dames s'en sont servi comme de chapeaux nouvelle mode avant de les jeter. Mes paniers, monsieur, jonchent maintenant le rond-point des Champs-Elysées, du moins ceux qui n'ont pas trouvé preneurs. Vous me devez 68 francs 25, s'il vous plaît.

– Je vais vous en faire donner cent.

– Et je vous rendrai 31 francs 75. Je ne blâme pas ceux qui reçoivent des pourboires, mais il n'est pas dans mes mœurs d'en accepter. »

Du coup, le marquis fut interloqué.

« Est-ce que tous les vanniers parlent comme vous faites ?

– Je ne saurais vous dire. Je n'ai pas de relations avec eux. Mais l'un de mes grands plaisirs est d'agir et de parler aussi correctement que je peux. Vous aussi, me semble-t-il, vous accordez de l'importance au langage.

– C'est vrai. Mais vous, vous tenez pour le

classique, moi je tombe volontiers dans le baroque et je ne résiste pas assez à la mode. Certains de mes amis m'accusent parfois de parler rococo.

– Je n'ai pas fait d'études, monsieur.

– Ce sont des mots. Je voudrais vous demander une grâce.

– Quelle grâce puis-je vous faire? Mais dites toujours.

– Cette conversation avec vous m'a donné de l'appétit. J'aimerais que vous preniez le petit déjeuner avec moi, même si c'est déjà fait. Je déjeune toujours en bas, dans les cuisines. Est-ce vrai, petit Germain?

– C'est vrai, monsieur le marquis.

– Et vous êtes marquis par-dessus le marché?

– C'est un héritage.

– Moi, je suis orphelin.

– Parfait. Je sens que nous sommes faits pour nous entendre, monsieur de la Vannerie. Alors, vous acceptez?

– Avec plaisir. D'ailleurs, ma journée est faite, je n'ai plus rien à vendre. Vous avez détruit mon fonds de commerce. »

Ils ont ri tous les deux, le marquis aux éclats, le vannier avec discrétion. Avant de rentrer dans ma porterie pour me réjouir de l'aventure, j'ai fait le tour de la charrette à bras en prenant soin de ne pas troubler le sommeil réparateur des oiseaux de nuit. A la naissance du brancard de droite, il y avait une petite plaque d'un métal gris qui portait, gravé : Henri Lannuzel, artisan. Tout petit villageois que je fusse, le mot m'était inconnu. Il m'a toujours plus impressionné que celui d'artiste dont se parait, à tort ou à raison, le moindre commensal du marquis.

Une heure plus tard, le vannier a reparu. Le marquis, je suppose, était allé se reposer. Passant devant ma logette pour gagner la porte, Henri Lannuzel m'a fait un signe d'amitié. Je me suis précipité pour lui ouvrir.

« Et votre charrette, monsieur? ai-je dit.

– Ma charrette! Eh bien, jeune homme, d'accord avec votre marquis, je la laisse là jusqu'à demain pour qu'il en fasse la surprise à sa coterie habituelle. Je ne doute pas qu'elle ne remporte un gros succès. On n'a pas fini d'en parler dans les salons, j'imagine. Je viendrai la reprendre pour la ramener dans sa modeste remise en attendant de m'en resservir quand j'en aurai fini avec les mondains. Cela risque de me prendre quelques années. Il n'est pas facile de les comprendre, ces gens-là. Mais je vous apprends que dès demain nous serons collègues. Le marquis m'a engagé dans son personnel domestique. Sans attributions bien définies, mais c'est justement ce qui me plaît, pour cela que j'ai accepté.

– Vous, monsieur? Mais comment...

– Excusez-moi, Germain, – c'est bien votre prénom, moi c'est Henri – j'ai quelques affaires à régler dehors avant de m'enfermer ici. A bientôt. »

Il m'a fait un signe plus appuyé et il est sorti d'un pas si souple qu'il semblait danser. Je l'ai regardé descendre l'avenue, j'aurais bien aimé avoir la même souplesse, mais je n'ai jamais pu me départir d'une certaine raideur dans la démarche. Et d'avoir été maître d'hôtel de grande maison pendant vingt ans n'a rien arrangé.

Je n'ai su que plus tard ce qui s'était passé dans les cuisines. J'y avais un ami marmiton. C'est lui qui leur a servi le petit déjeuner. Il est devenu depuis un fameux chef parmi les toques blanches, il en a été question dans tous les grands journaux. Il est toujours vivant. Je ne dirai pas son nom parce que... Vent de Soleil m'a enseigné que le vrai nom de chacun appartient à lui seul et que de le dire sans nécessité peut lui porter dommage. Hier soir seulement j'ai appris que cet Henri Lannuzel s'appelait Noël Nédélec à ses débuts ici. Il m'a tout appris, Vent de Soleil. Même à parler et surtout à me taire. Je parle aujourd'hui parce qu'il a fini son temps.

Donc, les deux hommes se sont assis de part et d'autre de l'une des tables de cuisine. Il n'est pas possible de paraître plus avachi, plus fripé qu'un homme en habit après une nuit de fête. Mais notre marquis était aux anges, visiblement ravi d'avoir rencontré le vannier à la charrette, lequel, dans ses vêtements impeccables d'ouvrier, faisait pour le moment plus grand seigneur que lui. Le marmiton, seul devant les fourneaux à cette heure, avait apporté tout ce qu'il fallait d'habitude pour le petit déjeuner de son maître, puis s'était discrètement retiré dans l'office à côté. Mais le marquis se sentait un appétit d'ogre. Il eut envie d'une omelette aux lardons. Il se levait déjà pour appeler quelqu'un lorsque Henri Lannuzel intervint :

« Laissez donc, monsieur. Je vais vous la faire, cette omelette. »

Il alla chercher le marmiton pour savoir de lui où se trouvait le nécessaire et comment fonctionnaient les feux. Tranquillement, sans un geste de trop, il confectionna une de ces omelettes à faire se retourner dans sa tombe la Mère Poulard. Le marquis l'évoquera jusqu'à sa mort et toujours avec la même émotion. Quant au marmiton, il m'a dit que cette démonstration impromptue avait confirmé en lui sa vocation de chef.

« Vous êtes aussi cuisinier, monsieur ?

– Je fais la cuisine. Pour être cuisinier, comme pour toutes les affaires sérieuses, il y faut sept ans, sept mois et sept semaines. Je n'ai jamais eu le temps. Il y a trop de choses à voir, trop de gens à connaître. Et là où l'on apprend le plus et le mieux, c'est dans la rue, en tirant une charrette à bras, du moins quand on est fait comme je suis. Ainsi ce matin par exemple. Grâce à vous et à vos amis, j'ai fait un début de connaissance avec une société dont je n'avais qu'une faible idée.

– Ne vous méprenez pas, monsieur. L'épisode que vous avez vécu n'était pas significatif. Un accident en quelque sorte.

– Je m'en doute un peu. Mais vous m'avez mis l'eau à la bouche. »

Le marquis acheva sa quatrième tasse de café, demeura songeur un moment.

« Il ne tient qu'à vous de savoir ce qu'il en est. Mon maître d'hôtel numéro trois vient de me quitter pour entrer dans les ordres. Hé oui! Des accidents comme celui de cette nuit le heurtaient dans ses convictions morales. Moi aussi, d'ailleurs, mais je ne suis qu'une faible créature. Je vous offre sa place pour que vous exerciez vos dons d'observateur. Vous n'aurez pas grand-chose à faire et vous aurez accès partout à toute heure. Et même s'il vous plaît de vous occuper à la cuisine avec l'accord du cuisinier... Je ne vous demanderai pas de conseils, ils seraient inutiles. Mais il me plairait d'entendre vos raisons de temps à autre. Cela vous va-t-il?

– Donnez-moi cinq minutes pour réfléchir.

– Seulement cinq minutes?

– Peut-être deux suffiront.

– Je dois vous avertir que, selon une hiérarchie subtile établie par mon propre père, les maîtres d'hôtel, au nombre de trois, s'appellent Joseph. Il y a Joseph Premier dit l'Empereur, Joseph Deux dit le Roi Joseph. Vous serez Joseph Trois, le Prétendant.

– Ne m'en dites pas plus, monsieur. Cela me décide. C'est d'accord. »

Qui aurait vu Henri Lannuzel dans les salons du marquis, lors d'un grand dîner qui se fit deux ou trois jours après son engagement, n'aurait jamais pu supposer qu'il portait son habit de fonction pour la première fois. Sa prestance naturelle aidant, il se montrait capable de s'accommoder de toutes les situations, de se plier à tous les déguisements sans paraître emprunté le moins du monde. Le marquis l'avait prié de se tenir derrière son siège, tandis que Joseph l'Empereur et le Roi Joseph, assistés de deux soubrettes, assuraient le service. L'américaine marquise n'était que très rarement à Paris – elle était férue de chasse au gros gibier dans le jungles et les forêts coloniales –, sa place de maîtresse de maison était tenue par une cousine du marquis, une veuve jeune encore qui s'acquittait fort bien de sa tâche. On disait aussi qu'elle était toujours prête à dispenser ses faveurs à son cousin entre deux passades de celui-ci. Cette dame n'en jetait pas moins à la dérobée des coups d'œil aguichants au nouveau maître d'hôtel. M. Henri demeurait impassible, aussi imperturbable qu'un garde en bonnet à poil devant le palais de Buckingham. Le marquis s'amusait du manège de sa cousine. En pareille matière, il suivait la leçon du Grand Siècle.

C'était un homme très fin, sans illusions mais résolument optimiste et qui, malgré ses faiblesses, ne se trompait guère sur la qualité des gens. Il avait jugé l'homme à la charrette, sinon dès le premier coup d'œil, au moins dès le premier petit déjeuner. Ce repas du matin, comme quelques-uns le savent, est le meilleur moment et la circonstance la plus propice pour savoir à qui l'on a affaire. Mais on a le tort de s'en remettre aux dîners en ville où se tendent les pièges les plus sournois sous couvert de convivialité. Qui m'a appris ça? Vent de Soleil, bien sûr, mais tout personnel de service ne tarde pas à le savoir plus ou moins.

Je reviens au marquis. Nous l'aimions bien, cet homme d'un autre âge, nous, ses domestiques, c'est-à-dire les gens de sa maison. Je peux même dire que, sans nous être concertés, nous étions d'accord pour le protéger. Si quelque fournisseur ou quelque nouvelle recrue dans le service s'avisait de lui porter préjudice, nous ne tardions pas à l'éliminer en douceur, mais fermement. S'il ne s'est pas ruiné plus tôt qu'il ne l'a fait, c'est un peu grâce à nous. On disait de lui que ses relations étaient déplorables, mais qu'il savait choisir ses amis. C'est pourquoi il en avait peu dans son milieu. Il savait aussi choisir ses serviteurs. La preuve en est que, quelques années plus tard, quand il s'est trouvé sans ressources... Mais je vais trop vite.

Il avait deviné tout de suite, le marquis, que l'homme à la charrette n'avait accepté de jouer le rôle du troisième Joseph que parce qu'il désirait connaître ce qu'il est convenu d'appeler la haute société et, du même coup, une certaine faune d'intellectuels, écrivains et artistes gravitant autour d'elle, en mal de mécènes ou simplement de sujets. C'est pourquoi, en l'attachant à sa personne, il lui donnait un poste d'observation privilégié puisque lui-même, en qualité de maître de maison et de l'un des plus brillants causeurs de Paris, concentrait sur lui l'intérêt des convives. Et M. Henri, ses yeux clairs et sans expression fixés sur le mur d'en face, n'en avait pas moins le loisir d'étudier l'assemblée. « L'avantage des yeux clairs, m'a-t-il dit, c'est qu'ils fixent moins bien, mais qu'ils ratissent plus large, mes oreilles font le reste. » De temps en temps, le marquis levait le doigt, tournait à demi la tête vers son maître d'hôtel qui se penchait aussitôt vers lui comme pour prendre ses ordres et entendait par exemple ceci : « Vous plaisez à ma cousine, Joseph Trois. Méfiez-vous, c'est une dévoreuse. » Ou encore : « Il y a un petit homme, au bout de la table là-bas, qui ne dit rien. J'ai eu du mal à le faire venir. Il écrit des choses peu banales et il les écrit bien. Soignez-le à l'occasion. » Joseph Trois opinait respectueusement et s'absentait un moment, comme chargé de quelque mission par le marquis. Il sortait de la salle, faisait un petit tour rapide de la galerie des portraits d'ancêtres et, me rencontrant sous quelque plante verte où j'étais de faction, soufflait sans me regarder : « Ça va bien, Germain ? – Oui, monsieur Henri. » Et il regagnait sa place derrière le siège du marquis, il lui glissait à l'oreille quelque remarque en situation : « Ils sont un peu mornes, ce soir, monsieur le marquis, vous ne trouvez pas ? – Je vais m'y mettre, murmurait le marquis. Vous allez voir ! » Et il ranimait la conversation.

M. Henri m'avait presque pris en amitié. Je dis presque pour ne pas trop m'avancer. Quant à moi, après quelques semaines, je me serais jeté à l'eau pour lui. J'étais à la disposition de tout le monde, bien sûr – le garçon qu'on appelle « chasseur » dans les établissements de luxe – mais le marquis m'avait fait comprendre que je me devais en priorité à M. Henri. Je n'y manquais pas et c'était toujours un plaisir au point que lorsqu'il était resté une demi-journée sans me requérir, c'était moi qui allais lui demander s'il n'avait pas besoin de mes services. Et il trouvait toujours un motif pour m'envoyer faire une course au-dehors. Il savait que j'aimais regarder le spectacle de la rue. Comme lui-même d'ailleurs. Il y avait des moments, j'en suis sûr, où il regrettait de ne plus tirer sa charrette. En mon absence, il me remplaçait pour toutes les menues tâches qui m'incombaient. Il me prêtait aussi des livres que je dévorais dans ma logette près de la porte où j'étais tenu pendant des heures. C'étaient des livres de la bibliothèque qui servait aussi de fumoir au bout du grand salon. Le marquis l'avait chargé de s'en occuper et d'organiser, à l'intention du personnel, un service de prêt dont n'étaient exclus que les ouvrages rares ou précieux. Le lecteur le plus assidu était M. Henri lui-même, ensuite c'était moi. Mais à chaque livre lu, il m'en faisait faire un compte rendu et nous en discutions ensemble. Les livres en question n'étaient pas des plus savants puisque ni lui ni moi n'avions été longtemps à l'école. Mais il me répétait toujours que la meilleure façon de s'instruire, pour nous était de nous attaquer à des ouvrages un peu trop difficiles. Ainsi serions-nous obligés de ne jamais relâcher notre effort. Quand il s'en est allé, Vent de Soleil, il m'a fait promettre de lire *A la recherche du temps perdu*, de Marcel Proust. Ce n'était pas sans mal qu'il était venu à bout de cet énorme tas de pages, mais il ne regrettait pas sa peine. Je n'ai pas regretté la mienne non plus. Malgré deux ou trois périodes de découragement, il ne m'a guère fallu plus d'un an pour arriver à la fin. De cette lecture, j'ai tiré bien des profits. J'ai appris à parler beaucoup mieux que je ne faisais auparavant, bien sûr, mais aussi à m'acquitter de mes fonctions avec beaucoup plus de perspicacité puisque j'avais développé mes propres qualités d'observation. J'ajouterai que ce livre m'a libéré de cette fâcheuse tendance à l'obséquiosité à laquelle on n'échappe que difficilement quand on est entré jeune au service des mondains. Depuis, je n'ai cessé de prôner la lecture de Proust aux domestiques que j'avais sous mes ordres, leur assurant qu'ils trouveraient là, s'ils voulaient bien y réfléchir, tous les éléments nécessaires à la pratique de notre métier et à la compréhension de nos employeurs. Pour ma part, c'est avec les leçons de M. Henri, Vent de Soleil, et la constante référence à certains ouvrages indiqués par lui qu'au moment de la déconfiture du marquis j'avais déjà gagné mon bâton de maréchal depuis quelques années : j'étais Joseph Premier, l'Empereur.

Ce qui m'a le plus surpris, ce fut la façon dont Henri Lannuzel fut accueilli par le personnel tout entier. Nous étions entre douze et quinze personnes employées dans l'hôtel particulier. Et il y a toujours, dans un tel petit monde, des aigreurs, des rancunes, des rivalités, des ambitions qui rendent l'atmosphère difficile certains jours. J'imagine qu'il en est de même ailleurs. D'autre part, M. Henri n'était pas de la profession, il était arrivé parmi nous par accident et voilà que, par la seule faveur du maître il était déjà promu troisième Joseph. Dans de telles conditions, tout nouvel arrivant a de la peine à se faire accepter par l'équipe, surtout par ceux que le personnel des cuisines appelle volontiers les « larbins ». Eh bien, dans son cas, cela s'est fait sans froisser aucune susceptibilité ni en haut ni en bas. On a compris du premier coup qu'il ne voulait marcher sur les brisées de personne ni tirer avantage de son grade pour brimer qui que ce fût, encore moins nous desservir auprès du maître. Il était toujours volontaire pour remplacer quelqu'un qui avait des ennuis de santé ou besoin de s'absenter inopinément. On l'a vu éplucher les légumes à la place de la fille de cuisine, Rosalie, affligée d'un panaris. Il aidait le chauffeur à laver les voitures, le jardinier à retourner ses massifs. Mieux encore. Le plus irritable d'entre nous était le chef cuisinier, très jaloux de tout ce qui touchait à son domaine. On ne saurait dire très bien comment a fait M. Henri, ce fut de la diplomatie supérieure, mais le chef lui abandonnait quelquefois la direction des fourneaux en nous disant : « C'est Joseph Trois qui va nous régaler aujourd'hui. » Et Joseph Trois nous régalait tout en se permettant, à ce que j'ai cru voir, quelques maladresses de manipulation. Il s'en excusait, tout confus, en avouant qu'il avait encore beaucoup à apprendre avant de devenir un vrai chef. Le vrai chef, lui, y a gagné quelques recettes inédites et un certain nombre de tours de main. Enfin, quand Joseph Deux nous a quittés au bout de deux ans, M. Henri n'a jamais voulu prendre la place. Que voulez-vous faire contre un homme pareil ?

La seule difficulté qu'il ait connue, je crois, ce fut avec les deux soubrettes, deux superbes filles – le marquis s'y connaissait – éperdument amoureuses de lui et donc jalouses l'une de l'autre. Elles se sont crêpé le chignon plusieurs fois dans la lingerie. Ce que c'est que d'être bel homme en plus du reste et d'avoir des yeux clairs à faire se damner des couventines. Il a su tenir la balance égale entre elles deux. Il les emmenait ensemble au cinéma, à la foire, dans les guinguettes des bords de la Marne. Mais jamais un geste équivoque, un coup d'œil tentateur. « Je ne fais que passer, disait-il, j'ai affaire ailleurs. » Et en effet, il ne donnait guère au marquis et à nous plus du tiers de son temps. Que faisait-il du reste ? Les deux provocatrices ont fini par se résigner, désespérant de l'emporter l'une sur l'autre ne fût-ce que d'une ombre de sourire. Sans doute ont-elles reconnu aussi qu'arrêter un tel homme était une épreuve au-dessus de leurs forces. Elle était aussi au-dessus des forces des belles bourgeoises ou aristocrates des salons du marquis. Certaines se desséchaient pour lui sans le moindre succès. Même l'entreprenante cousine en a été pour ses frais. Et le miracle est qu'à ma connaissance aucune de ces demoiselles ou de ces dames ne lui en a voulu. Elles me l'ont dit quand je suis devenu Joseph Premier, celui que M. Henri avait pris sous son aile, disait-on, parce qu'il était orphelin.

En vérité, je crois avoir été le plus à l'aise, en raison de mon âge, pour lui poser des questions. Il me répondait toujours patiemment, en m'expliquant le plus clairement possible. La première a été de savoir pourquoi aucun des fêtards noctambules qui lui avaient réquisitionné sa charrette et assistaient au dîner où il était apparu comme à la parade, statufié en habit derrière l'amphitryon, ne l'avait reconnu ou fait semblant de le reconnaître. « Rien d'étonnant à cela, Germain, m'a-t-il répondu, ils me voyaient pour la première fois. Quand ils se sont emparés de ma charrette, ils ne m'ont pas regardé. Si l'on n'est occupé que de soi-même et de ses folies, est-ce qu'on fait attention aux figurants anonymes de la comédie que l'on joue ? Les gens sans importance passent inaperçus s'ils ne s'imposent pas d'une manière ou d'une autre. Ils n'ont vu que la charrette, pas le pauvre diable dans les brancards. Comment auraient-ils pu savoir qu'il était moins pauvre qu'il ne paraissait et plus diable qu'ils ne l'auraient supposé ? Car c'est moi qui me suis joué d'eux. Et quel rapprochement faire entre l'image floue du vannier ambulant et l'homme en habit, au visage glacé, établi derrière le marquis comme un élément de décor ? Et qui sait ! M'ont-ils mieux regardé en maître d'hôtel qu'en traîneur de charrette ? Ce n'est pas sûr.

Rappelez-vous, jeune homme. On dit que l'habit ne fait pas le moine. C'est le plus souvent faux. On dit aussi qu'il n'y a pas de grand homme pour son valet de chambre. C'est le plus souvent vrai pour la raison qu'il n'est pas facile de prendre la pose en chemise de nuit. Pour résumer tout ça, nous dirons que le meilleur observateur est celui qui n'est pas lui-même objet d'observation. L'anonymat est la meilleure protection de celui qui cherche à rester libre. C'est pourquoi je dois changer de lieu et de nom. Pour me faire oublier. Mais ce que j'en dis, mon garçon, ne regarde que moi. Suivez votre nature. »

M. Henri, dans les cocktails et les autres réceptions debout qui avaient lieu dans l'hôtel particulier, préférait circuler avec un plateau à coupes de champagne plutôt que demeurer à servir derrière le buffet. S'il fallait l'en croire, et je l'ai moi-même expérimenté plus tard, il y a peu de conversations intéressantes à entendre de la part des gens qui assiègent l'étal des boissons servies et des amuse-gueule à discrétion. D'abord parce qu'on y retrouve en priorité ceux qui viennent pour se goinfrer, les amateurs de collation gratuite, les plus riches étant souvent les plus gloutons et les Parisiens l'emportant largement sur les provinciaux, les mondains fieffés sur les hommes politiques – toujours sur le qui-vive, ces derniers – et les plus prétentieux sur les plus cultivés. Le désir pressant qu'ont ces goélands-là de s'arroser la gorge et de se meubler la panse leur laisse à peine le temps de débiter des banalités. Et d'autre part, comment poursuivre un entretien sérieux alors que vous êtes séparé à tout instant de vos interlocuteurs par des invités qui viennent, « excusez-moi, monsieur », « permettez s'il vous plaît », chercher une coupe, un verre, un petit four, un gâteau sec, une pincée de cacahuètes, « merci, monsieur », « pardonnez-moi », pour eux-mêmes ou des dames qui n'osent pas s'approcher de peur de gâter leurs robes dans cet assaut, cette ruée. M. Henri était de ceux qui vont proposer nourriture et boisson de groupe en groupe, écoutant ce qui se disait quand la conversation était faite d'autres sujets que des potins privés. « Plus on s'éloigne avec son plateau de la table des bâfreurs, me disait-il, et plus on s'instruit à bon compte. Ai-je besoin de vous préciser, Germain, que vous devez oublier les confidences surprises par vous dans le dos des causeurs et vous garder surtout de la moindre indiscrétion, ne rien répéter de ce que vous avez entendu. Il y a, dans l'assistance, assez de gens qui sont là pour ça, outre les journalistes dont c'est le métier et les échotiers dont c'est le régal. Votre déontologie à vous, comme cela se dit chez les professionnels haut de gamme, est d'être sourd et muet pour ce qui ne concerne pas votre service : " Un peu de champagne, monsieur, madame ? Un jus de fruits ? Un whisky peut-être ? " Mais vous pouvez faire votre profit de tout ce que vous voyez et entendez. Un profit, encore une fois, strictement personnel. Je vous recommande, jeune homme, pour votre gouverne, les fins de repas, fins de buffets, fins de bals même. C'est alors qu'il arrive aux plus prudents de baisser leur garde, la boisson, la fatigue et l'excitation de la parole aidant. Mais motus et bouche cousue si vous désirez accéder à l'impériale fonction de Joseph Premier. Sinon, vous risquez de vous faire reléguer aux cuisines en l'état de plongeur. A moins qu'on ne vous mette à la porte. La liberté consiste aussi à ne se compromettre d'aucune façon. Il ne faut pas que quelqu'un, quel qu'il soit, ait jamais barre sur vous. »

Ce n'est qu'au bout d'une année, si j'ai bonne mémoire, que l'idée vint à notre marquis de faire mettre une dent en or aux trois Joseph. Une idée un peu folle comme il lui en poussait quelquefois. Il faut dire, pour sa décharge, qu'il en avait parlé aux intéressés. L'empereur et le roi n'y avaient rien trouvé à redire comme je ne n'ai pas élevé moi-même d'objection quand je suis entré, quelques années plus tard, dans la trinité des Joseph. A la fin des années 20, il y a eu, dans certains milieux populaires en train d'accéder à une certaine aisance, une vogue extraordinaire de la dent d'or, comme d'ailleurs de la chevalière du même métal complétant la chaîne de montre étalée sur le gilet. Les voies de la mode sont impénétrables. Les deux Joseph se trouvèrent flattés de se voir aurifier la bouche. « D'autres arborent bien des rosettes à leur boutonnière », fit remarquer Joseph l'Empereur, assez porté sur les distinctions, et le Roi Joseph, ce pince-sans-rire, ajouta que « rien ne ressemblait plus à une boutonnière qu'une bouche ».

Le marquis prenait encore de temps en temps le petit déjeuner aux cuisines avec M. Henri, surtout quand il avait commis quelque impair et désirait un bon conseil. Il se risqua donc à demander son avis au troisième Joseph, l'assurant qu'il ne se formaliserait pas si celui-ci disait non. « Pourquoi refuserais-je, lui fut-il répondu. Je n'ai aucune envie de garder une dent contre vous. » Le marquis admira en connaisseur la finesse de la repartie, mais sans trop l'approfondir. « Je ne vous promets pas, cependant, acheva M. Henri, de montrer votre dent d'or autant qu'il vous plairait. Mon sourire ne va pas souvent jusque-là comme vous le savez. Et puis, pour éviter des conflits éventuels entre les soubrettes et nous trois, peut-être feriez-vous bien de leur donner des boucles d'oreilles en or. – Vous êtes un homme avisé, Joseph Trois, dit le marquis aux anges. »

La prestance de M. Henri, son regard clair et enveloppant ainsi que son habileté à servir lui faisaient la réputation du maître d'hôtel le plus remarquable de Paris. Aussi les amis de notre maître ne se faisaient-ils pas faute de le lui demander en extra pour leurs grandes réceptions. Le marquis n'aurait jamais pris sur lui d'y consentir sans avoir l'assentiment de l'intéressé. L'intéressé voulait bien à condition que ce fût pour une seule fois dans le même lieu. Cela lui permettait d'élargir sa connaissance du Tout-Paris et de tenir, du même coup, la dragée haute à ses emprunteurs, d'autant plus haute qu'il refusait sèchement toute rémunération. Il exigeait seulement de m'emmener avec lui, ce qui me valait de somptueux pourboires.

« Je peux les accepter, monsieur ?

– Prenez-les, Germain, jusqu'au moment où vous estimerez vous-même que vous êtes au-dessus de ces pratiques. Et pensez que si on vous donne une gratification, elle est toujours en dessous de la dette que l'on a envers vous. Ainsi serez-vous affranchi de toute vergogne. »

J'ai suivi son conseil dès que j'ai pris du grade. J'avoue que cela m'a été quelquefois pénible parce que mon salaire était inférieur au pourboire que je refusais. Mais j'y ai gagné de la considération.

Notre marquis jouait au mécène, au protecteur des lettres et des arts. Et il l'était sincèrement si l'on en juge par les libéralités dont il était prodigue à l'égard des poètes impécunieux et des peintres sans amateurs. Il a proposé à M. Henri de l'emmener avec lui dans les cafés du quartier Montparnase où les écrivains et les artistes avaient leurs habitudes. M. Henri n'était pas encore prêt à se risquer dans ce milieu bien qu'il eût déjà entendu, en faisant son office, bien des discussions sur les sujets de la littérature et des beaux-arts. Et puis, il avait une objection :

« Monsieur, ce n'est pas possible. Dans de pareils endroits, je serai amené à rencontrer des gens qui me reconnaîtront pour ce que je suis, m'ayant vu chez vous ou même chez eux.

– Justement. C'est le milieu le plus mêlé qui soit, tant au point de vue de l'origine et de l'état social que du mérite, du talent et de ce qu'ils appellent le génie. Ils ont souvent plus de défauts et de petits travers que la plupart des gens, mais pas de préjugés en général. D'ailleurs, ils ne s'occupent que d'eux-mêmes, ce qui les rend indifférents à l'égard du reste de l'humanité, hormis ceux qui leur portent ombrage, mais vous n'êtes pas de ceux-là. Il y a, parmi eux, des rebelles repoussant de leur mieux l'instant de finir dans les honneurs officiels et d'autres persuadés qu'on n'attend qu'eux pour découvrir de vieilles pistes oubliées. Et puis, il y a des personnages remarquables, mais pas encore remarqués. Leurs querelles de clochers, leurs rivalités de chapelles, leurs controverses de coteries, leurs excommunications majeures et mutuelles ne manquent jamais d'intérêt. Elles sont surtout éclairantes pour tout honnête homme quand bien même il ne souscrirait à aucune de leurs conclusions, généralement mutilantes en ce sens qu'ouvrant certaines perspectives passionnantes, elles en occultent beaucoup d'autres. Quoi qu'il en soit, les révolutions intellectuelles se préparent toujours dans les cafés et les cabarets. C'est là que les hommes de l'écriture et des arts sont vraiment chez eux. Et ces lieux sont parfaitement publics. Pas besoin d'invitation. Enfin, vous ne risquez pas qu'ils vous rejettent parce que vous travaillez pour moi. Ils travaillent bien, eux, pour des éditeurs et des marchands. Si vous voulez les connaître, Joseph, et ils en valent la peine, suivez-moi ! »

« C'était comment, monsieur Henri ?

– Bien, très bien. J'y retournerai. Le début a été un peu déconcertant. L'un de ces messieurs avait un peu forcé sur la bouteille. Il a paru être le seul à me reconnaître dans mon banal complet-veston parce que, dans mon service, je ne l'avais jamais laissé souffrir de la soif sans y remédier aussitôt. Mais il s'est indigné de me voir entrer dans le café sans la moindre bouteille sur un plateau. Je me suis borné à lui dire que c'était mon jour hebdomadaire de congé. Là-dessus, il a pris tout le café à témoin que les maîtres d'hôtel ne devraient pas faire relâche tant qu'il y aurait une gorge à sec dans la capitale, banlieue comprise. Au lieu de cela que voyait-on ? Un de ces loufiats, pourtant de haute volée, s'oubliait jusqu'à venir boire lui-même au lieu de servir d'échanson à ceux qui le méritaient. Et il avait l'inconscience de provoquer ainsi gratuitement les tenants des lettres et des arts jusque dans l'un des plus réputés de leurs sanctuaires alors qu'il n'avait pas qualité pour en franchir le seuil.

« Je prenais le parti de rire en écoutant ce numéro quand le marquis, pâle de rage, se lança dans une virulente proclamation : " Sachez, messieurs, que mon intendant que voici et qui est aussi mon ami, a sa place parmi nous à meilleur titre que les demoiselles de petite vertu que vous traînez à vos chausses. Et je vous préviens d'avance : mieux vaut ne pas tenter de lui faire prendre des vessies pour des lanternes ni des mots en « isme » pour autant de révélations. Cela dit, je ne suis pas contre les demoiselles de petite vertu. Vive la chair et foin des os! ''

« A peine avait-il lancé ce cri de guerre que la table entière applaudissait à tout rompre. Quelques-uns de ces messieurs se rendaient malades de rire ou s'étranglaient avec leur bière. Celui qui m'avait fait cet affront public vint s'asseoir près de moi. J'ai d'abord cru qu'il désirait rentrer en grâce de peur d'être systématiquement oublié quand je reprendrais mon office de dispensateur des boissons. C'était simplement pour me dire que son discours n'était qu'un de ces tours farcesques appelés *canulars*, imaginés, en milieu étudiant, par les anciens pour mettre à l'épreuve les *bizuths*, autrement dit les nouveaux, les bleus, les béjaunes, les bécassins, les bêtas. Une sorte d'initiation à bon marché, peut-être une survivance d'un cérémonial autrement significatif. Pour moi, il avait fallu improviser sur le chaud, on ne s'attendait pas à me voir venir. C'est pourquoi le marquis lui-même avait été pris de court et s'était un peu fâché.

« Je n'étais pas au courant de ces us et coutumes, n'ayant même pas fréquenté le moindre collège, mais je savais qu'ils étaient pratiqués sous d'autres formes par d'autres corporations ou corps de métier. A chacun son Moyen Age, celui-là n'était pas le mien. Seule ma prudence naturelle m'avait fait éviter de réagir et surtout de me formaliser. Mais que devais-je faire maintenant ? Je me crus tiré d'affaire par le marquis. Pour clore définitivement l'incident, l'excellent homme commanda largement à boire. Malgré l'ovation qu'il reçut, on ne me tint pas quitte pour autant. Le doyen de la troupe se mit debout en réclamant le silence. " Il serait séant, articula-t-il, que le récipiendaire fasse allégeance incontinent à notre docte assemblée en nous donnant à ouïr quelque composition de son cru ou, à défaut, quelques vers de nos illustres prédécesseurs ou contemporains qu'il aurait gardés en mémoire. Ainsi renierait-il la tourbe amorphe des philistins pour prendre rang parmi les nourrissons des Muses. J'ai dit. "

« Ce fut à peu près en ces termes qu'il me replongea dans l'embarras. Il se fit un silence attentif, il fallut bien que je me levasse et que je prisse la parole pour jouer le jeu – admirez, Germain, ces imparfaits du subjonctif. Ils impressionnent toujours. Il n'y a guère que les bons élèves de la communale qui osent encore s'en servir – ce que je fis après une courte hésitation pour me mettre les idées en place.

« " Je suis bien conscient, mes maîtres, de mon indignité. J'ai arrêté mes études avant les épreuves du certificat primaire. Des Muses, je ne connais que le nom. Je ne saurais même pas vous dire si elles sont sept ou neuf. Je ne me suis jamais aventuré dans aucune page d'écriture depuis ma sortie de l'école, la petite. Et j'ai la ferme intention de ne jamais m'y risquer. Le seul titre que je me reconnaisse est celui de lecteur impénitent. C'est ainsi que je viens de lire, dans une de ces boutiques à livres où je passe une bonne part de mes loisirs, une sorte de poème curieux et assez déconcertant pour l'autodidacte que je suis. Mais je me le répète pour le seul enchantement de sa cocasserie. En voici un petit morceau. Sans doute suffira-t-il pour que vous en reconnaissiez l'auteur.

Il y en a un qui gueule sur la crécelle.
Il y en a un qui dégueule dans la vaisselle.
Il y en a un des uns qui a la voix sablée.
Si vous croyez que je ne vois pas que vous vous
moquez de moi, les enfants de chœur, allez!
Resurrexit homini hominum Pelleas nostrum
Et dans le tableau du fond, il y a de sales
bonshommes. "

« Sensation. Silence. Tous les regards étaient fixés sur moi. Les yeux brillants du marquis me prouvaient qu'il était content de son protégé. Puis une voix s'éleva au bout de la table : " Max Jacob, *La Messe du Démoniaque* dans *La Défense du Tartuffe.* "

« Brouhaha. Exclamations. On se lève, on vient me congratuler, on me tape sur l'épaule, on me donne même l'accolade. " Vous connaissez Max Jacob, monsieur ? – Pas du tout. Je ne sais pas qui c'est. "

« Enfin, voilà comment ma mémoire m'a fait sortir honorablement de cette épreuve en forme de traquenard. J'ai remarqué, soit dit en passant, que beaucoup d'intellectuels, d'amateurs et même de spécialistes, cent fois plus connaisseurs et compétents que moi, sont incapables de faire entendre de vive voix une petite dizaine de vers sans avoir le texte sous les yeux. C'est bien décevant. Les vers sont faits pour passer par la bouche. Combien de fois, en tressant mes paniers ou en m'occupant les mains à diverses tâches, me suis-je fait entendre les fables de La Fontaine, apprises sous la férule de mon instituteur. De là vient peut-être que je suis tenté trop souvent de parler comme les lettrés écrivent alors que certains d'entre eux s'ingénient à écrire comme on parle.

– Monsieur Henri, vous auriez pu leur réciter des fables.

– Je le ferai peut-être un jour si je suis acculé dans mes retranchements. Mais là, je voulais frapper un grand coup. Voyez-vous Germain, pour des gens comme nous, qui n'avons connu ni lycée ni faculté, il manque la connaissance suivie de la littérature, les méthodes et les moyens pour en avoir une vue à la fois générale et sur certains points approfondie. Nous ne pouvons pas lutter contre ceux qui ont fait des études normales sinon à propos d'auteurs lus et relus par nous après être tombés par hasard entre nos mains. Ce que nous pouvons faire est de nous tenir soigneusement au courant de ce qui paraît aujourd'hui. Ils ont étudié les grands livres du passé, mais le présent est à nous autant qu'à eux et nous avons cet avantage que le passé ne nous encombre pas. C'est pourquoi j'ai choisi un auteur vivant du nom de Max Jacob, j'ai lu de lui tout ce que j'ai pu trouver, j'en ai retenu un certain nombre de passages à méditer et je vous assure qu'avec ce diable d'homme ce n'est pas facile. Mais j'étais sûr d'abasourdir mon auditoire en lui assenant six vers de derrière les fagots. La plupart d'entre eux ont reconnu l'inspiration et la manière de l'auteur d'autant plus qu'il a fréquenté les mêmes lieux qu'eux-mêmes avant de se retirer, dit-on, chez les moines. Cependant, j'ai manqué de sang-froid. Je n'aurais pas dû me laisser aller à une pareille démonstration de mes talents. Ce fut une faute.

– Pourquoi donc, monsieur Henri, puisque vous avez gagné la partie ?

– Je l'ai gagnée pour cette fois, mais je ne me fais pas d'illusions. Je ne suis pas de taille à lutter avec eux dans le domaine de la littérature, encore moins dans celui des arts. J'espère bien trouver un jour le temps de m'y mettre. Mais il n'est pas question que je m'aventure dans des débats d'idées, de doctrines, de philosophie ou même de langue. Ils témoignent d'une virtuosité extraordinaire pour jongler avec les mots abstraits. L'arme à laquelle j'aurai le plus souvent recours sera le silence, souligné d'un geste évasif. Mais c'est autre chose qui m'ennuie. J'ai peur d'être devenu pour eux une sorte de phénomène dont ils s'amuseront comme ils ont fait, m'a-t-on dit, d'un peintre du dimanche nommé le douanier Rousseau. Le mot de douanier est déjà de trop. Il m'est déjà revenu aux oreilles qu'il n'est plus question que de moi dans les cafés, les salons et même au Quartier latin. L'observateur est pris à son propre piège. Il est temps, Germain, que je me fasse oublier. Je dois reprendre ma charrette à bras. »

Je ne l'ai pas cru. J'avais tort. Il a encore paru plusieurs fois dans les cafés de Montparnasse. Il y a même dit des fables de La Fontaine. Pas une ou deux, mais plusieurs dizaines selon la rumeur. Dans l'hôtel particulier, il avait refusé de servir dans les salons. Dès qu'il y paraissait, toute l'attention se portait sur lui. Et puis, un jour, on ne l'a plus revu. Il est parti sans tirer sa révérence et sans dire adieu, comme il nous en avait d'ailleurs prévenus. J'ai couru vers la remise où était sa charrette. Il n'y avait plus de charrette. Je peux dire que je l'ai pleuré, mon maître. Et le pauvre marquis l'a pleuré aussi. Il n'a jamais voulu nommer un autre Joseph Trois à la dent d'or.

Des années et des années ont passé avant que je me retrouve en face de lui, pendant la Résistance, et qu'il me fasse passer en Angleterre sur le *Vent de Soleil*.

Lorsque la guerre est arrivée, le marquis avait une meute de créanciers à ses trousses. Son épouse américaine avait trouvé la mort dans une partie de chasse au Kenya. Moi, son Joseph l'Empereur, je ne commandais plus qu'à deux domestiques, les plus anciens et les plus fidèles, qui avaient déjà tiré une croix sur leurs gages comme je faisais moi-même. L'hôtel particulier fut vendu pour éponger les dettes alors que j'étais déjà mobilisé. Près de cinq ans se sont passés, pendant lesquels j'ai été fortement occupé à sauver ma peau dans la France occupée puis à combattre avec ceux de la France Libre. Je n'ai pu revenir à Paris que plusieurs mois après la fin de la guerre. Ce fut pour apprendre, que le marquis s'était retiré, avec ses deux vieux serviteurs, dans une gentilhommière de famille qui lui restait en Dordogne près du village dont j'étais moi-même originaire. Mais la gentilhommière avait été vendue depuis plus de deux ans. Le nom de l'acquéreur ne disait rien à personne. C'était un étranger, disait-on, un certain Ned M. Zivad. Et ce nouveau propriétaire non seulement avait prié le marquis de rester à demeure dans son ancien domaine, mais lui servait une rente pour le payer de l'occupation et de la tenue en état des lieux, lui-même ayant d'autres chats à fouetter à travers le monde.

J'ai retrouvé le marquis bien vieilli, physiquement éprouvé par les excès de sa vie mondaine, mais encore plus honnête homme que jamais. Peu de temps après mon retour, j'ai reçu un coup de téléphone de M. Henri ou de Netra si vous préférez. De Vent de Soleil enfin. « Germain, m'a-t-il dit, veillez à ce que notre marquis ne manque de rien. Restez auprès de lui autant qu'il vous sera possible. J'ai des affaires importantes en France, vous en serez le responsable. Je vous enverrai quelqu'un qui vous mettra au courant. Ce sera facile si vous n'avez pas oublié mes recommandations d'autrefois. »

C'est ainsi que j'ai gouverné ce qui restait du marquisat pendant près de dix ans, jusqu'à la mort de notre maître qui était devenu notre enfant. Je gouverne toujours le domaine, devenu désormais un institut pour l'enfance abandonnée largement pourvu par Vent de Soleil et moi-même. Nous avons le sentiment, tous les deux, d'avoir une dette. Nous n'aimons pas devoir et comme nous ne savons pas de qui nous sommes débiteurs, nous remboursons aux plus défavorisés. Il ne s'agit pas d'obéir à une morale ni de nous adonner à de bonnes œuvres. Nous voudrions simplement, comme disent les braves gens, nous regarder dans une glace sans nous cracher à la figure. Vent de Soleil n'est jamais venu à la gentilhommière. Je ne l'ai revu qu'hier soir à l'état de cadavre parce qu'il m'a prié de venir le voir ici. Il vous a sans doute invités aussi, vous qui avez dû le connaître à d'autres étapes de sa vie car je ne me souviens pas d'avoir jamais vu aucun de vous. Mais nous ne saurons pas ce qu'il nous voulait. Au téléphone, il commençait souvent ses phrases par « Quand j'en aurai fini... »

Veuillez m'excuser d'avoir été si long. J'ai fait de mon mieux pour que vous compreniez ce qu'il a été pour moi. J'aimerais savoir si ce que j'en ai dit correspond à ce que vous en savez vous-mêmes.

Il y avait longtemps que Yeng et Long avaient desservi la table. Aucun des trois autres n'avait interrompu Germain Nicol. Il y avait eu des hochements de tête, des grattements d'ongles sur la table. Yeng s'approcha de Louis Lestonan.

— M. Van Steeren a déjà téléphoné deux fois

pour vous dire d'aller le trouver dans sa chambre. J'ai répondu que vous étiez en conférence avec les autres invités et que je ne pouvais pas vous déranger.

– Vous avez bien fait, Yeng. Appelez-le et dites-lui de descendre. Qu'il vienne tout de suite. Et précisez-lui que je ne suis plus à son service.

A peine Yeng s'était-il retiré que Lucas se montrait à la porte de l'office. Et en breton :

– Mène demande que vous alliez là-haut, Louis.

– Dites-lui que j'y serai dans quelques minutes.

En breton aussi. Puis en français aux trois autres :

– Mesdames, monsieur, j'ignore quelles sont vos intentions, mais je me permets de vous demander de rester au moins jusqu'à ce soir. J'attends incessamment le notaire en charge des affaires du défunt par ici et qui détient, semble-t-il, son testament. Il est possible qu'il y soit question de vous. D'autre part, me référant à ce qu'il m'a fait comprendre à plusieurs reprises sans l'exprimer expressément, si Mène et Nest sont d'accord, je ferai acheminer la dépouille vers le prochain crématoire. Il ne voulait pas laisser de trace après lui, pas même un nom sur un tombeau. Il a passé son temps à s'évader. Qu'en pensent les dames ?

Les dames étaient d'accord. Au moment où Germain allait donner son avis, vraisemblablement le même, la porte d'entrée fut ouverte brusquement et Van Steeren surgit, hors de lui.

– Que signifie, maître Lestonan, cette désinvolture à mon égard. Vous savez qui je suis. Vous m'avez rencontré plusieurs fois en tant que secrétaire de Ned M. Zivad dans certaines discussions auxquelles participaient les plus importants financiers du monde. Vous savez aussi que nous étions à peu près égaux en puissance. Et vous me convoquez comme si j'étais un simple pion sur l'échiquier. Je ne puis tolérer cette conduite de la part d'un employé, même juriste.

– Je vous demande pardon, monsieur Van Steeren, mais c'est vous qui vouliez me voir. C'était donc à vous de vous déplacer, pas à moi, d'autant moins que je me devais aux autres intéressés que voici. Auriez-vous eu des difficultés pour transmettre vos ordres aux grandes places financières?

– De quoi vous mêlez-vous? Vous étiez un simple collaborateur de Ned M. Zivad. Il est mort, vous n'êtes plus rien.

– Il est vrai que ma situation a changé. Je ne sais pas encore ce qu'elle est, je vais le savoir dans les heures qui viennent. Il est possible que nous ayons encore à nous mesurer tous les deux. Même sans lui.

– Vous plaisantez! Pourquoi aurais-je affaire à vous?

– Parce que je suis son fils.

CHAPITRE VII

LE CHARDON BLEU

Il était assez furieux contre lui-même, Louis Lestonan, quand il s'engagea dans le puits pour monter
rejoindre Mène là-haut. Il se reprochait de s'être
laissé aller à un accès d'énervement dû à l'antipathie qu'il éprouvait pour ce Van Steeren, le seul
des invités connu de lui pour avoir été l'adversaire
de Ned M. Zivad au cours de très dures tractations
internationales. Un adversaire non seulement
redoutable – ils le sont tous à ce niveau – mais
dépourvu de scrupules au point que ses propres
associés se défiaient de lui. Et voilà qu'il avait
donné à ce financier retors une longueur d'avance
pour la suite des affaires en cours quand il avait eu
l'imprudence de lui révéler que Ned M. Zivad était
son père. L'autre devait déjà s'être précipité sur le
téléphone pour alerter ses affidés dans les grandes
places où se traitent les affaires du monde et
commencer à préparer ses batteries pour le cas
probable où le conseiller juridique et secrétaire
privé, ayant été pendant sept ans à l'école de celui
qu'il ne savait pas être son père, serait tenté de
succéder à Ned dans ses entreprises. Van Steeren,
d'ailleurs, après un moment de stupeur générale
provoqué par la révélation inattendue faite par
Louis, avait déclaré qu'il devait prendre d'urgence

le premier avion pour Paris. Et Louis, beau joueur, avait demandé à Yeng de le conduire au prochain aérodrome dans la longue voiture noire. Bon débarras, sans doute, mais qui marquait l'ouverture de nouvelles hostilités.

Aurélia, Marilou et Germain Nicol, stupéfaits eux aussi d'apprendre que Vent de Soleil avait un fils, lequel était devant eux, avaient déclaré qu'ils restaient à sa disposition à Porz-Kuz. Il lui fallait savoir maintenant si Mène et Nest le Roitelet étaient au courant de la situation. Pour elle, pensait-il, sinon pour le petit homme, il y avait apparence que oui.

Il revoit le moment où la veille, dans la soirée, Lucas lui a posé sur la table, de la part de Mène, la clef unique trouvée dans la poche du mort. Il n'y a eu aucun doute pour lui : cette clef était celle qui ouvrait le porte-documents de Ned M. Zivad, le porte-documents dont il ne se séparait jamais, le seul objet auquel il semblait tenir. Et aussitôt, Louis s'était posé la question de savoir s'il pouvait ouvrir ce portefeuille secret, s'il devait le faire ou s'il valait mieux attendre le notaire détenteur du testament. En lui, l'avocat conseillait de remettre à plus tard, le secrétaire particulier avait envie d'inventorier au plus tôt le contenu pour au moins deux raisons : d'abord, il y avait peut-être, à l'intérieur, des documents susceptibles d'éclairer les entreprises en cours de Ned M. Zivad et de contrecarrer les manœuvres du groupe Van Steeren. Bien que son patron fût décédé, Louis n'avait pas l'intention de tout laisser aller à vau-l'eau, s'étant lui-même pris d'un puissant intérêt pour les jeux énormes et dangereux des hautes finances. Ensuite, il y trouverait peut-être les motifs qui avaient déterminé Ned à convoquer dans son repaire de Porz-Kuz les cinq personnages venus au rendez-vous. Pourquoi ceux-là ? Et n'y en avait-il pas d'autres qui avaient fait faux bond ? Les cinq ne se connaissaient pas entre eux, mais chacun avait tenu un rôle, occupé une place dans la vie de Vent de Soleil. Ce dernier étant mort sans laisser d'instructions, le secrétaire ne savait pas quelle conduite tenir avec ces visiteurs inconnus de lui à l'exception de Van Steeren. Peut-être trouverait-il, dans le porte-documents, quelque note préparatoire à la réunion qui n'avait pu avoir lieu.

Malgré toutes ces justifications, ce ne fut qu'après avoir longuement hésité, tourné en rond dans sa chambre, que Louis décida d'introduire la clef dans la petite serrure. Le porte-documents ouvert, il en sortit quelques minces dossiers, chacun constitué d'un feuillet ou deux sous une chemise de papier fort sans autre suscription que deux lettres majuscules tracées au crayon-feutre, vraisemblablement deux initiales. Par un réflexe alphabétique, il ouvrit la chemise marquée A.D. et elle concernait en effet Aurélia Desalvy. C'était la liste des adresses successives de la dame et de ses numéros de téléphone depuis l'année 1950. Une autre liste donnait les adresses des grands hôtels répartis à travers le monde avec des dates, sans doute celles des appels téléphoniques de Ned à Aurélia. Enfin, en bas de page, quelques numéros parisiens, sans autre précision, devaient concerner des correspondants chargés de tenir Ned au courant de la situation de son ancienne amie, cette sollicitude n'ayant d'autre but que de lui permettre d'étendre sur elle sa protection et de la secourir si besoin était.

Louis ne fit que feuilleter les autres dossiers. Leur teneur était la même. Il nota seulement qu'il n'y en avait aucun sur Mène. Restait une grande feuille pliée en quatre au format des autres documents et, sous elle, un dernier dossier plus épais à lui seul que tous les autres ensemble et portant sur la chemise de couverture deux L majuscules. Il sut tout de suite que les pièces contenues à l'intérieur se rapportaient à lui-même, Louis Lestonan. Il ne put réprimer un tremblement d'intense curiosité, mais avant de prendre connaissance de ce qui le concernait, il s'imposa de déplier la feuille pour s'interdire toute hâte et rester maître de lui-même. C'était l'organigramme détaillé de l'empire commercial, industriel et financier de Ned M. Zivad avec les numéros d'appel des chefs d'agence, directeurs et responsables au sommet. Un tableau à donner le vertige même au secrétaire-conseiller, pourtant au courant de bien des secteurs d'activité mais sans avoir une vue d'ensemble de leur champ d'extension ni de leur interdépendance. Il verrait plus tard à étudier ce plan si la disparition de Vent de Soleil ne faisait pas éclater ce maillage serré d'entreprises diverses tendu par lui sur l'Europe, l'Amérique et l'Asie. Il lui fallait se décider à ouvrir la chemise timbrée du double L majuscule. Quand ce fut fait, il eut sous les yeux une lettre écrite à la main recto verso. Machinalement, il la retourna pour aller à la signature : Le Chardon Bleu. Ni adresse, ni date, ni formule d'introduction :

« Je vous fais savoir qu'il ne faudra plus compter sur moi désormais pour vous seconder dans vos tâches habituelles. J'attends un enfant dans quelques mois et je ne puis, dans cet état, assumer le rôle physiquement éprouvant que j'ai tenu jusqu'ici. Je vais essayer de me rendre utile ailleurs et par d'autres formes d'action. Il n'en manque pas.

« L'enfant que j'attends est de vous. De qui d'autre pourrait-il être? Il n'y a pas eu d'autre homme à m'approcher, vous le savez bien. J'aurais pu éviter de le concevoir, même au milieu des périls incessants qui sont notre lot, si j'avais eu quelque idée des précautions à prendre. Je n'en avais pas la moindre. Et quant à l'empêcher de venir au monde, toutes les convictions que je puis avoir s'y opposent. Si je vous ai bien compris, les vôtres aussi.

« Je ne cherche pas à nier que ce qui arrive est de ma seule faute. C'est moi qui ai mis en œuvre tous les moyens dont je pouvais disposer pour vous séduire. Il n'y a que les innocentes ou les rouées pour agir comme j'ai fait. Vous avez résisté autant que vous l'avez pu, vous ne m'avez cédé que par lassitude et peut-être par reconnaissance pour mon dévouement. J'ose croire, pourtant, que vous m'avez accordé tout ce qu'il vous était possible de donner à une femme. Mais vous m'aviez prévenue que vous étiez incapable d'attachement et que vous aviez rejeté une fois pour toutes l'idée de fonder une famille ou même de vous attarder plus de deux ou trois ans dans le même endroit et la même situation par rapport aux mêmes gens dès qu'une autre expérience vous appelait ailleurs. Vent de Soleil, disiez-vous, doit virer et dévirer du lever au coucher, il ne peut même pas s'insurger contre sa nature. Vous ne m'avez pas trompée, je vous en donne acte. Et je vous avoue que moi-même, je me sens dans les mêmes dispositions. Cela veut dire qu'en tout état de cause, à la fin de cette guerre, chacun de nous s'en ira de son côté. Ne vaut-il pas mieux briser là tout de suite puisque la trahison de mon ventre nous en donne l'occasion?

« Vous m'avez appris à ne jamais faire de dette pour conserver pleine et entière liberté. J'ai une dette envers vous qui est cet enfant à venir. Vous serez averti dès qu'il sera là. A vous d'en faire ce qu'il vous plaira. Je vous connais assez bien pour savoir qu'il ne manquera de rien sinon d'un père et d'une mère. Mais nous ne sommes ni l'un ni l'autre.

« Je vous demande de ne jamais chercher à me revoir pour quelque raison que ce soit. Vous pourriez savoir sans mal où je suis puisque je n'ai aucune raison de me cacher de vous. Mais à quoi bon! De mon côté, je me garderai de me trouver en votre présence, dussé-je pour cela me détacher aussi de tout le reste. Et c'est le reste, maintenant, qui m'importe.

« Adieu, Vent de Soleil! Je vous rends à tous les caprices de la Rose. »

LE CHARDON BLEU

Il n'y avait pas de date. Sur la seconde lettre non plus, de la même écriture et sur le même papier. Mais sous la signature Le Chardon Bleu, Ned M. Zivad avait écrit de sa main :

Julie Goyat, dit Le Chardon Bleu, déportée en janvier 1944.
Louis Lestonan, dit Capitaine Luc, fusillé en avril 1944.

« L'enfant est né. C'est un garçon. Je me dis qu'il vous ressemble, mais c'est peut-être pour mieux me détacher de lui. Il a un père, un vrai. Il s'appelle Louis Lestonan. Il sait qui vous êtes. Vous savez qui il est.

« Très peu de temps après vous avoir quitté, je suis entrée dans un autre petit réseau avec lequel nous avions déjà été en contact pour des opérations ponctuelles mais dont la vocation n'était pas la même tout en allant dans le même sens. Peu importe. J'ai été chargée aussitôt de diverses missions de liaison à travers la Bretagne. Mes déplacements ont été rendus moins dangereux, il faut le dire, par mon état de grossesse avancée. J'étais moins suspecte que lorsque nous faisions les passeurs. Je recevais mes instructions d'un certain capitaine Luc. Dès notre première rencontre, nous nous sommes reconnus et avec quel plaisir. Quand j'étais une petite sauvageonne, sur la palud de Tronoën, je l'avais vu arriver, presque tous les ans, pour passer un mois, quelquefois deux, chez un couple de paysans établis dans une maison située à une centaine de mètres derrière la nôtre. Il n'y avait pas de troisième maison et j'étais la seule enfant à vagabonder par là. Les deux paysans étaient son oncle et sa tante. Pour moi, c'était une aubaine que de patrouiller sans fin à travers la palud, sur le cordon de galets ou la grève, avec ce garçon un peu plus âgé que moi et qui obéissait à tous mes caprices. Je crois que j'avais fini, petite peste que j'étais déjà, par le réduire presque en esclavage.

« Il ne s'en plaignait pas. C'était un garçon de la ville. Ses parents travaillaient à Quimper, dans des emplois des plus modestes, elle femme de ménage et lui livreur. Mais ils avaient été nourris sur la palud, ils ne cessaient de lui en parler comme d'un pays hors du temps et sans commune mesure avec le reste du monde. N'ayant pas eux-mêmes de vacances en ce temps-là, ils y envoyaient leur fils tous les ans pour lui donner le goût de la liberté. C'est lui qui me l'a dit et répété. Et la palud pour lui devenait de plus en plus un royaume sans roi ni sujet à mesure que je la lui faisais découvrir. Il éprouvait encore plus profondément que moi – en raison sans doute de son exil en ville – les vertus de l'esseulement fécond au bord d'un océan rude, sous un ciel immense, livré aux jeux incessants des nuages, dans l'ardente rumeur des vagues, la violence des quatre vents essentiels et les cris discordants des oiseaux de mer tandis que la terre, immergée à demi, nous donnait tous les jours à découvrir la vie d'une faune rebelle à tout apprivoisement et de cette végétation inouïe de richesse autour des étangs d'eau saumâtre, mais qui ne peut servir de nourriture que pour la tête.

« Ne croyez pas que j'écrive ceci pour céder à un accès de romantisme banal, dû aux études que j'ai poursuivies en vue d'un professorat de sciences naturelles. Ce fut là, pendant des années, ma réalité quotidienne, celle que j'aimerais revivre un jour si la palud demeure un désert en m'attendant. De là vient mon instinct de liberté, mon refus d'allégeance à qui ou quoi que ce soit. Je crois avoir fait partager à ce Louis Lestonan cet esprit qui est le mien. L'esprit de la palud. Pour lui, je resterai la fille sauvage de Tronoën jusqu'à sa fin. Le reste n'a pas d'importance.

« Je lui ai raconté notre histoire à tous les deux. L'enfant que je portais, je lui ai dit qu'il était de vous, de cet autre clandestin dont le nom de guerre était Netra, c'est-à-dire " Rien " en breton. Je lui ai dit aussi que vous ne vouliez pas laisser de trace derrière vous et que moi-même je refusais de m'enchaîner dans l'état de mère. Il m'a demandé de lui donner l'enfant. J'ai bien voulu. Il l'a déclaré sous son nom, né de mère inconnue. Et il l'a confié à son oncle et à sa tante pour en faire un enfant de la palud. A vous de voir. Je m'en lave les mains. Si vous décidez de ne rien faire, sachez qu'il est établi pour le meilleur plutôt que pour le pire.

« J'ignore ce qu'il adviendra de moi et de Louis Lestonan, capitaine Luc. Nous aurons du mal à échapper à toutes les polices qui nous traquent et qui finiront bien par nous mettre la main dessus pour peu que la libération tarde un peu trop. Quoi qu'il puisse m'arriver, je ne regrette pas cet élan de folle passion qui m'a fait me jeter sur vous, mais je ne comprends toujours pas comment j'ai pu y céder. Il fallait peut-être ça pour me ramener à mes justes mesures.

« J'en ai fini. Si Louis Lestonan s'en tire, laissez-lui le fils. Il est plus à lui qu'à nous. Et si je m'en tire aussi, faites comme si je n'avais jamais existé. »

LE CHARDON BLEU

La lecture des deux lettres plongea Louis Lestonan dans une sorte d'hébétude. Il les relut pour se persuader qu'il n'avait pas rêvé. En ouvrant le porte-documents, il s'attendait à y trouver des papiers importants et même scellés du secret, de ceux que l'on met sous clef parce qu'on a toujours besoin de les avoir en stricte garde ou de leur éviter de tomber sous des yeux indiscrets, dans des mains de personnages susceptibles de s'en servir contre vous, d'attenter à votre bonne renommée ou simplement de vous tourner en dérision. On ne conquiert pas une puissance comme celle de Ned M. Zivad sans avoir derrière soi quelque passif. Aucun vainqueur n'est jamais innocent. Louis pouvait se livrer à toutes les suppositions, se préparer à toutes les surprises. Mais découvrir deux lettres de votre mère inconnue – et dénaturée – prouvant que l'auteur de vos jours est l'homme avec lequel vous vivez depuis sept ans sans qu'il ait jugé bon de vous le dire, sans que jamais il se soit laissé aller à éveiller en vous le moindre soupçon, voilà qui dépassait toute imagination.

Louis Lestonan ne s'était jamais posé de question sur sa naissance. Pourquoi l'aurait-il fait? Il était le fils reconnu d'un héros de la Résistance et d'une mère disparue en déportation. Ses parents nourriciers, s'ils en savaient plus, n'en avaient rien dit. Maintenant qu'il y songeait, il s'expliquait mieux leur conduite à son égard, ce soin qu'ils prenaient de lui, cette peur qu'il lui arrivât du mal et en même temps cette rudesse entretenue pour masquer leur gêne devant lui. Oui, il y avait bien un mystère autour de sa naissance et les deux vieux étaient au courant. Il avait été bien naïf de ne pas chercher à savoir qui l'avait repris à ses nourriciers, qui avait assuré ses études – une pension de guerre n'y aurait pas suffi –, qui lui avait donné toutes les chances de suivre sa voie sans lui imposer quoi que ce fût. Aucun doute maintenant. C'était Vent de Soleil qui s'était manifesté à sa manière. Ainsi s'éclairait pour Louis cette étrange attirance, cette complicité muette entre lui-même et son patron, le soin jaloux de conserver cette distance qui sépare l'estime réciproque et la commune sympathie de l'affection déclarée. Inutile de se mentir. Il y avait entre eux trop de ressemblances pour que leur accord fût à mettre au seul compte du hasard ou même du choix. Et Louis se rappelait, non sans confusion, la remarque régulièrement faite par les femmes qui avaient eu des bontés pour lui : « Comme vous avez les yeux clairs ! » Les mêmes yeux que Ned M. Zivad. Il ne s'en était même pas avisé. Et pourtant il aurait dû savoir que ces yeux-là facilitaient ses conquêtes.

Les autres feuillets, plutôt des sortes de fiches rangées sous les deux lettres du Chardon Bleu, allaient dissiper ses derniers doutes s'il en avait encore. C'étaient des comptes rendus de ses études, année par année, depuis son entrée au lycée, avec ses notes, les appréciations des professeurs et les observations du chef d'établissement, le tout suivi de la mention de ses diplômes successifs dans le secondaire et le supérieur jusqu'à son doctorat en droit. L'homme de confiance du puissant financier avait tenu celui-ci scrupuleusement au courant de la progression de l'adolescent et du jeune homme dans les études. Il avait même noté quelques maladies bénignes et un chavirage de voilier entre Concarneau et les îles Glénan, guère plus qu'un dessalage un peu sévère. Rien à signaler sur la vie d'étudiant sinon que le jeune Louis Lestonan mettait ses vacances à profit pour s'initier à divers métiers manuels ou pour faire à l'étranger des séjours linguistiques. Voilà qui devait faire plaisir à Vent de Soleil malgré sa volonté de détachement, cette curieuse indifférence contredite par le souci constant de faire suivre de loin l'existence de ceux qui avaient compté dans sa propre vie. Ils étaient là, rassemblés par lui à Porz-Kuz on ne savait pour quoi. Ne manquait apparemment que Julie Goyat, le Chardon Bleu, la mère dénaturée. Morte ou vivante? Louis avait dans l'idée que Mène était la seule personne à pouvoir lui en parler si elle voulait bien. Mène et peut-être son frère Nest le Roitelet. Et Mène, justement, lui demandait de monter la voir.

Louis Lestonan, si maître de lui d'habitude, brûlait d'impatience en escaladant les quarante-trois marches de cette cheminée du puits que Nest avait appelée le Gosier de l'Ogre. Dans sa hâte, il manqua plusieurs fois de se fouler le pied sur les marches rudimentaires et inégales. Il avait déjà écouté les confidences de Nest le Roitelet. Il venait d'entendre Germain Nicol évoquer sa fréquentation de Vent de Soleil à deux époques différentes de sa vie. Pendant leur courte navigation dans la baie, Aurélia lui avait raconté l'essentiel de sa liaison avec Ned et fait des allusions assez précises à l'histoire de Marilou. Il connaissait donc déjà une part de la biographie du mort. Chacun avait dit ce qu'il savait, sauf Hugo Van Steeren, mais celui-ci ne pouvait rien apprendre à Louis de Vent de Soleil, homme de finances. Qu'il aille au diable, celui-là, on le retrouverait assez tôt. La seule qui n'avait pas parlé était Mène. Cette vieille femme bougonne, autoritaire, jalouse de son indépendance, ne devait rien ignorer des aventures de son presque nourrisson. Elle était assez fine pour le confesser sans qu'il y parût et lui-même n'avait aucune raison de lui cacher la plus petite part de ses actes et de ses pensées, assuré qu'il était de n'être pas trahi par elle. Que savait Mène du Chardon Bleu ? Le seul qui avait peut-être fait allusion, et encore sans le savoir, à cette femme extraordinaire, était Germain Nicol quand il avait parlé de cette équipière de Vent de Soleil, alias Netra, sur le bateau qui le menait en Angleterre. Et Louis Lestonan était le fils de Chardon Bleu. Dans sa tête se bousculaient des interrogations confuses alors que le contenu du porte-documents, ajouté aux témoignages des invités de Vent de Soleil à Porz-Kuz, semblait bien avoir tout éclairé. Tout sauf la raison de l'invitation, de la convocation plutôt, des témoins qui étaient là et de la mort inattendue de leur hôte. A bien y réfléchir, cette mort n'avait pas tellement surpris la vieille Mène. Elle semblait s'y être préparée. La fin brutale de Vent de Soleil sur les rochers de la Torche était-elle seulement un accident ? Encore une fois, il n'y avait que Mène pour l'assurer ou le démentir.

Coûte que coûte, il fallait la faire parler. Louis en serrait les dents jusqu'à se faire mal. Il revoyait les plus menus détails du dernier voyage de Ned M. Zivad sur la grève de la baie d'Audierne tel qu'il avait pu l'observer. Il était persuadé que l'explication était là, mais il avait beau tout revoir, il ne la trouvait pas. Peut-être Mène y verrait-elle plus clair que lui.

Il escaladait les marches, le souffle un peu court. En débouchant de cette cheminée, le Gosier de l'Ogre, dans la grotte centrale, il entendit sur sa gauche un bruit d'écroulement suivi d'un juron bien senti en breton. Et aussitôt, Nest le Roitelet sortit d'une anfractuosité ouverte entre deux grandes roches de la paroi, tout juste assez large pour laisser passer un homme de moyenne corpulence. Nest avait pu s'y introduire sans peine, mais il avait glissé à la sortie sur un lit de cailloux instable et il se frottait vigoureusement le coude. Quand il aperçut Louis, sans paraître autrement étonné, il se mit à rire.

– Oui. J'ai voulu revoir ce cul-de-sac où j'allais me cacher autrefois, profitant de ma petite taille, pour échapper à mon frère Ned lancé à mes trousses. C'était quand il voulait bien jouer avec moi aux pirates ou aux contrebandiers de l'ancien temps. On racontait tant de choses extraordinaires sur ce puits. Il me laissait le rôle du hors-la-loi parce que les enfants préfèrent les voleurs aux gendarmes. Et il ne se mettait à ma poursuite qu'après m'avoir accordé un temps d'avance sur lui. Dans le puits nous étions trahis l'un et l'autre par le moindre bruit que nous faisions en avançant à l'aveuglette parce qu'il n'y avait d'autre lumière qu'une vague lueur par-ci par-là, émanant du dehors par des interstices dans l'amas des roches. Vous parlez d'un jeu! J'en rêve encore. Mon dernier refuge, quand j'étais serré de près par Ned, était ce cul-de-sac d'où je sors. Lui, il avait du mal à s'y introduire, mais il y arrivait et il me mettait la main au collet, comme c'était la règle du jeu, pour signifier que j'étais arrêté. Ensuite, nous restions là un moment pour nous reposer dans le noir. Il nous arrivait même de nous y endormir si bien que nous y avions transporté du goémon pour nous faire un matelas. Je n'ai pas besoin de vous dire qu'il nous était défendu de descendre dans le puits, alors en très mauvais état. Les petits frères ne s'y risquaient jamais, mais nous deux... Lorsque Mène avait besoin de nous et que nous étions introuvables dehors, elle prenait une lanterne tempête et elle dévalait avec précaution en criant nos deux noms, Ned et Nest, Ned et Nest. Sa voix résonnait dans le puits comme un orgue en cathédrale. Dans les intervalles de ses cris, nous entendions grincer, claquer, bruire autour de nous l'immense cheminée rocheuse. J'avais peur d'être enseveli dans notre trou. Ned me soufflait dans l'oreille des mots rassurants : « Ne t'en fais pas, Roitelet, il faut bien que les vieilles pierres se détendent un peu et fassent craquer leurs rhumatismes, mais elles tiennent bon. » Mène arrivait dans la grotte, furieuse. « Sacrés garnements, tonnait-elle. Je vais aller chercher des fagots et je vous enfumerai là-dedans comme deux blaireaux que vous êtes. » Elle n'en aurait rien fait, bien sûr, mais nous sortions tout penauds, Ned le premier pour recevoir une bonne taloche, moi derrière lui pour me faire tirer les oreilles. Et Mène nous faisait remonter à l'air libre en nous promettant qu'un jour ce maudit puits nous servirait de tombeau. « Vous verrez! Ces roches pourries finiront par s'écrouler sur vous, petits malheureux, menaçait-elle. Bien fait pour vous. Et au moins je n'aurai pas à vous mettre des fleurs sur le ventre au cimetière. Que je vous reprenne à faire les malins dans ce trou branlant et je vous casse mon balai sur le dos! » Mène était une toute jeune fille chargée d'enfants. Elle tenait à les mettre sur le droit chemin. Un chemin qui n'était pas celui de tout le monde. Il n'y a eu que Ned à lui donner satisfaction à sa manière, je crois bien. Mais ce Ned n'était pas n'importe qui.

Et le Roitelet riait encore de contentement à l'évocation de ses folies d'enfance. Ce qu'il en disait n'était pas pour se complaire à lui-même mais pour faire revivre de son mieux Vent de Soleil, son frère inégalable. Louis le comprenait bien, le petit homme, mais il n'avait pas de temps à lui donner.

– Vous ne voulez pas voir notre cachette, Louis?

– Plus tard. Il faut que je monte chez Mène. Elle m'attend.

– Je sais. C'est pourquoi elle m'a mis dehors. Et moi, vieille bête que je suis, je vous retiens à mi-chemin. Il ne faut pas qu'elle s'inquiète, Mène. Elle n'aime pas le puits. C'est elle qui a demandé à Ned de consolider les marches et de mettre l'électricité. Et cependant elle ne descend jamais à Porz-Kuz. Si elle sait que vous êtes en train de monter, elle doit se manger les sangs. Il y a quand même quelque chose que vous devez savoir : dans notre cul-de-sac, il y a une couche de goémon frais. Ce n'est pas moi qui l'y ai mise. Mène encore moins. Ce n'est pas Vent de Soleil non plus. Il est trop grand et trop large pour y entrer. Et dans le fond, il y a des caisses d'explosifs. Je n'y connais pas grand-chose, mais il doit y avoir là de quoi faire sauter toute la pointe. Avez-vous une idée?

– Aucune idée, Nest. Comment voulez-vous...

– Alors, il n'y a que Mène à le savoir. Elle vous le dira peut-être.

– Mais comment le lui demander?

– On ne demande rien à Mène. On fait ce qu'elle dit de faire.

Ils remontèrent jusqu'à la boulangerie. Arrivé là, Nest ne voulut rien savoir pour entrer dans la salle.

– Je reste ici, Louis. Elle m'a mis dehors. Elle m'a commandé d'aller faire un tour. C'est qu'elle a des secrets à vous dévoiler. Des secrets pour vous tout seul. Si elle a besoin de moi... Et prenez votre temps. Je vais m'occuper à mettre en route une fournée de pain. Quand je boulange, ma tête me laisse tranquille. A tout à l'heure.

Ainsi congédié, Louis entra dans la salle. A peine eut-il poussé la porte qu'il se trouva face à face avec Mène. Elle l'attendait visiblement et s'impatientait de son retard. Et d'une voix grondeuse, en breton :

– Vous voilà enfin, Louis. Vous en avez mis du temps. J'allais me résoudre à appeler en bas de nouveau.

– Excusez-moi, Mène. J'ai rencontré votre frère Nest à mi-chemin.

– Nest? Je le croyais dehors. Qu'avait-il à faire dans le puits?

– Peut-être se rappeler ses jeunes années, quand vous lui tiriez les oreilles pour vous avoir désobéi.

– Ah! Et il continue à désobéir. C'est vrai qu'ils m'ont donné du mal, tous les deux. Ils allaient se cacher de moi dans ce puits parce qu'ils savaient que je n'aimais pas y descendre. Et je n'aime toujours pas. Vent de Soleil a même voulu me faire aller habiter en bas, dans son Porz-Kuz, il a commencé à chambarder ma maison pour m'y obliger. Les deux cloisons qui étaient là, voyez leurs traces par terre, il les a fait abattre. Quand j'ai compris ce qu'il voulait, j'ai tout arrêté avant qu'il ne s'attaque à mon comptoir et à mes étagères. Il est le maître de Porz-Kuz, mais ici c'est moi qui commande.

– Mais pourquoi ne pas vous laisser dans la vieille maison?

– Son idée, depuis quelques années, était de se retirer à Porz-Kuz avec Nest et moi. Séparés du monde, tous les trois, servis par Lucas et Léonie. Ici, il passe encore quelqu'un de temps en temps et moi je ne déteste pas voir les gens pourvu qu'ils sachent s'en aller l'instant d'après. Et puis, je vais quand même en commissions. Solitaire sans doute, mais pas complètement sauvage. D'ailleurs, je suis une paysanne, moi, la mer ne me plaît pas trop. En bas, je n'aurais même pas le moindre bout de jardin pour y faire pousser des pommes de terre.

En parlant, elle le précédait lentement vers la longue table où reposait le corps de Vent de Soleil. Elle avait réussi à l'habiller de pied en cap, y compris les chaussures noires impeccablement cirées. Un chapeau gris à large bord reposait sur le ventre selon la meilleure tradition mortuaire. Le visage de Ned M. Zivad aux yeux fermés en faisait définitivement un absent.

– Comment le trouvez-vous, Louis?

Il connaissait la réponse à faire en pareil cas.

– Bien. Très bien. On ne pourrait faire mieux.

– J'ai eu du mal à lui mettre la cravate. Je ne sais pas bien faire ce nœud-là. Les hommes d'ici n'en portaient pas. Et puis, je lui ai fait la barbe. J'ai eu la chance de retrouver le couteau-rasoir de mon père. Je l'ai bien affilé, j'ai fait comme j'ai vu faire plusieurs fois par ici. Peut-être une ou deux petites coupures, mais les morts ne saignent pas. Je crois que le voilà proprement mis pour aller de l'autre côté. On se met bien sur son trente et un pour se rendre aux offices ou aux fêtes ici-bas. Et la mort, quand on y songe, est une fête aussi. Il y avait un vieux dans notre voisinage, autrefois, qui n'arrivait pas à mourir. Et à ceux qui allaient le voir agoniser, il confiait son espoir d'obtenir enfin ce qu'il appelait son dimanche. Dites-moi, Louis, vous vous êtes servi de la clef trouvée dans sa poche ?

– Oui, Mène.

– C'était bien celle du grand portefeuille en cuir ?

– C'était elle.

– Je savais ce qu'il y avait dedans.

– Je m'en doute. Vous saviez depuis longtemps qu'il était mon père.

– Avant même votre naissance, je le savais. Venez avec moi dans ma chambre, Louis. J'ai beaucoup de choses à vous dire et je ne veux pas parler devant lui. Les yeux sont fermés, mais les oreilles non. Les morts écoutent. Et je ne suis pas sûre de trouver exactement les paroles qu'il voudrait entendre de ma bouche. A tout à l'heure, Vent de Soleil !

Là-dessus, elle voila respectueusement le visage mort avec un linge blanc pour signifier qu'il allait rester seul un bon moment peut-être, sans personne pour le regarder. Et elle poussa Louis par les épaules, le conduisit vers le fond de la salle et le fit entrer dans les deux pièces en enfilade de ce qu'elle appelait sa « réservation », autrement dit ses appartements privés. Une grande cuisine et une chambre plus grande encore. Cela sentait la cire et le chiffon de laine exaltés par le bois de chêne et de châtaignier clouté de cuivre en assemblages symboliques. Mène avait rassemblé là les meubles de son héritage. Et pas un grain de poussière, le ménage devait être fait tous les jours sans défaillance. Le droit sans partage n'implique-t-il pas le devoir absolu de tout conserver dans la perfection! Ici, Mène avait sa retraite, son refuge, son retranchement. Quand on y était admis, c'était sous condition implicite de n'élever la voix que pour assentiment à la parole de la maîtresse des lieux. Même Vent de Soleil n'avait rien pu y prétendre, pensait Louis. D'ailleurs, à peine furent-ils entrés que Mène boucla la porte à double tour.

– Asseyez-vous, Louis.

C'était un ordre. Elle s'assit en face de lui, entre eux la table de cuisine revêtue de sa toile cirée.

– Dès avant votre naissance, j'étais au courant. Vent de Soleil m'a lu les deux lettres. Si l'on m'avait écoutée, c'est moi qui vous aurais élevé comme j'ai élevé votre père. Mais Vent de Soleil n'a pas voulu. Il a toujours déclaré qu'il ne laisserait derrière lui aucune trace et un enfant en est une belle. Le Chardon Bleu, votre mère, ne voulait pas non plus de vous, elle avait la même idée en tête. Elle vous a donné, elle a fait cadeau de vous au capitaine Luc, celui dont vous portez le vrai nom. Et le capitaine Luc vous a remis à des parents à lui sur la palud, un peu avant d'être pris et fusillé par les Allemands.

C'était sans doute ce qu'il y avait de mieux à faire. Vous étiez à l'abri là-bas. Ils étaient traqués tous les trois et moi-même j'étais fortement suspecte. Si je n'ai pas été arrêtée, c'est parce que je me suis fait passer pour folle. Mais le Porz-Kuz était toujours sous surveillance. Le plus étonnant est que les gens de police et les soldats n'ont jamais trouvé le puits. Ils sont pourtant venus plus d'une fois, avec ou sans uniforme, pour fouiller la maison de fond en comble. Moi, je les accompagnais partout en leur déversant dessus, la bave aux lèvres, toutes les injures que je savais. En breton, bien sûr. Je n'avais qu'une peur, c'était d'être enfermée par eux à Quimper chez les fous. Ou sommairement passée par les armes. On disait que les hitlériens détruisaient les aliénés. Mais non, ils m'ont laissée tranquille. Ils ont dû croire qu'aucun terroriste, comme ils appelaient les résistants, ne prendrait le risque de demander assistance à une demeurée, une idiote de village. Et la filière d'évasion n'a jamais cessé de fonctionner. Personne ne s'est fait prendre ici. Il est pourtant passé du monde.

C'est une idée de votre mère qui nous a sauvé la mise. Quelle finette, cette femme! Elle était en perdition, quelque part du côté de Fougères, la Gestapo sur les talons, quand Vent de Soleil a reçu l'ordre d'aller la chercher de toute urgence. C'est qu'elle leur en avait fait voir de dures, aux Allemands. Il lui a fait traverser toute la Bretagne de nuit comme il l'a fait pour beaucoup d'autres. Il devait la conduire en Angleterre, mais elle n'a jamais voulu y aller. Elle est restée avec lui, étant bon marin, pour l'aider à faire traverser les résistants serrés de trop près. Quand elle a connu l'existence du souterrain, impraticable à l'époque, elle n'a eu de cesse avant que nous décidions de le rouvrir, estimant qu'il pouvait faire une bonne cachette à condition d'en camoufler les ouvertures. La sortie, en bas, était obstruée par des roches de diverses dimensions. A force de les regarder de près, et même de les mesurer, elle a trouvé que l'une d'entre elles avait sûrement servi autrefois, au temps des contrebandiers, à boucher l'orifice d'accès au puits. Nous avons profité du passage d'un commando de résistants pour relever cette pierre et l'établir de telle sorte que l'on pouvait, à deux personnes de force moyenne, la faire glisser pour ouvrir ou fermer le puits. Elle est retombée depuis sous l'effet d'une série de fortes marées. C'est la dernière roche plate sur laquelle vous marchez pour arriver à la grève.

Restait l'entrée par le haut, dans la boulangerie. Quatre dalles qu'il suffisait de soulever pour découvrir l'escalier. Trop dangereux. Ces dalles, aussi longues et larges que celles qui recouvrent les tombes dans les cimetières, risquaient d'attirer l'attention des policiers fureteurs que l'expérience rendait de plus en plus malins. Le Chardon Bleu trouva la bonne solution. Nous avons transformé la boulangerie en étable en étalant sur les dalles une épaisse litière de paille sur laquelle deux vaches bretonnes prirent leurs aises aussitôt. Je me suis fait un plaisir de faire les honneurs de ce lieu à des argousins avec ou sans uniforme et même à des hommes aux manteaux de cuir noir, réputés les plus féroces. Et quand ils repartaient, ayant fait chou blanc, je me permettais de leur offrir une livre du beurre produit par les deux mammifères. Toujours en faisant la folle. Ils étaient ravis. Pas autant que moi.

Nous n'avons jamais eu d'alerte du côté de la grève ni personne à faire entrer par là dans le puits. Pour ceux qui surveillaient Porz-Kuz, il n'y avait là qu'une grotte au fond parfaitement fermé. Mais il nous a fallu vider trois ou quatre fois la moitié de l'étable pour soulever les dalles afin d'introduire dans le puits des fugitifs dont la tête était mise à prix. Les deux pauvres vaches ne devaient pas comprendre grand-chose à nos manœuvres. Mais leur abondante urine s'infiltrait par les interstices des dalles si bien que le puits sentait fortement le purin. Il paraît que c'est bon pour le rhume de cerveau.

Il fallait cependant envisager le cas où le puits serait découvert. Une imprudence quelquefois, une dénonciation qui n'était pas à exclure. Bien des légendes couraient encore sur cette cheminée ménagée dans le promontoire. Quelqu'un pouvait les raconter un jour, sans penser à mal, devant des oreilles indiscrètes. Et alors la puissance occupante détacherait de vrais limiers avec ordre de découvrir ce qu'il en était. Dans ce cas, le plan du Chardon Bleu, d'accord avec Vent de Soleil, était tragiquement simple : on laisserait les soldats et les policiers entrer dans le puits, on leur donnerait le temps d'arriver à peu près au milieu, et on ferait tout exploser. Qui « on » ? Le Chardon Bleu était volontaire. Elle s'y connaissait en explosifs, s'en était déjà servie. Elle, Vent de Soleil et moi, nous avons transporté quatre caisses de dynamite, je crois – je n'y connais rien – dans la grotte centrale.

Quel déclic de prudence se déclencha dans la tête de Louis Lestonan au moment où il allait se risquer à demander ce qu'étaient devenus ces explosifs ? Se dit-il que Nest le Roitelet lui avait fait une confidence imprudente, propre à lui valoir les foudres de Mène ? Ou bien son propre instinct de liberté lui conseilla-t-il de les laisser agir tous les deux à leur guise ? La question qu'il ne poserait pas, il la remplaça par une autre qui le tenait de plus près.

– Je connais un peu mon père, tante Mène, j'ai vécu sept ans avec lui. Parlez-moi de ma mère, s'il vous plaît, le Chardon Bleu.

– Mais je n'arrête pas de vous en parler, mon neveu. Son nom est Julie Goyat, de la palud de Tronoën. Je l'ai vue arriver un soir de décembre 42. Ils étaient cinq, épuisés, morts de fatigue. Vent de Soleil la portait sur son dos. Elle avait pris une balle dans la jambe gauche quelques jours plus tôt, du côté de Rostrenen, lors d'un accrochage avec une patrouille allemande. Je l'ai soignée du mieux que j'ai pu. C'est alors qu'elle a découvert le puits, imaginé les moyens d'en faire une cachette à peu près sûre entre la terre et l'eau. Il leur a servi de repaire, à elle et à Vent de Soleil, jusqu'au moment où ils se sont fait prendre, chacun de son côté, quelque part en France. Mais ils n'y venaient plus ensemble depuis quelques mois. Elle était enceinte de vous, séparée de lui. Elle n'en continuait pas moins à porter des messages, à sauter d'un train à l'autre et même à courir à pied les chemins de nuit pour m'amener des fuyards aux abois. C'était une femme d'une énergie peu commune. Un Vent de Soleil en jupon mais qui savait bien porter la culotte quoiqu'elle fût capable de s'attendrir quelquefois, de façon tout à fait imprévue, mais jamais sur tel ou tel être humain en particulier, encore moins sur elle-même ou sur Vent de Soleil.

– S'attendrir sur quoi ?

– Est-ce que je sais ? Vous allez me faire dire des bêtises, mais tant pis. S'attendrir sur le destin tragique de l'homme, sur sa planète comme nous disons. Et sur la beauté du monde. Je l'ai vue pleurer près de moi devant un lever de soleil sur la mer dans le chant des oiseaux.

– Et vous pleuriez avec elle, tante Mène ?

– De quoi vous mêlez-vous, mon neveu ! Pleurer, ce n'est pas autre chose qu'une façon de se faire du bien. C'était une femme très instruite. Il lui est arrivé de parler toute seule devant moi pendant des

heures. Elle appelait ça philosopher et elle se
moquait ensuite d'elle-même. Vent de Soleil était
comme elle. Et moi, bien que je ne sache pas
grand-chose, je suis comme eux. Je ne le savais
pas, mais ils me l'ont appris. Et vous, Louis
Lestonan, je me demande si vous n'êtes pas
comme nous.

— Son nom de guerre, le Chardon Bleu, c'était
elle qui l'avait choisi?

— Je ne sais pas. Elle ou ses compagnons. Mais il
lui allait très bien. Aussi bien que Vent de Soleil à
votre père. Elle avait un caractère difficile, irritable, hargneux même, on ne savait jamais comment
s'y prendre avec elle. Toujours sur ses gardes,
endurcie, prête à piquer, à déchirer sans ménagement quiconque aurait fait entreprise sur elle,
pareille à ce chardon des sables qui fleurit sur la
palud et semble vous inviter à le cueillir à cause de
ce bleu justement. Ne vous laissez pas séduire. Ce
bleu n'est pas pour vous. Il est seulement la
participation de la plante à la beauté de la création.
Pas à celle de la créature. Vous arrivez à voir un
peu clair dans ce que je raconte? Votre père n'y a
vu que du feu.

— A-t-on pu savoir ce qu'elle est devenue, après
sa déportation?

— Oui. Elle a survécu. Vent de Soleil a tout mis
en œuvre pour la retrouver. Lui-même a fini la
guerre en officier américain. Mais même sans
galons sur la manche, il avait déjà le bras long.
Pendant l'Occupation, il a si bien manœuvré, sous
l'œil approbateur des troupes allemandes, qu'il
s'est procuré d'énormes ressources à leurs dépens.
Il s'en est servi pour organiser la lutte contre
l'envahisseur et soutenir à travers le monde un
réseau de complicités contre le pouvoir nazi. Ils
ont fini par l'arrêter, mais sous un autre nom. Et il

s'est sauvé du train de la déportation en sautant du haut d'un pont dans le Rhin à la faveur d'un bombardement. C'est tout ce que j'ai pu savoir. En tout cas, il s'est retrouvé à Berlin sous le nom de Ned M. Zivad, citoyen américain.

« Votre mère a été libérée de son camp par les Russes. Ned a retrouvé sa trace, mais il ne s'est jamais montré à elle, vous savez pourquoi. Elle s'est faite journaliste, correspondante de guerre. Et puis elle est revenue sur la palud il y a une dizaine d'années. Depuis, elle habite sa maison natale, dans le désert. Elle se défend de toute approche en se faisant passer pour une folle inoffensive. Il est vrai qu'avec ce qu'on lui a fait subir... C'est peut-être moi qui lui ai donné cette idée quand j'ai feint de déraisonner pendant la guerre pour égarer les Allemands. Elle est quand même un peu dérangée, je crois. De loin en loin, elle vient faire un tour par ici. Elle descend dans le puits. Elle y reste quelquefois tapie pendant deux ou trois jours. Nous nous arrangeons bien toutes les deux. Quand nous parlons, elle a l'air d'être tout à fait dans son bon sens. Elle philosophe, comme elle dit. C'est très intéressant de l'écouter. Elle a seulement peur de rencontrer votre père. Je ne sais pas ce qui se passerait s'ils se trouvaient face à face. Il vient aussi de temps en temps, vous savez. Alors, quand elle arrive en vue de la maison, toujours sur ses pieds nus, elle se cache dans un taillis et elle siffle. Comme ceci.

Mène a mis deux doigts dans la bouche et émet quatre notes, la dernière très tenue.

– Si je lui renvoie son coup de sifflet, elle accourt. Elle sait que je suis seule, qu'il n'y a pas de danger, elle accourt. Sinon elle disparaît. Vent de Soleil prend bien soin de me prévenir la veille quand il vient à Porz-Kuz.

« Allons bon ! Voilà que je parle comme s'il était encore vivant. Tout ça, c'est maintenant du passé.

– N'est-ce pas elle que là-bas on appelle Marie Sauvage ?

Mène a un haut-le-corps. Elle se tord les mains avant de répondre d'une voix mal assurée :

– Comment le savez-vous ?

– Je l'ai vue passer hier, à la Torche, pendant que j'attendais Vent de Soleil.

– A la Torche ?

– Oui. Deux femmes qui étaient là lui ont donné ce nom.

– Laissez-la tranquille, Louis Lestonan, laissez-la tranquille.

– N'ayez aucune crainte, tante Mène. Je ferai comme Vent de Soleil. Je suis comme lui. Sans père ni mère. Que le Chardon Bleu soit en paix.

Mène fixait maintenant ses mains étalées sur la table. Elle lui jeta un regard en dessous.

– C'est bien. Vous êtes sûr d'y arriver ? Lui, il avait quelquefois du mal. Surtout ces derniers temps.

– Je n'aurai pas de mal. Je ne sais pas qui elle est.

Mène s'était levée. Elle tournait autour de la table en se tordant de nouveau les mains, s'arrêtant dans le dos de Louis pour ne pas avoir à le regarder, à être regardée par lui.

– Qu'avez-vous, tante Mène. Je vous assure...

– Si je vous disais...

– Si vous me disiez quoi ?

– Je suis allée la voir plusieurs fois. Je prenais un taxi, je me faisais conduire jusqu'au dernier bourg avant la palud et le reste à pied. Je demandais aux gens de ses nouvelles, disant que j'étais une parente éloignée. Il n'y avait aucun reproche à lui faire sauf que, de loin en loin, il lui prenait une crise et alors...

– Et alors?

– Elle abat les oiseaux de mer qui planent sur la palud. Elle les tire à la fronde. Elle est d'une adresse diabolique, elle l'a toujours été. Elle n'en rate jamais un seul.

La voix de Mène vient maintenant du fond de la chambre. Une voix forte, presque criée.

– Elle a tiré Vent de Soleil de la même façon sur le rocher de la Torche. A la fronde. Par-derrière. A la nuque.

Louis Lestonan revit l'horrible plaie. Causée par la lourde chute sur les roches d'un vieil homme au bout d'une marche longue et difficile? Aussi bien par l'impact meurtrier d'un projectile, un simple caillou de fronde reçu debout et qui avait tué la victime avant même de la faire tomber. Marie Sauvage était à la Torche, c'était certain. Seule sur la face de l'îlot donnant sur la pleine mer, invisible de la côte. C'était possible. C'était même explicable. Pourquoi Vent de Soleil avait-il voulu longer la grève devant la palud, pourquoi avait-il fait une incursion à l'intérieur de cette palud sinon parce qu'il voulait rencontrer la farouche mère de son fils, cette Amazone des temps modernes, celle qui lui avait interdit de la revoir et se gardait de lui par tous les moyens. Et pourquoi précisément quelques heures avant la réunion à laquelle il avait convié les principaux acteurs de sa vie? N'était-elle pas la principale actrice, non seulement à cause du rôle qu'elle avait joué auprès de lui pendant la guerre, mais à cause de ce fils, lui-même, qui les empêchait de clore leur destin l'un et l'autre comme ils l'auraient voulu? Il l'avait sûrement priée de venir comme les autres. Elle n'avait sûrement pas donné signe de vie. Et il avait commis l'imprudence d'aller la relancer jusque dans sa tanière. Il n'y avait plus d'autre solution pour le Chardon Bleu que de l'éliminer physiquement. Elle ne voulait pas abdiquer une once de sa liberté tandis que lui semblait se renier, vouloir concéder quelque place aux sentiments communs.

Qu'avait-il l'intention de faire lors de la réunion projetée hier soir? Reconnaître son fils, sans doute, et la mère de son fils, en présence de ceux qui avaient compté comme jalons dans sa vie. Reconnaître aussi la force de certains liens, toujours jalousement niés par lui. Faire amende honorable. S'il s'était évadé si souvent, ce n'était pas seulement pour obéir à sa règle, pour réaliser totalement sa vocation, mais parce qu'à chaque fois la tentation de se laisser prendre était devenue trop forte. On sait bien que les vents de soleil n'ont pas le souffle des grands vents dominants. Ils ne peuvent se défendre qu'en changeant de lit. Lui-même, Louis Lestonan, si passionné d'indépendance, ne se reprochait-il pas quelquefois de s'être fixé pendant si longtemps auprès de Ned M. Zivad, aussi exceptionnel qu'il parût? Et maintenant, voilà qu'il se sentait vraiment orphelin.

– Elle vous l'a dit, tante Mène?

– Non, mais je l'attends. Hier soir, il y avait trop d'émotion par ici, trop de monde. Et elle-même était sous le choc de ce qu'elle avait osé faire. J'attends son coup de sifflet à la tombée de la nuit. Je ne pense pas que vous vouliez la voir.

– Non. Je ne veux pas savoir non plus si...

Mène était revenue devant lui, l'œil attentif, les mains fermement posées sur la table.

– Vous le saurez quand même, mon neveu. Maintenant, il s'agit de décider de ce que nous allons faire de lui.

– A vous de le dire. Vous êtes plus importante pour lui que je ne l'ai jamais été.

– C'est à savoir. Mais il voulait s'en aller tout entier, sans laisser de trace derrière lui. Pas même son nom au cimetière.

– Il me l'a fait comprendre aussi. Et plus d'une fois. Si vous en êtes d'accord, nous le ferons incinérer au four crématoire le plus prochain. « Memento quia pulvis... »

– C'est vrai que vous savez le latin. Il l'avait appris aussi. Faut-il commander un cercueil quand même?

– C'est fait. Le plus simple possible. Il sera brûlé aussi. Nous l'aurons demain matin de bonne heure.

Un poing fermé frappe à la porte.

– Qui est là?

– C'est moi, Nest. Je n'entre pas. C'est seulement pour vous dire que le notaire, maître Berven, sera là autour de deux heures.

– Nous sommes prêts, Nest. Maintenant, Louis, vous devriez descendre pour déjeuner avec les autres. Je ferai conduire par Nest ce maître Berven en bas par le sentier sous le ciel. Il n'aime pas le puits, lui non plus. Et puis, vous leur direz que je les invite tous à venir prendre le quatre heures ici, chez moi. J'aimerais les connaître un peu, moi aussi, ces gens-là. Ils sont tout ce qui reste encore de Ned.

– Je leur dirai, Mène. Je crois pouvoir vous assurer qu'ils seront contents. Le seul qui n'aimait pas Ned est déjà parti. Ce sera à moi de m'en occuper plus tard.

– Et je compte aussi sur vous, Louis.

– Je n'y manquerai pas, Mène, tante Mène.

Votre quatre heures est le meilleur que j'aie jamais mangé.

– Envoyez-moi Léonie pour m'aider. Et Lucas pour garder Vent de Soleil.

Un peu avant deux heures, la voiture du notaire s'arrêta devant la porte de la salle. Nest vint ouvrir au tabellion. Celui-ci alla saluer le corps et dire quelques mots à Mène assise à son chevet. Elle avait ôté le linge qui lui cachait le visage. Puis Nest précéda maître Berven sur le chemin du promontoire. Ils descendirent sans un mot. Quelques oiseaux de mer tourbillonnaient paresseusement au-dessus d'eux. Ils étaient déjà en vue de Porz-Kuz quand il y eut dans l'air un choc suivi d'un cri étouffé. Et aussitôt une petite masse de chair et de plumes s'abattit devant eux. C'était un goéland, le ventre ouvert, qui commençait seulement à saigner. Les deux hommes s'arrêtèrent. Maître Berven ne trouvait rien à dire. Nest détournait la tête.

– Il arrive quelquefois de drôles de choses, monsieur Berven.

– Voilà! se contenta d'approuver le notaire. Mais ces choses-là ne sont pas de mon office.

– C'est comme si nous n'avions rien vu, monsieur Berven.

– Vous avez vu quelque chose, monsieur Ernest? Vous avez de meilleurs yeux que moi.

Ils furent reçus en bas sur le terre-plein devant la grande maison par Louis Lestonan et les trois autres derrière lui.

– Voilà bien longtemps que nous ne nous sommes vus, maître Lestonan.

– Depuis ma dernière année au lycée, maître Berven.

Le temps avait blanchi les tempes du notaire sans éteindre la rousseur de ses cheveux. Louis avait tout de suite reconnu le personnage solennel qui venait s'enquérir de lui, dans le bureau du proviseur, au nom d'il ne savait qui. Pour les orphelins, ces sortes de tuteurs sont des employés de l'Administration. Celui-ci était resté dans son souvenir à cause de sa crinière de feu et parce qu'il n'en avait jamais vu d'autre.

Il fit entrer le notaire dans le bureau de Ned M. Zivad. Les quatre autres s'installèrent autour de la table, dans la salle, pour attendre au cas où l'on aurait besoin d'eux. Et Marilou, tirant un jeu de cartes de son sac, entreprit d'enseigner à Germain et à Aurélia les secrets de la manille coinchée tandis que Nest, imbattable champion s'il fallait l'en croire, se répandait en explications aussi confuses que volubiles. Il fit si bien qu'Aurélia dut avouer, avec un soupir, qu'auprès de la manille, le bridge n'était qu'un jeu d'enfant.

Deux heures plus tard, tout était réglé du côté de la succession de Ned M. Zivad, du moins pour ce qu'il possédait en France. Cela s'était fait d'autant plus facilement qu'aucune des personnes en cause ne s'y intéressait le moindrement. Ned faisait de Louis Lestonan son héritier unique, le reconnaissant comme son fils naturel et adoptif à la condition expresse que celui-ci fût d'accord. A charge pour lui de pourvoir à tous les besoins de sa sœur Philomène, de son frère Ernest, de Marie-Louise Guérard, d'Aurélia Desalvy et de Julie Goyat, ses amis très chers et compagnons de sa vie. De les pourvoir comme lui-même l'avait toujours fait. Et cela jusqu'à épuisement de ses propres moyens. Une dernière disposition avait trait aux opérations financières engagées par le défunt : il recommandait à Louis Lestonan de ne jamais laisser le groupe représenté par Hugo Van Steeren prendre le pas sur lui dans les grandes entreprises en cours pour la raison que les agissements du susnommé étaient dictés par l'ambition intéressée, le désir de pouvoir et l'amour de l'argent, toutes préoccupations étrangères à Ned M. Zivad, seulement soucieux de rester son maître et de mener les parties qui lui plaisaient sans user de tromperie à l'égard de personne ni dominer qui que ce soit hors les règles du jeu. Ned ajoutait que depuis sept ans Louis avait donné maintes fois la preuve qu'il pouvait tenir en respect les meilleurs joueurs du monde. Il lui souhaitait bonne chance.

Dans la salle, cependant, la partie de manille faisait rage pour des haricots. Même la douce Aurélia était toute rouge d'excitation et le digne Germain en danger de lâcher quelque incongruité quand la donne lui était trop défavorable. Lorsque maître Berven, son office accompli, prit congé d'eux pour remonter par le sentier, ce fut Louis qui l'accompagna pour ne pas obliger à quitter la partie un Nest le Roitelet acharné à recouvrer ses pertes. Pour les petits joueurs les plus fortes émotions. Le grand joueur était là-haut, définitivement impassible après avoir joué et perdu sa dernière carte. Mène lui remettait le linge sur le visage avant d'aller s'occuper de son quatre heures, le vrai repas funèbre de Vent de Soleil.

Et ils étaient tous là, oublieux des émotions de la manille, serrés à se toucher dans la cuisine de Mène, pour la cérémonie du quatre heures. La bonne compagnie ne veut-elle pas que l'on invite plus de gens que l'on a de place pour les faire asseoir à leur aise! Et plus on est serré, plus on se sent parent. Même le notaire n'avait pas pu se dérober à la fête. C'était un quatre heures alliant les quatre repas du jour, d'une abondance à soupirer après quelques jours maigres pour se remettre l'estomac en place. A peine quelqu'un s'était-il arrêté de mâcher que Mène ou Léonie étaient derrière lui, l'obligeant à se servir de nouveau sous peine d'offense au défunt. Et chacun obéissait tout en protestant qu'il était gavé jusqu'au nœud de la gorge. Selon l'usage, la conversation aurait dû rouler sur le mort, célébrer ses vertus et finir par rire de ses petits travers. Mais les vertus de Vent de Soleil n'étaient pas de celles pour lesquelles on trouve les mots qu'il faut et les travers qu'il pouvait avoir ne pouvaient être que les compléments de ces vertus. Alors, on s'en tint aux compliments pour la bonne chère, aux propos de pluie et de beau temps, pour finir par des considérations sur les pièges de la manille coinchée. Le jour commençait à baisser, en cette fin de printemps, quand on se sépara. Le notaire était parti le premier, non sans s'être incliné de nouveau en passant devant le défunt. Les invités défilèrent en silence devant le corps, ne sachant quelle contenance prendre et redescendirent par le puits. Lucas et Léonie voulurent rester pour aider Mène à tout remettre en place, mais elle les renvoya, déclarant qu'il ferait jour le lendemain.

– Voulez-vous que je le veille cette nuit, tante mène ? proposa Louis.

– Surtout pas vous, Louis, répondit-elle en faisant mine de lui caresser furtivement la joue de sa main rêche. Seulement Ned et moi. Laissez-nous seuls. Et que personne ne monte avant demain matin. *Kenavo*, mon neveu.

Louis Lestonan, ainsi congédié, s'approcha du corps de son père, souleva le linge pour regarder son visage. La mâchoire s'était un peu affaissée, laissant voir le trou de la molaire où manquait la dent d'or. « *Kenavo* », murmura-t-il pour lui-même, comme en écho à Mène. Au revoir ou adieu. Il s'en alla vivement vers le puits et s'engagea dedans. Les autres avaient atteint déjà la partie appelée le Gosier de l'Ogre. Il entendit la voix de Marilou comptant les marches : dix-sept, dix-huit, dix-neuf...

Après un pareil quatre heures, il n'était plus question de se remettre à table en bas. Chacun rentra dans sa chambre, Louis libéra Yeng et Long puis il sortit comme pour aller prendre l'air. Mais après quelques pas, il se dirigea vers l'amorce du sentier montant, se dissimula dans un taillis vers le tiers du parcours. Et là il attendit. Il dut patienter près d'une heure, l'oreille aux aguets. Et soudain retentit le coup de sifflet aux quatre notes, la dernière longuement tenue. Quelques secondes se passèrent et la réponse vint. Louis redescendit vers la grande maison, se retira dans le bureau de Ned où il s'endormit dans un fauteuil sans avoir eu le courage de regagner son lit.

Il fut réveillé en sursaut par une énorme explosion au-dessus de sa tête, semblait-il, suivie d'une série d'écroulements massifs et de chuintements à bout de souffle. Dans le mur du fond il y eut un craquement, une lézarde zébra la surface de haut en bas. Il bondit dans la salle. Le lustre était tombé, des verres, sur une crédence, s'entrechoquaient avec des tintements de cristal. Yeng et Long surgirent, écartant les bras pour signifier qu'ils n'y étaient pour rien. Louis sortit sur le terre-plein et se trouva pris dans une sorte de vibration de l'atmosphère, probablement les dernières ondes de l'explosion émanant de la pointe rocheuse traversée par le puits. Il se crut d'abord en proie à une hallucination. Les premières lueurs de l'aube blanchissaient Porz-Kuz, le Cap de la Chèvre, étrangement proche de l'entrée du chenal, faisait l'effet d'une proue de vaisseau battant en arrière après avoir éperonné l'ennemi. L'ennemi ne pouvait être que la pointe au puits. Quand il se retourna sur elle, il n'en crut pas ses yeux. Ecrasée sur elle-même, elle ne s'élevait à peine plus que de la moitié de sa hauteur. Un épais champignon fait de poussière et de fumée la couronnait, finissant de libérer sur ses flancs une grêle de cailloux comme dans une éruption de volcan.

Après quelques secondes d'hébétude, il n'eut pas besoin de réfléchir : on avait fait sauter la dynamite de guerre entreposée dans le cul-de-sac d'où il avait vu sortir Nest le Roitelet, ce cul-de-sac qui était la cache favorite du Chardon Bleu. Il entendit crier Marilou et Aurélia. Elles accouraient en vêtements de nuit pour le rejoindre. Sans les attendre, il se jeta de toutes ses forces dans le sentier. Arrivé en haut, il vit que la maison de Mène avait été fortement endommagée par la déflagration. La porte d'entrée battait en grinçant sur ses gonds. Il entra, il courut vers l'appartement de Mène en criant son nom tout en sachant que c'était inutile. Tout était en ordre, le lit n'avait pas été défait. Il entendait au-dehors les cris et les appels de ceux qui montaient de Porz-Kuz. Mais il était sûr que Nest n'était pas parmi eux. Revenu dans la salle, il s'approcha de la table sur laquelle avait été exposée la dépouille de son père. Elle était nue à l'exception d'une fronde au gousset finement tressé. La signature du Chardon Bleu. Aucun doute à avoir. Aidée de Mène et de Nest, elle avait descendu le cadavre dans la grotte au cul-de-sac et ensuite, avec l'accord des deux autres – il n'en doutait pas – elle avait tout fait sauter. C'était la faute de Vent de Soleil et de personne d'autre. Pourquoi diable avait-il faibli! Marie Sauvage avait fait justice.

Quelques jours plus tard, toutes enquêtes faites et toutes dépositions reçues, Louis Lestonan fit monter Germain, Aurélia et Marilou dans la longue voiture noire en présence de Lucas et Léonie, bien décidés tous les deux à ne pas quitter Porz-Kuz. Il n'y avait aucun espoir de dégager les corps enseve-lis sous des tonnes et des tonnes de roches brutes. Le Gosier de l'Ogre avait tout avalé. La radio et la presse rappelaient que des munitions d'une guerre pourtant achevée depuis trente ans demeuraient encore dans des entrepôts souterrains insoupçon-nés. Elles pouvaient sauter à la moindre impru-dence ou même sous l'effet de trop violents coups de tonnerre capables de décaler les détonateurs. On recommandait aux enfants de ne pas aller jouer les aventuriers dans les entrailles de la terre.

Déjà la légende commençait à se tisser autour du lieu et de l'événement. La pointe sans nom qui dominait l'anse minuscule de Porz-Kuz serait bien-tôt appelée *Ar Bez Braz* par les bretonnants des alentours qui ne connaissaient pas M. de Chateau-briand, encore moins son Grand Bé de Saint-Malo. Ar Bez Braz, c'est le Grand Tombeau. On put voir à la télévision des images du navire *Vent de Soleil* qui avait fait combien de fois la navette entre l'extrême Bretagne et l'Angleterre à la barbe marine des Allemands. Il y eut d'anciens clandes-tins pour évoquer la figure de son pilote, un mystérieux « commandant » Netra, sans se douter que ce Netra reposait maintenant dans le Grand Tombeau. Et ils parlaient aussi d'une héroïne de la

Résistance qui lui servait de matelot, une femme extraordinaire dont ils avaient oublié le nom. Mais les noms changeaient si souvent à cette époque, il y avait tant de fausses cartes d'identité. Trente ans avaient passé, on ne savait plus bien qui avait été qui ni comment s'était fait quoi. De la tablature pour les historiens assez courageux pour s'y mettre. Les fermiers voisins parlaient d'un souterrain appelé le Gosier de l'Ogre, mais aucun d'eux n'avait eu la curiosité d'y aller voir. Les conteurs des veillées n'étaient plus là pour en narrer les merveilles et chacun croit savoir aujourd'hui qu'ils étaient des fabulateurs impénitents avant que chacun ne se mette à fabuler lui-même. Et les fabulateurs ne manqueront jamais. Ne disait-on pas qu'un petit orphelin, recueilli par les parents de la vieille Mène à la fin du siècle dernier – certains l'avaient connu, qui vivaient encore – était devenu l'un des hommes les plus riches du monde. Les gens ne savent plus quoi inventer.

Cependant, sur la palud de la baie d'Audierne, on n'avait pas encore remarqué la disparition de la folle Marie Sauvage qui avait été le Chardon Bleu. Dans la longue voiture noire, trois personnes attendaient sagement que Louis Lestonan voulût bien se décider à occuper le siège du conducteur. Mais lui, à l'intérieur, voyait encore le grand cadavre aux pieds nus, à la tête bandée, étendu sur les banquettes en pantalon de toile et pull de laine. Il dut se secouer pour dissiper l'ombre du pêcheur à pied.

– Il faudra raser la maison de Mène, dit-il en prenant sa place. On serait capable d'en faire un lieu de pèlerinage. Il n'aurait pas aimé ça. Elle non plus. Je fais établir le plan d'une route praticable pour descendre à Porz-Kuz. On me l'a promise pour dans un an. Vous pourrez y revenir quand il vous plaira.

– Mais vous, maître Lestonan, qu'allez-vous faire?

C'était Marilou qui interrogeait. Et Aurélia, timidement :

– Votre père téléphonait quelquefois.

– Voulez-vous me faire la grâce de m'appeler Louis tout court. Et Vent de Soleil si cela vous arrange. J'essaierai de mériter ce nom.

– Nous n'aurions jamais osé vous le demander, avoua Germain Nicol, satisfait, qui se carra du coup sur son siège près de Louis. Celui-ci mit le moteur en route.

– Ce que je vais faire? D'abord vous ramener à Paris. Et puis j'irai jouer avec M. Hugo Van Steeren. Il doit déjà m'attendre. Souhaitez-moi de le mettre échec et mat, mais n'y comptez pas trop. C'est plus difficile qu'à la manille coinchée.

En dernier hommage à son père et à son maître dans tous les sens du terme, il avait remis sa casquette de chauffeur. Marilou serrait son sac contre sa poitrine. Elle avait gardé la flûte.

Table

Dans Le Livre de Poche

Extraits du catalogue

Michelle Clément-Mainard

La Fourche à loup 6604

Marie Therville n'a que huit ans quand son père la place comme bergère dans une ferme de Gâtine à la Saint-Michel 1844. Haïe par sa famille, cette petite fille n'a guère connu que la pauvreté et la violence les plus extrêmes. Vive et décidée, elle gagne rapidement l'affection de tous les gens de la ferme. Et même leur admiration lorsqu'elle ose se battre avec un loup à l'âge de neuf ans.

Marie découvre un bonheur de vie qu'elle n'aurait jamais imaginé autrefois parmi les siens, qui l'ont abandonnée si facilement. Pourquoi cet abandon ? Le livre nous en dévoile la raison à travers un personnage étrange surgi dans la région un demi-siècle plus tôt : Jean Therville, son grand-père. Ce révolutionnaire excentrique a ruiné la famille et semé des légendes, laissant derrière lui un héritage dont Marie ne soupçonne pas le poids dans son propre destin.

La Fourche à loup nous révèle l'équilibre précaire d'un monde paysan où les saisons et la misère font la loi. Les secrets et les passions qui habitent les êtres viennent rompre cet ordre.

Antonine Maillet

Pélagie-la-Charrette 5496

Antonine Maillet est à l'Acadie ce que Jean Giono fut à la Provence et Ramuz au Valais. Son originalité reste cependant entière. Femme, elle a choisi de dire à travers des femmes l'histoire d'un peuple écorché vif, assommé, taillé à merci, et toujours renaissant.

Jacques Cellard, *Le Monde*

Ceux qui vont lire *Pélagie-la-Charrette*, où la romancière raconte superbement l'exode et l'épopée de ces « boat people » du XVIIIᵉ siècle, en sauront bien davantage encore sur ces cousins d'Amérique oubliés depuis trois cents ans.

Matthieu Galey, *L'Express*

Pélagie-la-Charrette, cet immense tableau de maître qui n'est autre que la peinture d'un peuple tout entier.

... Avec cette femme venue de l'autre côté de l'Atlantique, la littérature a un goût de fête. Merci, Antonine Maillet, d'exister.

Jérôme Garcin, *Les Nouvelles littéraires*

Pélagie-la-Charrette a obtenu le Prix Goncourt

Antonine Maillet

La Gribouille   5918

1880. Dans cette Acadie lointaine qui s'éveille de son long sommeil colonial, Pélagie-la-Gribouille est un personnage. Epoux, enfants, cousins, parentèle, il n'est pas un habitant du Fond-de-la-Baie sur qui elle ne règne avec l'autorité qu'elle tient sans doute de son aïeule, l'héroïne légendaire du Grand Dérangement. Mais il suffit que débarquent un Jérôme-le-Menteux, ou le mystérieux Renaud à la jambe de bois, un Français de France, pour que Pélagie et les siens soient emportés vers d'étranges aventures maritimes et sentimentales, doublées d'une course au trésor fertile en réjouissantes surprises...

Après *Pélagie-la-Charrette*, Prix Goncourt 1979, Antonine Maillet nous donne avec *La Gribouille* un roman-chronique d'une force extraordinaire, qui fait revivre tout un monde foisonnant, facétieux, babillard, gai comme la vie, simple comme la terre, et vrai, et jeune, comme nous ne savons plus l'être dans les « vieux pays ».

Catherine Paysan

La Colline d'en face   6639

L'automne de nos six ans. De la cour d'école à la première salle de classe, c'est un déchirement. Il a fallu abandonner la liberté des courses folles dans les bois et les champs, tout le merveilleux de l'enfance. Même si vous vous appelez « Annie Roulette, d'Aulaines », *alias* Catherine Paysan, et que l'institutrice, la belle obèse à la voix d'or, est votre mère, il faut vous plier à la règle.

Depuis l'entrée au cours primaire jusqu'à sa première communion, on suit l'auteur : on entre dans sa famille, son milieu; on la voit, myope, découvrir le monde grâce à sa première paire de lunettes, apprendre à lire et à écrire avec sérieux et voracité, voyager avec ses parents jusqu'au Mans, en Mona (Renault achetée après moult sacrifices).

Tout le passé enfoui dans la mémoire resurgit grâce au talent de conteuse et à l'art d'écrivain de Catherine Paysan, dans une langue rythmée, musicale, attentive aux arbres, aux rivières... et à la colline d'en face, qui borne l'horizon de l'enfant, mais promet l'avenir.

La Colline d'en face : un remarquable tableau des mœurs en milieu agreste entre les deux guerres.

Georges Walter

Faubourg des Amériques   6543

La nuit du 6 septembre 1620, dans la brume et la discrétion, un trois-mâts ventru quitte le port de Plymouth avec cent deux passagers à bord. Le navire s'appelle le *Mayflower*... L'aventure prodigieuse de ce voyage reste ignorée, et le narrateur, qui vit dans l'étrange faubourg à demi détruit d'une moderne Métropolis, rêve d'en faire un film à grand spectacle. Déjà il projette sur l'écran de son imagination l'odyssée grandiose qu'il en a tirée, mêlant à la traversée des premiers émigrants puritains, des instantanés de l'Amérique de Howard Hughes, ainsi que le reflet de son humble et très mystérieuse existence.

Introduit dans son rêve, on découvre les drames, les angoisses, les divisions qu'engendre une traversée de soixante-six jours dans des conditions que seules la foi ou la misère permettent d'endurer; on vit les épidémies, la promiscuité, la tempête et les tentatives de mutinerie, fermement dominées par le groupe des « Saints », qui se savent les élus de Dieu. Singulier récit d'aventures, le roman de Georges Walter conjugue en une même vision l'épopée messianique des origines avec l'Amérique triomphante sous le délire de ses confetti.

Salman Rushdie
Les Enfants de minuit
biblio 3122

« Je suis né dans la maternité du docteur Narlikar, le 15 août 1947. (...) Il faut tout dire : à l'instant précis où l'Inde accédait à l'indépendance, j'ai dégringolé dans le monde. Il y avait des halètements. Et, dehors, de l'autre côté de la fenêtre, des feux d'artifice et la foule. Quelques secondes plus tard, mon père se cassa le gros orteil; mais cet incident ne fut qu'une vétille comparé à ce qui m'était arrivé, dans cet instant nocturne, parce que grâce à la tyrannie occulte des horloges affables et accueillantes, j'avais été mystérieusement enchaîné à l'histoire, et mon destin indissolublement lié à celui de mon pays. (...) Moi, Saleem Sinaï, appelé successivement par la suite Morve-au-Nez, Bouille-sale, Déplumé, Renifleux, Bouddha et même Quartier-de-Lune, je fus étroitement mêlé au destin — dans le meilleur des cas, un type d'implication très dangereux. Et, à l'époque, je ne pouvais même pas me moucher. »

Saga baroque et burlesque qui se déroule au cœur de l'Inde moderne, mais aussi pamphlet politique impitoyable, Les Enfants de minuit *est le livre le plus réussi et le plus attachant de Salman Rushdie. Traduit en quinze langues, il a reçu en 1981 le* Booker Prize.

Charles Le Quintrec
Chanticoq 6583

Chassé par sa mère, Yann rencontre Maljean et décide de le suivre. Commence une aventure douloureuse et bouleversante dans une Bretagne encore plongée dans le drame de la séparation de l'Eglise et de l'Etat et de ce qu'on a appelé les Inventaires.

Les longs chemins de Yann et Maljean, de La Jatte et de Marité, de Jeanne-Thérèse et de ses deux enfants sont ceux de la pauvreté alors partout répandue, de la joie de vivre malgré tout, de l'amour qui ne savait pas toujours s'exprimer et de la mort. Ici, les passions sont le ressort même d'une quête qui ressemble à une terrible initiation.

C'est toute une époque que Charles Le Quintrec fait revivre à travers des personnages émouvants, vrais, d'un charme prenant ou d'une truculence folle qui collent à une terre qui ne saurait mentir.

Kenizé Mourad
De la part de la princesse morte 6565

« Ceci est l'histoire de ma mère, la princesse Selma, née dans un palais d'Istamboul... »

Ce pourrait être le début d'un conte; c'est une histoire authentique qui commence en 1918 à la cour du dernier sultan de l'Empire ottoman.

Selma a sept ans quand elle voit s'écrouler cet empire. Condamnée à l'exil, la famille impériale s'installe au Liban. Selma, qui a perdu à la fois son pays et son père, y sera « la princesse aux bas reprisés ».

C'est à Beyrouth qu'elle grandira et rencontrera son premier amour, un jeune chef druze; amour tôt brisé. Selma acceptera alors d'épouser un raja indien qu'elle n'a jamais vu. Aux Indes, elle vivra les fastes des maharajas, les derniers jours de l'Empire britannique et la lutte pour l'indépendance. Mais là, comme au Liban, elle reste « l'étrangère » et elle finira par s'enfuir à Paris où elle trouvera enfin le véritable amour. La guerre l'en séparera et elle mourra dans la misère, à vingt-neuf ans, après avoir donné naissance à une fille : l'auteur de ce récit.

Grand Prix littéraire des lectrices de « Elle » 1988.

Saul Bellow

L'Hiver du Doyen

Albert Corde, doyen d'une université de Chicago, et sa femme Minna, astrophysicienne de réputation internationale, Roumaine passée à l'Ouest, se trouvent bloqués en hiver à Bucarest où la mère de Minna, médecin-psychiatre, ex-ministre de la Santé, se meurt à l'hôpital...

En juxtaposant Bucarest, sinistre, oppressante et Chicago, violente et décadente, Bellow met en lumière les deux pôles entre lesquels oscille le monde moderne : la bureaucratie barbare d'un Etat policier et l'anarchie d'une « société de plaisir », qui ne supporte pas de reconnaître les monstruosités qui la gangrènent.

Mais comme toujours dans les romans de Bellow, prix Nobel de littérature, les tribulations du héros, à la fois angoissantes et comiques, sont traitées avec cet humour qui souligne la relativité des choses.

Cahiers de l'Herne

(Extraits du catalogue du Livre de Poche)

Julien Gracq   4069
   Julien Gracq, le dernier des grands auteurs mythiques de la littérature contemporaine. Par Jünger, Buzzati, Béalu, Juin, Mandiargues, etc. Et un texte de Gracq sur le surréalisme.

Samuel Beckett   4934
   Mystères d'un homme et fulgurance d'une œuvre. Des textes de Cioran, Kristeva, Cixous, Bishop, etc.

Louis-Ferdinand Céline   4081
   Dans ce Cahier désormais classique, Céline apparaît dans sa somptueuse diversité : le polémiste, l'écrivain, le casseur de langue, l'inventeur de syntaxes, le politique, l'exilé.

Mircea Eliade   4033
   Une œuvre monumentale. Un homme d'exception, attaché à l'élucidation passionnée des ressorts secrets de la vie de l'esprit. Par Dumézil, Durand, de Gandillac, Cioran, Masui...

Martin Heidegger   4048
   L'œuvre philosophique la plus considérable de XXᵉ siècle. La métaphysique, la pensée de l'Être, la technique, la théologie, l'engagement politique. Des intervenants prestigieux, des commentaires judicieux.

René Char   4092
   Engagé dans le surréalisme et chef de maquis durant la seconde guerre mondiale, poète de la dignité dans l'épreuve et chantre de la fraternité des hommes, René Char confère à son écriture, au lyrisme incantatoire, le style d'un acte et les leçons d'un optimisme en alerte. Par Bataille, Heidegger, Reverdy, Eluard, Picon, O. Paz...

Jorge Luis Borges   4101
   Enquêtes, fictions, analyses, poésie, chroniques. L'œuvre, dérive dans tous les compartiments de la création. Avec Caillois, Sabato, Ollier, Wahl, Bénichou...

Francis Ponge   4108
   La poésie, coïncidence du parti pris des choses et de la nécessité d'expression. Quand le langage suscite un strict analogue du galet, de l'œillet, du morceau de pain, du radiateur parabolique, de la savonnette et du cheval. Avec Gracq, Tardieu, Butor, Etiemble, Bourdieu, Derrida...

A paraître : **Henri Michaux**

Le Livre de Poche Biblio

Extrait du catalogue

Sherwood ANDERSON
Pauvre Blanc

Guillaume APOLLINAIRE
L'Hérésiarque et Cie

Miguel Angel ASTURIAS
Le Pape vert

James BALDWIN
Harlem Quartet

Adolfo BIOY CASARES
Journal de la guerre au cochon

Karen BLIXEN
Sept contes gothiques

Mikhail BOULGAKOV
La Garde Blanche
Le Maître et Marguerite

André BRETON
Anthologie de l'humour noir

Erskine CALDWELL
Les Braves Gens du Tennessee

Italo CALVINO
Le Vicomte pourfendu

Elias CANETTI
Histoire d'une jeunesse -
  La langue sauvée
Histoire d'une vie -
  Le flambeau dans l'oreille
Les Voix de Marrakech
Le Témoin auriculaire

Blaise CENDRARS
Rhum

Jacques CHARDONNE
Les Destinées sentimentales
L'Amour c'est beaucoup plus
  que l'amour

**Joseph CONRAD
et Ford MADOX FORD**
L'Aventure

René CREVEL
La Mort difficile

Alfred DÖBLIN
Le Tigre bleu

Iouri DOMBROVSKI
La Faculté de l'inutile

Lawrence DURRELL
Cefalù

Friedrich DURRENMATT
La Panne
La Visite de la vieille dame

Jean GIONO
Mort d'un personnage
Le Serpent d'étoiles

Jean GUÉHENNO
Carnets du vieil écrivain

Lars GUSTAFSSON
La Mort d'un apiculteur

Henry JAMES
Roderick Hudson
La Coupe d'Or
Le Tour d'écrou

Ernst JÜNGER
Jardins et routes
  (Journal I, 1939-1940)
Premier journal parisien
  (Journal II, 1941-1943)
Second journal parisien
  (Journal III, 1943-1945)
La Cabane dans la vigne
  (Journal IV, 1945-1948)
Héliopolis
Abeilles de verre
Orages d'acier

Ismaïl KADARÉ
Avril brisé
Qui a ramené Doruntine ?

Franz KAFKA
Journal

IMPRIMÉ EN FRANCE PAR BRODARD ET TAUPIN
Usine de La Flèche (Sarthe).
LIBRAIRIE GÉNÉRALE FRANÇAISE - 6, rue Pierre-Sarrazin - 75006 Paris.

ISBN : 2 - 253 - 05146 - 2   ⟐ 30/6689/1